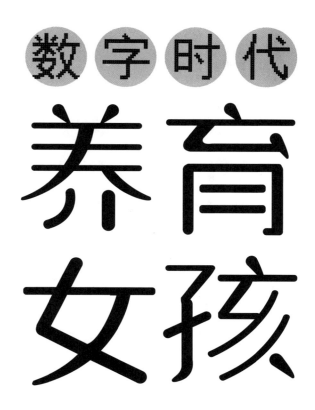

数字时代

养育女孩

[美]罗尼·科恩·桑德勒 —————— 著
（Roni Cohen-Sandler）

李佳蓉 —————— 译

ANYTHING BUT MY PHONE, MOM!
Raising Emotionally Resilient
Daughters in the Digital Age

中国出版集团
中译出版社

图书在版编目（CIP）数据

数字时代养育女孩 /（美）罗尼·科恩·桑德勒著；李佳蓉译. —— 北京：中译出版社，2023.2

书名原文：Anything But My Phone, Mom! Raising Emotionally Resilient Daughters in the Digital Age

ISBN 978-7-5001-7219-2

Ⅰ.①数… Ⅱ.①罗…②李… Ⅲ.①女性 – 家庭教育 Ⅳ.①G78

中国版本图书馆CIP数据核字(2022)第224487号

Copyright © 2022 by Roni Cohen-Sandler
Copyright licensed by Vertical Ink Agency
arranged with Andrew Nurnberg Associates International Limited
Simplified Chinese Translation Copyright © 2022 by China Translation & Publishing House
All rights reserved.

著作权合同登记号 图字：01-2022-4575

数字时代养育女孩
SHUZI SHIDAI YANGYU NÜHAI

出版发行：	中译出版社
地　　址：	北京市西城区新街口外大街28号普天德胜大厦主楼4层
电　　话：	（010）68359101　（010）68359287
邮　　编：	100088
电子邮箱：	book@ctph.com.cn
网　　址：	http://www.ctph.com.cn

责任编辑：	吴　第　于建军
封面设计：	末末美书
排　　版：	北京杰瑞腾达科技发展有限公司
印　　刷：	北京盛通印刷股份有限公司
经　　销：	新华书店

规　　格：	710mm×1000mm 1/16
印　　张：	20.5
字　　数：	160千字
版　　次：	2023年2月第1版
印　　次：	2023年2月第1次

ISBN 978-7-5001-7219-2　　　　定价：68.00元

版权所有　侵权必究
中 译 出 版 社

FOREWORD 前言

在我 16 岁的时候，我的母亲出版了她的第一本书，这本书讲的是青春期的母女关系。

而那时候的我刚好就在青春期。

我不是那种适应良好、能够自我实现，并且自信满满的青少年（如果这种孩子真的存在）。我是一个集愤怒、不安全感与自我怀疑于一身的麻烦鬼。我也曾经深陷于那些青春期的经典问题：想弄清楚自己到底是谁；想要挣脱母亲对我的束缚，成为独特的自我；不想变成母亲的翻版，要从亲子关系里面独立出来。这个过程对于所有人，尤其是我的母亲来说是非常痛苦的。她有一本书叫《我没有生气，我只是讨厌你！》，虽然我没直接说过这话，但在当时，我也差不多就快说出来了。

与此同时，这本书也得到了公众的关注与媒体的报道。人们会问："书里写的都是发生在你身上的真事吗？"我本该落落大方、充满理智地回复他们："我妈是个有临床培训经验的心理学家，她有多年的知识积累和众多基于访谈的研究经验。"但相反，我只是心不在焉地"哈哈"一声，等到对方转过身去，我再熟练地翻个白眼作为回应。我为母亲的成就感到骄傲吗？当然了，我当然为她骄傲。但是，我有没有封闭自我，试图逃避这本书对我的影响呢？很遗憾，这肯定也是有的。

我们一同度过了我的青春时光。尽管它不甚完美，但我们还是在这个过程中重建了彼此都无比珍视的那种亲密且有意义的关系。随着我长大成人，我和母亲之间也不再是单纯的母女关系，它进化成了一种真正的友谊。当然，母性的部分会始终存在，但除了母亲和女儿的身份之外，我们还是两个平等的女性，两个可以为对方提供建议、交换食谱、推荐书籍，商讨彼此的困境，因同一个八卦而傻笑，大方地向对方求助的女性。

这么多年，总有形形色色的朋友和陌生人（占大部分），来向我的母亲倾诉他们的故事，征求育儿建议。这让我深深体会到了母亲广博的知识和深刻的洞察力。她会安抚焦躁，还会提出切实中肯的建议。我很佩服这一点：她从不拐弯抹角，会直接地给出解决方案，绝不会带着偏见或者表现得高高在上。

在有自己的孩子之前，我对她的钦佩仅限于理论上和理性上。五年前，我的丈夫带着他与前任妻子的女儿奥利维亚出现了。一夜之间，我有了一个女儿，成了母亲。她坐在我腿上看涂色书，拒绝吃任何健康的食物，还会像小松鼠藏食物似的，把手里的垃圾放进我手里。一下子，我对所有母亲，特别是我自己母亲的感激之情，几乎增长了十倍。

我的母亲非常喜爱这个从天而降的外孙女，她也成了我的救命稻草。我开始频繁地给她发短信或打电话，谈论关于女儿的大大小小的事情：这样正常吗？这样不正常吗？她晚上八点钟要看手机，我们该怎么办？救命啊！她沉迷抖音！天啊，你想象不到她刚讲了一件多好玩儿的事……

我立刻成了母亲队伍的一员。幸运的是，我有一个百事通母亲，可以指导我的一切。

前言

2019年9月，在欢迎派对上，我的母亲表达了热切的希望，希望我和奥利维亚的关系可以像我和她的关系一样，她的话让在场的所有人热泪盈眶。除此之外，作为奥利维亚的半个母亲，我也希望自己可以像我的母亲一样称职。我在养育了自己的女儿之后，才明白：母女关系是多么的根深蒂固，多么独特，多么奇妙。

母亲与女儿之间的联系是生命的真谛，无法割舍又潺潺涌动。正因如此，青春期所经历的躁动不安与叛逆才让人格外痛苦。幸运的是，我就像妈妈的读者一样，只需要拨出一个号码就能寻求她的帮助。这本书是讲述如何理解、度过青春期和在青春期中优雅成长的宝典。对于青春期女孩的母亲来说，这本书是无价之宝，是对所有人的馈赠。

如果你此刻正有个与你"斗争"的青春期女儿，请放心地选择这本书。请你振作起来，因为我就是活生生的例子，刻薄的评论和白眼终有一天会消失，母女之间的纽带无与伦比。

即使你母亲的权威受到挑战，也请珍惜与女儿在一起的每时每刻。愿我们为女儿取得的每一个小小成就而欣喜。愿我们培养出善良、坚强、勇敢的女孩。愿我们努力打破天花板，使她们在无限可能中自由茁壮地成长。愿我们竭尽所能，使她们明白同理心与敏锐的感知是世间最宝贵的品德，而不必局限于传统视角。每个女孩都有天赐的能力：我们善于与人沟通，具有女性与人性的魅力。我们关怀、关爱、孕育生命，然后用一种原始的、光荣的、不可侵犯的母性冲动来保护每一个降临在世界上的孩子。

身为人母是一件很荣幸的事情，更幸运的是，你有一个女儿。

在此，我想对我的母亲，对她所付出的一切，致以最深的敬意和感谢。

劳拉·桑德勒·莱科斯

CONTENTS 目录

第一部分　一个不同的世界　　　　　　　　　　　／001

引　言　在数字时代养育女孩　　　　　　／003

第一章　别样的青少年世界　　　　　　　／014

第二章　家庭里的新挑战
　　　　数字时代对家庭关系的影响和改变　／044

第二部分　母女之间最好的相处　　　　　　　　　／059

第三章　让她的未来蓬勃发展
　　　　数字时代的女孩更需要什么？　　／061

第四章　用心养育
　　　　母亲的十大黄金法则　　　　　　／084

第五章　女孩的教养　　　　　　　　　　／111

第六章　少做点才是多给予　　　　　　　／134

CONTENTS 目录

第七章　有效对话 2.0
　　　　七种方式帮助你们更好地沟通　　　　／ 169

第三部分　日常困境的处理　　　　／ 203

第八章　帮助她建立健康习惯
　　　　数字时代引导孩子健康自律　　　　／ 205

第九章　社交媒体和电子设备的管理
　　　　好的电子习惯受益终生　　　　／ 219

第十章　你不是家庭作业警察
　　　　不要把孩子变成"坏人"　　　　／ 241

第十一章　培养健康的友谊
　　　　　线下线上交友的 20 个实用建议　　　　／ 257

第十二章　离婚后的育儿　　　　／ 289

第十三章　享受考大学的过程　　　　／ 300

结论　一个光明的未来　　　　／ 317

A Different World

第一部分 一个不同的世界

引言　在数字时代养育女孩

> 很可怕，我的女儿好像生活在另一个我完全陌生的世界。
> ——格蕾琴，两个女儿（14岁和17岁）的妈妈

> 我女儿的成长方式与我完全不同，我觉得自己两眼一抹黑。
> ——米兰达，一个女儿（16岁）的妈妈

你是不是觉得你和女儿（不管是正值青春期还是即将步入）生活在一个截然不同的世界？你像她这么大的时候，肯定没有智能手机或微信、微博。给朋友打电话，必须用家里的座机，还要担心父母或者兄弟姐妹会不会偷听你们讲话。如果你的妈妈提前接起了电话，她就能知道你经常和谁打电话——也许还会知道你的暗恋对象是谁。

数字时代正在改变你的女儿沟通、社交和互动的方式，你的教育方式也应当随之发生改变。如果你觉得她一直在玩手机，这肯定不是你的错觉。皮尤研究中心2018年的一项调查显示，青少年的智能手机使用率已经高达95%，且半数青少年承认他们几乎无时无刻不在玩手机，这个数据比2015年高出22%。

层出不穷的最新科技正在改变女孩们的内心和思想，转变她们的成长、认同感、自我反省、社交、专注力以及接受信息和学习的方式。

除此之外，其他文化现象也使得青少年的成长方式发生转变。正如许多女性所说，"年轻女孩们面临着文化、心理、身体和社会等方面的问题，包括自残、电子烟、性少数群体（LGBTQ）、抑郁、自杀等对于她们这个年龄阶段来说为时尚早的问题"。此外，青少年也应了解和应对气候变化、性骚扰、环境问题、系统性种族歧视和其他不公平现象。

麦蒂是四个孩子的母亲，她谈到青少年的成长过程中会有的影响："对于青少年来说，身边的朋友遭遇不幸也会带给他们痛苦。我的女儿今年17岁，她的好朋友患有严重的厌食症，而她却对此无能为力。她的朋友有人沉迷手机，有人抑郁，有人自残，还有一个女孩的父亲死于癌症，她一直无法消解这些负面影响。青少年每天会面对很多情绪负担，回到家后会对母亲发泄。"

这代人独有的经历、脆弱和机遇，已经彻底改变了养育女孩的方式。难怪这几天我和几位母亲沟通的时候，她们总问："这正常吗？我像她这么大的时候，肯定不是这样的。就连她姐姐当时也不这样。"你可能也一样，遇到了一系列和想象中完全不同的养育问题。

对于青春期各种"臭名昭著"的变化，你可能已经做好了充分的准备。当你的宝贝女儿第一次拒绝你的拥抱、闹脾气、易怒、找碴、不屑一顾，或过分敏感时，你可能也不会惊讶。她开始挑剔你的穿着打扮、言谈举止，而对于她尖刻、持续的批评，你也不打算反驳。但如果你打算评论她的穿着打扮，尤其在她正准备出门时——想必你已经感受过了她的怒火。

可能你已经打算妥协,甘心做一个典型的"令人尴尬"的母亲了。只是和她的朋友住在同一个街区,就能让你孩子的社会地位直线下降。然而,即使你自以为已经做好了心理准备,但当这些事情真的发生时,它仍可能比你想象得更伤人。撇开其他不谈,养育一个未成年女儿,是需要很卑微的。

不论什么年代,母亲们总是会为这些事情担心:

※ 我女儿的朋友是不是太少了?或者,

※ 朋友太多会不会影响学习?

※ 她是不是太爱打扮了?或者,

※ 她怎么不爱打扮呢?

※ 她那个朋友靠谱吗?

※ 那个总和她"聊天"的男孩是谁?

※ 她是抑郁了,还是只是青春期的正常情绪变化?

※ 大家都去了那个聚会,但没人叫她怎么办?

※ 我只是问她今天过得怎么样,她为什么抓狂?

※ 她到底在网上做什么?

※ 为什么她的"朋友"不跟她一起玩?或者,

※ 没准这其实是一件好事?

※ 她的数学/英语/西班牙语怎么总是学不好?

※ 为什么她没什么爱好?

※ 我应该去找下她的老师吗?

※ 怎么才能让她好好学习?或者,

※ 她会不会对成绩太看重搞得自己压力很大？
※ 她和"男朋友"分手了，我该做些什么？
※ 她晚上写作业很辛苦，我能帮什么忙吗？
※ 社交媒体对她究竟是好是坏？
※ 她怎么一下子这么成熟？或者，
※ 为什么她没有同龄人成熟？
※ 为什么她要发这么轻佻的照片／视频／朋友圈？
※ 我该如何让她对我敞开心扉？

除此之外，你可能会在半夜三点惊醒然后辗转反侧，觉得心慌和不安：我的女儿是不是在骗我？她有没有喝酒，发生不安全的性行为？有没有其他我不知道的事情？万一她被停课了，万一进不了好大学，万一犯了葬送一生的大错，该怎么办？

正如你所想，这些担忧、害怕最好不为人知。但是，它们其实是母亲们都有的噩梦。

我的女同事和这本书的受访者告诉我，现在，她们的内心世界还有新的担忧：层出不穷的社交媒体平台、网络欺凌、学校安全演习、网络威胁，以及新冠病毒（COVID-19）全球大流行的长期影响。这些史无前例的问题，都让这代青少年的母亲们觉得自己在进行异域大冒险。

母亲们的自我怀疑使养育青春期女孩愈发艰难。我曾在全美各地举办过教育学讲座和研讨会，接触过各种各样的母女。四十年来，从没有任何一位母亲说过："我对我的女儿百分百地信任，我相信她有出色的判断力，能够作出正确的决定，并且对我没有任何的隐瞒。"

之前的母亲们总觉得其他母亲能制订出更为稳妥的计划，能培养出更有礼貌、更成功、更受欢迎的女孩，只有自己在黑暗中苦苦摸索。但如今，母亲们要面对的是一个个科技达人，这个前所未有的挑战挫败了她们的信心。近几年来，母亲焦虑的根源和母女关系的首要矛盾是什么？我做过一项非正式调查，答案一致显示：电子设备，更具体一点，就是女孩们使用多久电子设备，什么时候使用电子设备，以及使用电子设备做什么。

在一次采访中，医生兼电影制作人德莱尼·拉斯顿博士被问及制作纪录片《屏幕少年》的动机。她的答案是，自己在养育"沉迷社交媒体"的12岁女儿时遇到了困难。拉斯顿博士解释说，最开始她很生气，之后是内疚，到最后，她完全不知所措了。在与其他的母亲沟通后，她意识到所有人对这个问题都无能为力。

曾经有一名学校社工和我交流过她女儿的突然转变。她13岁的女儿麦迪逊可爱伶俐，用她的话说，"绝对不是那种叛逆的小孩"。然而，这位母亲所不知道的是，麦迪逊注册了一个成人约会软件，并且一直在"和某个男人聊天"，直到她被抓包后含泪坦白。尽管这位社工母亲受过专业培训，具备专业知识，在得知这个事情后也几乎崩溃。

无论是在网上还是现实生活中，家长越来越难以掌控女孩的动向，确保她们的安全。家庭成员之间沟通的机会越来越少。现在的青少年很少和父母一起看电视或出门看电影，他们更倾向自己刷手机。再加上大家都戴着耳机，就连先前吵闹的家庭汽车旅行都变得鸦雀无声。

正如安妮特描述的那样："我的三个女儿十几岁的时候，总是在车上吵得不可开交，不是在抢着播放自己喜欢的电台，就是觉得我放的音乐不好听。可是现在，即使我们坐在一起，她们也会戴着耳机低头做自己的事情。每个人都沉浸在自己的空间、自己的世界里，我非常讨厌这种孤立的氛围。"

现在青少年主要的社交方式几乎阻断了家长的信息来源。比起打电话，微信和社交媒体动态更加私密和谨慎。所以你几乎不可能知道她在和谁交往，什么时候开始交往的，交往了多长时间，以及她和她的朋友们都在讨论些什么。当一个十几岁的孩子在卧室里"做作业"，他们几乎可以和地球上任何地方的任何人聊任何事情。

这种社会转变也颠覆了原有的亲子沟通方式。青少年放学后和同学聚会的概率减少了40%，在舒适的卧室里线上社交成了新的潮流。事实上，现在的高中生与同龄人来往的频率比几年前的初中生还要低，出行次数减少，父母在车上听十几岁女孩在后座聊天的机会也越来越少。

那么，你怎样才能在彼此信任、遵守契约的前提下，参与你女儿的社交生活？你该什么时候给她第一个手机？你要不要了解每一个新的社交媒体平台？偷看她们的聊天记录算不算侵犯隐私？要不要时刻关注你女儿的社交媒体动态？应不应该检查她的浏览器，看看她都访问了哪些网站？

好消息是，不需要懂得复杂的技术，也不用时刻关注每个新的社交媒体应用，也能成为一位称职的母亲。不论你怎么担忧，你永远是引导女儿度过青春期的最佳人选。凭借着无与伦比的奉献精神与专注力，母亲永远最了解自己的女儿，了解她的优点、弱点和需求。与之相应的，想要成长为一个有能力、情绪稳定、适应能力强的年轻女性，她也比任何时候都需要你。

一份亲密的、相互关怀、相互尊重的母女关系对青少年来说尤为可贵。可靠又理性的母亲角色，可以引导她规避网上以及同龄人所传达的错误信息。母女之间坚实稳固的联系终会让女儿听从母亲的指导，内化母亲

第一部分 | 引言 在数字时代养育女孩 |

的价值观,将来之不易的信任发挥到极致。

如果你正在女儿难以捉摸的青春期里苦苦挣扎,急需明确的指导和可靠的支持,那么这本书很适合你。在认识自己的恐惧、挫败和对女儿的期望的同时,你会认识到,当今社会塑造青少年的主流力量,她会遇到的机遇与挑战。最重要的是,你知道该如何把她培养成一个真诚、自信和聪颖的人。

有许多母女都曾参与我的研究,参加我的讲座和研讨会,来我的办公室接受心理治疗或教育咨询,这些宝贵的经验会让你受益无穷。这些年来,她们教会了我很多东西,比如什么是青少年,女孩真正想从她们的母亲那里得到什么,以及什么样的教育方法不仅可以消除母女之间的隔阂,还能使这段关系最持久、最融洽。

身为一个母亲,我切身体会到了养育一个青春期女孩的快乐、恐惧和感慨。这么多年过去了,我还清楚地记得自己曾经做错过什么——为什么我办公室里的青少年愿意对我敞开心扉,而我自己的女儿却拒我于千里之外?在享受纯粹快乐的同时,我还能回想起当年我被尖刻批评的心痛,如履薄冰的疲惫和做错事情的内疚。

我的第一本书《我没有生气,我就是讨厌你》出版之后,我和女儿接受了《早安美国》的采访。我全程屏住呼吸,完全不知道我16岁的女儿,那个难以预料又时而暴躁的孩子会如何回答黛安娜·索耶的问题——这可是在美国国家电视台上!二十多年过去了,我的女儿如今也38岁了,她爱护、体贴、支持我,不仅鼓励我写《养育女孩》,还主动提出要为这本书写前言。

我从不敢想象我的女儿会这样成长，我们能有这样的关系，这让我对母女关系有了全新理解，也让我心怀敬畏。正因为曾亲身经历这一切，所以我无比尊重与同情各位母亲，想要引导母亲们乐观、安心地感受孩子成长的美妙。即使在最难熬的时刻，或者情绪失控的时候，我也要鼓励母亲们保持乐观。

这本书将展现你女儿的内心所想，带你了解什么是她前进的动力，又是什么促使她成功。了解什么是有效沟通，什么是无效沟通，即使最棘手的话题都能迎刃而解。弄清楚她们拒绝谈话的根本原因，才会为正确有效的沟通指明方向。养育未成年女儿是私事，但了解其他母女之间的轶事会让你产生共鸣，还会让你觉得自己不是孤军奋战。

现代神经科学为青少年的成长教育奠定了基础，这些指南都基于实际案例且经过临床检验。了解青少年以及她们注意力、记忆、动机和学习过程的相关科学知识，有利于培养女孩的习惯特征和自我调节能力，帮助她们走向成功。通过分析洞察她的内心世界，让女孩先前不可理喻的行为都有了答案。你会理解为什么那些看起来很懂事的女孩却会做蠢事，而且一遍遍重复。你甚至会逐渐理解，为什么现在的女孩把手机看得比命还重要，一刻都不能分开。

无论情况是否在意料之中，你都要有自信，才能作出仔细有效的应对。深思熟虑、有意识的教育方法将帮助你实现孩子的成长目标，维系母女感情，尽可能减少琐碎的冲突、叛逆和反抗。

可能你此刻会想："我怎么知道该做什么？"

这是个好问题。没有对每个女孩都有效的策略。女孩们不同的性格、不同的家庭结构、种种微妙复杂的情况，都决定着应对策略不可能千篇一律。这本书会教你如何将各种情况都考虑在内，然后做出应对。

事实上，养育女儿是人生中最有意义、最有成就感的经历之一，同时它也非常艰辛。一个母亲的工作可能要包括养育、指导、安慰、纠正、抚慰、教导、治愈、鼓励、哄骗、塑造、纵容和管教。对于一个十几岁的女孩来说，至少在未来十年里，母亲都不会是一个讨喜的角色。

你必须明白，你做的决定或者说的话不会都是对的。你会有时怀疑自己的决定，为此感到后悔，在无数次崩溃与身心俱疲后，你可能会想要短暂地放弃，彻底放下母亲的责任感，歇一歇喘口气，任由女儿去自己处理事情。

但是，根据我几十年来与各位母女的交流和自身抚养女儿的经验，我可以拍着胸脯向你们保证：即使你有时会自我怀疑，但母亲的重要性不容否认。女孩们最终会成为一个怎样的人，很大程度上受到母亲的影响。

只要你愿意倾听和支持她，你的存在就是一种力量，会为她今后的人生打下基础。永恒的母爱会增强她的信心，提升她的自我价值，这将体现在她所有努力与人际交往之中。尽管女孩也能从与其他成年人，比如父亲、亲戚、老师的互动中获益良多，但母亲是特别的，具有独一无二的影响力，可以用别人无法比拟的方式改变女儿的生活。但请不要有压力！

也许你已经被某些敏感问题缠得焦头烂额，你的女儿将她的生活对你封闭起来，只偶尔透露一些她认为有必要让你知道的信息。你很沮丧，想知道怎么办。可能你会担心她有没有被欺负，有没有和朋友闹别扭，或者在网上发布不合适的东西；也许你在担心她不够自信、经不起挫折或者游手好闲。我会提供一些方法帮你推测她发生了什么，她应对得怎么样，什么时候应该干涉，以及如何干涉，许多家庭的实践证明这是行之有效的。

可能内卷的氛围会让你焦虑，担心女儿的成绩会影响她的未来；也可能她对自己要求过高，你担心她会心力交瘁甚至更糟。这本书紧跟时代，会教你如何帮她走一条顺畅的学业之路，曾经艰辛的考大学历程会成为难忘、宝贵的经历。在这些建设性的信念和策略的帮助下，你可能会看到女儿在你眼前绽放青春的光辉。

可能在读这本书的时候，你的孩子还是读四五年级的小学生。她天真可爱，每天做力所能及的家务，是大人的贴心小棉袄，是你生活的小帮手。这个阶段，你们相处得很好，但其他妈妈会告诉你，孩子再大点儿会遇到什么，因此你免不了有些焦虑。当你的女儿正式进入青春期，这本书会带你了解青少年的世界，它能教你防患于未然，平稳地度过这个成长阶段，维系良好的母女关系。

读完此书，那些最为紧迫的问题都会迎刃而解：为什么有的女孩可以在青春期茁壮成长，有些却陷入困境？在青春期之前，我该怎么提高女儿的抗压能力？我该如何让她对我敞开心扉？为什么有些母亲在女儿的青春期能过得很顺畅，而另一些则饱受折磨？成功的要素和步骤是什么？

书中的第一部分帮你为女儿青春期的到来做好准备，第一章概述了一些会有力影响青少年的文化冲击，帮助你深入了解女孩们的学业、社交和情感等日常问题，会让你意识到并且理解自己的女儿每天都必须面对什么。了解青少年的真正需求，以及对这一代人心理健康的影响，这也能帮你更清楚地了解到，你的女儿在追梦道路上会遇到什么阻碍。

第二章着重于新的社会转变对家庭以及家庭生活的影响。由于家庭结构的不同、价值观的差异以及青少年生活方式的改变，你可能要面对的各种各样挑战。

如果你只想要非常具体的指导方法，请略过本章。第二部分将描述你的女儿成长所需的各种技能、个人习惯和性格特征，这也是你作为母亲应当追求的东西。接下来，你将知晓众多实用的细节，包括如何有意识地为人母、为女儿之母，以此事半功倍地与数字原生代的女儿进行建设性沟通。

第三部分指导你将这些原则和策略应用于具体的日常挑战，尤其是那些母亲们认为迫在眉睫的挑战。你将获得实用的理念，以帮助女儿养成良好习惯，科学管理电子屏幕使用时间，建立健康的友谊和亲密关系，结束家庭作业战，应对离婚的局面并利用大学阶段来帮她成为一个真实、抗压、情绪乐观的人。

女儿的青春期是一个非凡的成长阶段，能够为母亲提供丰富的教育经验。期间，她应当展现朝气蓬勃的乐观精神和热情，对世界充满好奇。

但事实上，青春期时期的母女关系就像一场大冒险，总要经历一些波折，不可能一帆风顺。她的成长进程时快时慢，偶尔倒退，还会有意想不到的颠簸和弯路。就像旅行一样，你必须保持坚韧和耐心。尽管这段旅程会让人感到发自内心的愉悦，但大部分时间都不能随性而为，须经过深思熟虑。

请坚持到底，活在当下，对和女儿度过的每个时刻都心存感激。你将会在未来岁月中收获意想不到的快乐和值得珍惜的回忆。让我们开始吧。

第一章　别样的青少年世界

如果你想好好教训一下女儿，就直接没收她的手机。对她来说，禁足无所谓，拿走手机才是惨无人道的折磨。她痛哭着求我把手机还给她，那样子简直像没了老爸。我震惊地张大嘴巴盯着她，心想："你是在逗我吗？我只不过拿走你的手机一晚上，你就这么崩溃？不知道的还以为你在参加葬礼，我简直不敢相信。"我都后悔给她买手机了。

——卡洛琳（莉兹的母亲）

我妈真的是莫名其妙。因为地板上的某个东西，她唠叨了半天，还拿走了我的手机。这不公平！她怎么能这样？我和几个朋友已经在色拉布①上连续发布照片172天了，我知道这很傻，但一天不拉真的对我很重要。她拿走手机的那个晚上，我真的很崩溃，我现在只能重新开始了。她为什么不干脆禁足我？她不能拿

---

① 色拉布（Snapchat）是一款"阅后即焚"照片分享应用。用户可以拍照、录制视频、添加文字和图画，并将这些发送给自己在该应用上的好友。

> 走我的手机,这是我的生活必需品!
>
> ——莉兹(15岁),卡洛琳的女儿

青春期女孩所经历的一切对她来说很陌生,她的成长、思考、学习、沟通和社交的方式有了很大变化。作为母亲,我们要理解她们遇到的困境,鼓励她们调节情绪,了解她们会遇到的挑战。

这一章,你会设身处地感受女孩的日常生活。你会发现学校的环境变化对女孩学习、社交和情感的影响;女孩们最关注的问题有哪些;为什么青少年(特别是女孩)的心理问题越来越严重;让她(他)们幸福感下降的原因有哪些。

青少年的成长环境愈发复杂

女孩们当然也会面对社交八卦和手机没电等"危机事件",但其实她们对外面的世界更加关注。她们成长于美国国内危机和全球威胁的阴云之下,关注社会经济问题和不平等问题。《华盛顿邮报》恺撒家庭基金会的一项民意调查显示:大多数青少年对气候变化感到愤怒和害怕。媒体文章《Z世代的环境负担:因气候变化而恐惧、焦虑和消沉的孩子们》也佐证了这一点。

值得表扬的是:现在的青少年更愿意采取积极的行动去帮助身边的朋友,改变周围的环境。在受访的年轻人中,有四分之一参加过集会、罢工，或者给政府写信。美国佛罗里达州校园枪击案①的一些幸存者化悲痛为力量，掀起了一场"遏制枪支暴力"的全美范围倡议运动。

与此同时，青少年的痛苦也会加剧。美国心理协会最新的一项调查——《美国压力》显示，Z世代（18~23岁）成年人的压力水平在几代人当中是最高的。这些年轻人中，62%提到了自杀率上升，58%提到#MeToo运动②。年轻女性中，有67%被新闻中频繁报道的性骚扰、性侵事件所影响，64%受到堕胎法案变更的影响。对于Z世代的青少年来说，之前的压力没有得到缓解，反而因为新冠肺炎疫情变得更加严重。这代人"压力过大，已出现抑郁征兆"。

电视上的新闻事件可能就发生在我们的身边，困扰着我们的女儿，如：移民家庭的分离与驱逐；自杀率的上升；性骚扰和性侵犯；对性少数群体的歧视以及大规模枪击事件。

与十年前、二十年前不同，现在十几岁的青少年就要面对犯罪、恐怖袭击、自然灾害和校园暴力等问题——电视新闻、手机应用不断重复这些。学生们上学的每个早上都要经过保安和探测器，这些好像都在提醒他们校园并不安全。据报道，很多十几岁的孩子会担心自己在学校的安全，害怕不能平安回家见爸妈。

迄今为止，2018年是最可怕的一年，打破了美国校园枪支暴力事件

---

① 2018年2月14日，美国佛罗里达州布劳沃德县帕克兰的一所高中发生枪击案，造成大量死亡和受伤。

② #MeToo运动，美国的反性骚扰运动，呼吁所有曾遭受性侵犯女性挺身而出，说出惨痛经历，并在社交媒体贴文附上标签，借此唤起社会关注。

的记录。我所在的地方离康涅狄格州纽顿市的桑迪胡克小学不远,在2012年桑迪胡克小学枪击事件中,共有20名儿童和6名教师遇害,我因此第一时间感受到了这种大屠杀带来的难以磨灭的心理阴影。多年来,悲剧的阴影从未消散,一直笼罩在附近居民的心上。

面对校园暴力,不当的处理方式会带给更大的精神伤害。据《华盛顿邮报》报道:仅在2018年,就有约四百万名学生经历了封闭式实弹射击训练。这些被关在密闭空间里的青少年,会在很长一段时间里感到惊慌不安,有很多出现了长期的创伤后症状,比如:焦虑、抑郁、睡眠障碍和学习成绩下降,然而危机处理小组在真实暴力事件发生后才注意到这些问题。

过去的半个世纪,政治环境高度紧张,女孩们正是成长于这种社会氛围中。一次普通的家庭晚餐也可能会因为不同的政治观点争执起来,在我四十多年的职业生涯中,甚至遇到十二三岁的孩子提出了美国的政治问题。

当我要求我的学生们提交一篇作文,他们大部分会写趣事或者难忘的经历,而阿里安娜,一个12岁的小女孩,在她的文章中体现了六年级小学生对政治事件的担忧。她写道,《权利法案》"赋予了我们言论自由,让我们可以自由地在社交媒体上发表自己的看法,但是,某位前总统屏蔽了批评他的推特网友,删除了负面评论,违反了这项长达279年的法律"。

撇开阿里安娜的观点,一个12岁女孩最关心的居然是政治问题,这在之前是闻所未闻的。甚至还有比她更小的孩子,2020年,一个学校开展马丁·路德·金纪念日活动的时候,一位母亲分享了一个8岁小孩(二年级学生）的作业。在"我有一个梦想，我希望终有一天我们的世界可以_____"的空白处，肯德尔填上了"保持健康，永远不会爆炸"。

好像我们这代人生活还不够糟，新冠肺炎疫情爆发了。人们要担心家人和自己的健康、失业和经济问题，这加剧了青少年本已飙升的焦虑和抑郁水平。美国疾病控制与预防中心的数据显示，从2019年到2020年，12~17岁的青少年心理健康急诊挂号数增加了31%。

疫情扰乱了青少年正常的生活。在线课程和居家隔离，让女孩们与社会脱节，无法和老师与同学进行基本的社交活动。承诺中心进行了一项基于3300名学生的全美范围的调查。调查指出：超过三分之二的13~19岁学生感觉自己与同龄人"有一点"或"完全没有"联系。在返校日、生日、毕业，还有实习、交换项目和第一份工作机会等成人仪式不能正常进行的时候，超过一半的青少年表示：对未来感到更加迷茫。

通往成功的道路更加凶险

比赛、作业，再加上工作和社会实践，让每个人都喘不过气来。青少年觉得自己必须做到最漂亮、最优秀和取得最高分。压力会从四面八方袭来，这简直是"焦虑的每一天"！

——玛姬，一个孩子（16岁）的母亲

首先，好消息是，女生比男生更擅长学习。女生普遍更能够集中精力在学习上。她们选修的课程数量多、难度大,分数还比男生高。在全美阅读和写作竞赛中,女生的成绩也比男生好。就连之前男生擅长的数理化科目,女生也颇有后来居上的架势。此外,女生还积极地参加各类活动。高中毕业以后,大多数女生都能考入理想的大学。

然而,机遇与挑战并存。女孩们进步的同时,也面临着相应的风险。她们有能力做好每件事,并不意味着她们就有义务做所有的事情,还要样样拔得头筹。

大约15年前,在写《不堪重负的女孩:帮助她们在压力时代茁壮成长》时,我做了相关调查:那时的学业压力已经够大了。在我看来,女孩们一个个都德智体美劳全面发展,一点毛病都挑不出来。当然,我觉得学生和家长也不会再执着于上名校,这种焦虑的社会氛围会慢慢冷却下来。

但事实证明,我错了,那只是我美好的奢望。

名牌大学的录取率逐年下降,人们对成功的追求却水涨船高。《华盛顿邮报》最新的一篇文章中提到:"名牌大学的早期申请率激增,突发心脏病患者数量也越来越多。"由于新生上课、工作和实习的名额越来越少,现在的高三学生和学校面临着前所未有的压力。女孩们一边祈祷自己能考入理想的大学,一边满心惶恐,生怕招生委员会的老师不喜欢自己。这种焦虑的氛围从学校一直蔓延到每个家庭。

一位高中老师告诉我:"在过去的三到五年里,越来越多的女孩因为考大学而感到焦虑和间歇性沮丧。我见过很多成绩优异的女孩上不了顶尖大学。竞争太激烈,我很担心现在的孩子们。"

现在,很多美国高中堪比"学习工厂"。学生们每天都要面对铺天盖地的作业和考试,不堪重负,失去了学习的乐趣。有的学生干脆放弃竞争,自暴自弃;有的还在不懈努力,为了梦想拼尽全力。我遇到过几个走火入魔的初高中生,她们总是坚定地说:"我一定要当垒球队／长曲棍球队／足球队的队长。""我必须参与公益活动。""我必须上课外补习班。""我的成绩太差了,什么学校都考不上。"这种情况已经不是个例,而是一种普遍现象。

在这种高压的环境下,女孩们会用考试成绩来衡量自己的价值,考得好就自信满满,考得不好就自我贬低。好不容易完成了一个目标,还会有下一个更高的目标在等着她们。许多女孩都变得害羞和紧张,不敢在课堂上主动提问或者回答问题,有些女孩甚至变得自卑,开始封闭自我,不再和同学交往。

刚满13岁的莫妮卡就是一个典型的例子。她成绩优异,表现突出,严格要求自己,一直以来都是父母的骄傲。可是现在,这种完美主义演化成了对失败的恐惧。她解释说:"我就想考第一。我每天都得看好几遍(学校网站),想知道自己这个学期要考多少分才能拿第一名。我拼了命地学习,生病的时候我在学习,别人聚会的时候我也在学习。但是今年年底,一切都变了,我对什么事情都不感兴趣了。"

为了迎合家长的期待,这种好学生往往会假装一切正常,直到旷课或者怠学的事情再也瞒不下去为止。母亲先会感到震惊,纠结于到底是哪里出了问题,是因为动力不足、习惯不好、过度使用社交媒体还是睡眠不良?最后,母亲会下决心帮助女儿重回正轨。

在学校里,除了作业、任务、考试和升学的压力,女孩们还要面对其他问题,比如:裙子够不够长,服装是否适宜。以前的学生可以轻松自在地在走廊散步或者去食堂吃饭。可是现在美国学校出台了一系列"零容忍"政策，对暴力、种族歧视和校园霸凌等问题非常敏感。自由散漫的校园生活已不复存在，校园里人人自危、谨言慎行，生怕自己一不小心就触碰到隐形的红线。

"口嗨"的评论、恶作剧留言、黄色笑话，还有想引人注目的大话，曾经只是被认为"童言无忌"，现在会被当成严重的违规，会被调查，甚至可能会有执法部门介入。青少年们还未成熟，可能轻易在学校或者网上进行一些随性评论、谩骂或者威胁（例如："我要让他付出代价""我想自杀"）。以前可能没事，可现在她们有可能受到处罚（强制停课、开除等），还有可能被追究法律责任。

12岁的海伦娜和同班同学打了一架。最开始，她妈妈并没有多想，直到校长打电话给她。校长说，对方的父母投诉海伦娜给自己女儿发"威胁"短信，因此根据校规，海伦娜必须停课一周。海伦娜妈妈既困惑又尴尬，她不知道怎么和海伦娜沟通解释，也担心这样的事再次发生。

一天，15岁的莉兹发现有人黑了她的社交媒体账户，发布了一些不雅言论。她心烦意乱，回到宿舍后又遭到了同学们的嘲笑。莉兹崩溃了，她说了一些让人震惊的话，同学们赶紧去咨询了指导老师，指导老师又按照现在的规定拨打了危机热线。最后，莉兹被救护车送到当地医院的急诊室，评估她自我伤害的风险。

好了，如果现在你的女儿放学回家说她压力很大／大脑一片空白／不太舒服，相信你肯定能联想到很多原因了。在能集中精力学习之前，可以让她小睡一会儿，吃点零食，或者看一段有趣的猫咪视频放松一下吧。

科技的地震效应

> 有一个女孩被大家排挤。大家在网上发她的丑照,说她的坏话,还用修图软件伪造截图,说她假。之前有人这么做被开除了,所以现在大家都用昵称发布。
>
> ——蒂蒂(14岁)

科技的发展已经彻底改变了这代人的生活,你根本想不到他们每天会把多少时间浪费在玩手机上。根据常识媒体(一个非营利组织)2019年的报告显示,美国8~12岁的儿童平均每天的屏幕使用时间长达5小时,13~18岁的孩子每天除了上学和写作业,还要玩7个半小时手机!

瓦妮莎(16岁)在采访中表示,自己就是手机重度使用者。她说:"我基本上时时刻刻都攥着手机,因为我不想错过任何事情。我每天都要玩7个多小时手机。我知道这很不好,但没办法,我身边的朋友都这样。"她的声音越来越低,"太上瘾了。"

现在,绝大多数的青少年都离不开手机,女生的情况比男生更严重。将近一半的女生说她们几乎"时时刻刻"都在网上冲浪,这个数字是几年前的两倍。更何况现在手机的功能如此强大,你的女儿只需要在屏幕上轻轻一点,就能随时随地听音乐、看电视,看电影、玩游戏、查资料、刷抖音、线上购物、拍照和分享照片。

对十几岁的孩子们来说,网络空间就是另一个家。她们可以用微信、短信、视频随时随地联系任何人。事实上,这代年轻人是在科技的环境里长大的。她们从小就知道怎么玩电脑、打游戏、发短信、打视频电话。对她们来说，这些新鲜事物不过是日常生活里随处可见的东西。作为数字时代的原住民①，这是她们与生俱来的。

对母亲们来说完全不同，数字时代更新了她们原有的生活。为了不被时代抛弃，她们不得不打起精神融入这个陌生的环境。她们费劲地学习那些新鲜事物，感到茫然和不知所措。

慢慢地，女儿开始在家庭里充当"顾问"的角色。你能想象女儿捧着手机来找你帮忙的样子吗？你能想象她低声下气地问你："可以帮我申请一个微博账号吗？""这周末教我发抖音好不好？""我不会设置新手机，可以来帮帮我吗？"现实恰恰相反。为了跟上时代的步伐，母亲笨拙地钻研手机上的新功能、新软件，遇到不懂的问题要向女儿虚心求教。

尽管这些"数字原生代"女孩们有着与生俱来的"科技力"，但她们缺乏相应的背景知识和判断力，不知道如何、何地、何时正确地运用。她们走上了一条新的"科技成长之路"，但如果没有家长的正确引导，仍很容易误入歧途。所以，哪怕前路迷雾不散，而你既没有地图也没有精密的导航系统，也都要肩负起母亲的责任，牵着她的手一起摸索前进。

网上冲浪有风险，手机看得时间太久……每每想到这些，都让你无法入睡。请放心，我们知道如何解决这些问题。你先要明白，科技并非一无是处。从蹒跚学步开始，应用、小程序就能教给她很多有用的知识。等她长大些，互联网上还可以找到最新最全的学习资料。她不用再花大半天的

---

① "数字原住民"又译"数字土著""数字原生代"。教育游戏专家马克·普伦斯基（Marc Prensky）于2001年首次提出这一概念，指诞生、学习、生活、成长于数字时代的一代人。

时间去老旧的图书馆里找一本已经过时的百科全书。

广阔的网络空间让女孩们可以自由地表达观点，寻求帮助，找到志同道合的朋友。曼迪（16岁）加了一个抑郁症少年的聊天群。通过参与线上的志愿服务、政治活动和慈善活动，女孩们在家里就能接触到更广阔的世界。海迪（15岁）热衷于在博客和网站上讨论时事，了解社会事务，这使她更加积极。

网络也成了桥梁，让分隔千里、不同时代的家人们聚在了一起。女孩们可以和姨妈、叔叔、堂兄弟姐妹和祖父母在群里探讨相同的兴趣爱好，教爷爷奶奶如何发信息、打视频电话，让家人的关系更亲近。而且这个技能在新冠肺炎疫情期间格外重要，让长长的隔离期，就算他（她）们独自在家也不会那么无聊。

通过社交平台和视频聊天，女孩们还可以找到失散的好朋友，比如搬走了的同学、露营时的室友、旅行认识的朋友和实习期间的同事。

尽管现在微信、微博是青少年的主流沟通方式，但是发邮件是个例外，这成了一种全新的师生沟通方式。在此之前，一些害羞胆小的女生，有不懂的问题也不敢当着同学的面直接问老师。可是现在，她们可以直接发邮件问问题，或者约老师面对面沟通。

我的经验告诉我，内向的女孩在网上也能变成社交达人。即使最内向，最含蓄的青少年也可以利用社交媒体和同龄人沟通，扩大自己的朋友圈。那些在学校被孤立的女孩有机会在网上尝试不同的形象，开始全新的社交。况且，随着编辑和删除信息的功能越来越完善，青少年不用担心自己在交流的过程中会说错话。调查显示，不论什么年龄段的女孩，在网上留言的时候都会显得更放松，更有趣。

虽然科技本身没有好坏之分，但不当地使用科技会产生不利影响。你肯定会忍不住地想：你的女儿会不会在网上泄露个人信息？还有什么未知的风险？她为什么要看这么成熟、这么危险的网站？万一她被网暴，被性骚扰，甚至被性侵犯怎么办？她会不会在网上伪造身份证件？

你只能一遍遍地劝诫女儿不要在网上，特别是公开的社交媒体平台上发那些挑逗的照片。有的时候，你都怀疑自己是不是太古板了。毕竟现在的女孩都追求前卫，也许这是新的潮流？你怎么才能说服她保护好自己，不要拍摄，更不要上传那些暴露的自拍。你该怎么委婉地提醒她，迟早有一天她会后悔的。

玛格丽特说："我16岁的小女儿特别喜欢拍照，着装不是泳衣就是低胸，姿势来来回回地变换。也许这是现在的潮流？我不理解，她姐姐也不理解，'她到底在干吗？她脑子里想什么呢？'我知道她欣赏自己的身材，可是不能这么张扬吧？"

科技的发展甚至改变了约会的方式。海伦说自己在抚养头三个女儿（现在已经成年）的时候，只要告诉她们"不要在派对上喝醉"或者"不要趁父母不在家偷偷开派对"就好了。现在，刚刚上高中的小女儿戴安娜就像一只天真的小鹿。海伦要担心会不会有心怀不轨的"捕食者"——成年男人，假装少女的成年女人，学校里的男生……通过网络接近她的宝贝女儿。

伊琳娜现在也面临着前所未有的问题："我之前还想，等我的宝贝女儿长大了。我一定要问候，或者说'拷问，'"她笑着说，"那些上门来约她的紧张男孩。但是现在，内尔和一个住在2500千米以外，素未谋面的网恋男友在一起两年了。我不知道这个男生说的都是真话吗？我不知道他到底是谁？这太奇怪了。我不理解为什么现在的年轻人这么喜欢和陌生人聊天。这不正常。"

更何况，现在的女孩很容易受到情感伤害。前不久，一位伤心欲绝的母亲给我打电话，说她的女儿遇到一个彻头彻尾的渣男。艾薇（15岁）给她喜欢的男生发了一张自己的裸照。可是，两个人分手后，这个男生竟然把艾薇的裸照群发给了学校里的所有学生和老师。事发之后，男生依旧春风得意，艾薇的生活却遭到了毁灭性的打击。艾薇受不了同学的羞辱和朋友的嘲笑而休学在家，现在还闹着让父母搬离这个地方。这件事情应当为所有的父母敲响警钟，因为这并不是个例。

但是，这并不是说，父母必须全方位无死角、二十四小时地监控女儿的日常生活，窥探她的隐私，跟踪她的出行。我们是父母，又不是特工，这不是我们养育孩子的目的。

除此之外，科技的被动潜在危害远比我们想象中要大。有一天，杰玛（16岁）好端端地走在放学路上，却被三个女生拦住暴打了一顿。杰玛没想到的是，这一切都被有心人拍了下来。第二天，杰玛发现同学们都在传看她被那三个女生欺辱的视频。崩溃的杰玛只能哭着跑出了学校。抚养她的姨妈告诉我："我从没想过会发生这种事情。"

其实，十几岁的女孩子之间闹矛盾很正常。谁的青春期没有被同学戏弄过？可是现在，科技成倍地放大了这种痛苦。之前，就算女孩们在公众场所做过什么糗事，不出一个月，大家就都忘得干干净净。可是现在，视频不会随着时间消失。人们可以一遍遍地观看、转发、点赞、收藏那些视频，在女孩的伤口上反复撒盐，成为她们心里永远都愈合不了的伤疤。

茱莉亚（11岁）有一个很久都没联系的好朋友。这个朋友过生日的时候，为了修复彼此的关系，茱莉亚主动在网上发了一条真挚的生日祝福。可是这个女生却好像根本没看到这条消息，她把茱莉亚晾在一边，和别人热情地互动。这个无声的沉默就像当众抽了茱莉亚一记响亮的耳光。茱莉亚觉得同学、朋友、父母、老师……所有人都在笑话自己。

也许你会疑惑，为什么温顺善良、讨人喜欢的女儿在网上却变得"张牙舞爪"、攻击性十足？为什么她在网上和现实生活里有这么大的反差。别急，接下来的文章会给你答案。

最开始，卡拉还担心她的女儿佩妮（12岁）在别的同学面前会自卑。可是，卡拉偷看佩妮的短信时，发现自己善良、贴心的宝贝女儿就好像换了个人似的。她和同学聊天的时候语气冷漠、内容轻佻、毫无同理之心。震惊的卡拉想和佩妮好好聊一聊，佩妮却像一只炸毛的小猫，愤怒地指责卡拉侵犯了她的隐私，还坚称："大家都这样说话。"

我的实践工作和心理学家的研究报告都显示：青少年的情绪健康和社交媒体的使用时长成反比，使用时间越久，情绪健康就越差。很多青少年都因为过度使用社交媒体而患上了抑郁症、焦虑症，还有失眠、成瘾、学习困难等问题。虽然女孩们常常装作什么事情都没有，但其实她们都知道，自己紧张焦虑的情绪变得越来越严重。当然，她们还是拒绝不了手机的诱惑。

还有一些青少年，稍有不慎就会身陷法律危机。有的青少年会在网上伪造身份证件，有的会成为网络暴力的施暴者、受害者或者两者兼有。在一些引人注目的社会事件中，因为残酷的网络暴力，一些女孩亲手结束了自己的生命。

而且，科技还会带来潜在的负面影响。过去，丽贝卡上课之前，她的学生（11~13岁）都在外面跑来跑去做游戏。"但现在，"她说，"我的学生都挤在教室外的长椅上，盯着自己的电子设备。"每天她都要提醒孩子们，上课的时候手机必须关机，电子手表也要放在一边。一旦发现有人玩手机，她就会毫不留情地没收。

为什么现在的青少年如此依赖手机可能让人难以理解，但是我们要从发展的角度来考虑这个问题。这个阶段的青少年有自己的朋友，自己的思想，在慢慢建立自己的人生观和世界观。她们渴望同伴的接纳，逃离父母的监管，试探自由的边界，还要面对青春期的生理变化。从这个角度来看，你就能慢慢理解女孩与科技的关系。

为什么你的孩子沉迷于电子设备

青春期的孩子都是自卑和自负的结合体，她们想被关注，又怕得不到别人的认可。社交媒体平台满足了青少年对获得关注、认可和联系的需求，也提供了展示自我的平台。女孩们可以在网上大方地展现自己，总有吸引到别人的闪光点。浏览、点赞、评论、收藏、转发……的数量已经成了衡量受欢迎程度的重要指标。

对她来说，每收到一个赞都好像得到一次朋友的肯定。这种被关注的快乐可以让她缓解被排挤的恐惧。从某种意义上来说，社交媒体平台就是她自信的来源，她只要掏出手机，打开微博，看看自己的发布就能

"满血复活",何乐而不为呢?电子设备可以帮她融入同龄人,获得满足感,虽然这种满足感只能带来一时的快乐,但是现在的年轻人就需要这种快乐。

🌱 不过是暂停,她为什么像三岁小孩一样又吵又闹

神经生物学解释了人为什么会对电子设备产生心理依赖,研究显示,发送和接收信息可以刺激神经大量分泌多巴胺,多巴胺是大脑中让人"心情愉悦"的化学物质。手机的新消息提示音因此让人上瘾,让人无法拒绝。

一旦停止接受信息,比如她在上课、睡觉,或者其他拿不到手机的时候,大脑内的多巴胺水平都会骤降。这属于一定程度上的戒断反应。从这个角度看,她的手机不仅仅是供人娱乐或消遣的设备,相反,是快乐的源泉,她期待着一次次从中获得满足。你要是没收了她的手机,她会大吵大闹,或者抓耳挠腮地坐在家里,满脑子都是"她们有没有想我,她们现在聊什么呢,她们会不会背着我出去玩了"。除非你把手机还给她,她会一直这么焦虑下去。

🌱 为什么你的女儿一定要在公众场合玩手机

我相信,几乎所有的母亲都不希望自己的孩子在社交场合玩手机。每次看到你的孩子只顾着低头玩手机,把现实生活中的朋友撇在一旁,你肯定会很生气。可是,你有没有想过,她可能是不习惯这种面对面社交,低

头玩手机只是她缓解尴尬的一种方式。

15岁的梓梓解释说:"在公共场合我不能没有手机。我可以不玩,但是我的手机必须放在我的口袋里。否则我就感到浑身不自在,连手都不知道该怎么放。对我来说,手机就是关键时刻的救命稻草。如果场面非常尴尬,或者我们刚刚结束了一个话题,不知道该说什么的时候,我就可以掏出手机给对方看看有趣的视频。如果实在尴尬,我还可以拿手机编一个脱身的借口。"

事实上,并非只有十几岁的女孩会采用这种策略,许多成年人也依赖手机来缓解社交场合中的紧张或不适。

为什么你的女儿痴迷于她的社交媒体

青少年的成长,就是一个不断寻找自我、不断尝试、不断变化的过程。几年前,女孩们需要花好几个小时打扮自己,选衣服、做发型、学化妆,然后小心翼翼地走进教室或者食堂,观察同学们的反应。现在,女孩们只要拍几张风格不同的照片发在朋友圈里,就能第一时间收到朋友的反馈。

我在工作室里遇到过一个看起来很邋遢的女孩。每次来,她都穿着破旧的运动衫、舒适的居家裤、毛茸茸的拖鞋,好像一点也不在乎自己的形象。可是就连这么不修边幅的女生,在朋友圈里都要绞尽脑汁展现出精致靓丽的一面。这很正常,现在社交媒体就是一个人的名片,别人会根据你的朋友圈揣测你是个什么样的人。年轻人心里很清楚这一点,所以她们才会花大把的时间编辑自己的朋友圈。

互联网给这代年轻人带来无限的可能。只要你想,你可以成为任何人。有的女生会在网上接触很多猎奇、惊悚,日常生活中见不到的东西。

还有的人会在网上打造出一个虚假又完美的"自己"。她们在现实生活中无可奈何，只好把理想寄托在虚拟的自己身上。

不论是十年前、二十年前，还是现在，女孩们的想法都是一样的。她们都希望自己有趣、受欢迎、生活多姿多彩，是人群的焦点而不是灰头土脸的小透明。现在只要稍微花点心思，女孩们就能在社交媒体上体验被"追捧"的感觉。一所高中的校内论坛中有人发过："你的朋友圈决定了别人怎么看你""你可以成为任何你想成为的人""就算你没读过《安娜·卡列尼娜》，你也可以在网上感慨一番，说托尔斯泰是你最喜欢的作家"。现在，你应该能理解，为什么你的女儿那么在乎别人的评论和点赞了吧。

科技如何影响青少年成长

凡事都有两面性。电子设备一方面满足了青少年的心理需求，另一方面从根本上改变了女孩看待自己、控制情绪和社交的方式。长时间地沉浸在虚拟的网络世界里，会和现实世界脱节，缺乏独立生活的能力和信心。

那科技究竟会怎样改变改变青少年的生活呢？

日益激烈的竞争

社交媒体严重影响了我们的生活。我的朋友每天都要打开照

> 片墙①,看看有多少人点赞、转发。要是数量不多,她们一整天都会心烦意乱,甚至严重到要去看心理医生。她们会翻来覆去地想,"怎么有这么多人给她点赞,却没人给我点赞?我哪里不如她?"
>
> ——米尔·阿贝拉(16岁)

社交媒体加重了年轻女性的外貌焦虑和竞争意识。普鲁(15岁)说:"在高中,大家都会有意无意地攀比,每个人都想做最漂亮、最优秀、最精致的人。虽然以前也会这样,可是现在,科技放大了这种焦虑的情绪。"赛迪(14岁)补充说:"在社交媒体上,比较和竞争更多了,现在,大家不仅要和别人比,还会和朋友圈里的'自己'比。在滤镜下面,每个人都是完美无缺的。每个人都在想,我要是真的那么完美,那么精致就好了。"

社交媒体让女孩一遍遍在内心严厉地拷问自己:我有吸引力吗?我受欢迎吗?我有趣吗?我怎么比得过其他人?产品经理们牢牢抓住了这群人最大的痛点,开发了一系列修图软件。

简单地在谷歌上搜索一下就能得到一大堆"精美自拍""迷人自拍"和"文艺自拍",都能"惊艳你的朋友"。通过这些,女孩不仅能轻松拥有完美皮肤、魔鬼身材,还能定制不同的情绪,比如:亲吻、可爱、诱惑、凶狠、傻笑。只要轻轻一按,自动滤镜就能为她增添网上流行的"英雄""美女"特效……天知道还有什么。

一位大学新生的母亲告诉我:"上周末我女儿和两个她最好的朋友一起去海滩上玩,在照片墙上发了许多照片。她站在中间,身材窈窕、小腹平

---

① 照片墙(Instagram)是一款运行在移动端上的社交应用,以一种快速和有趣的方式将你上传的图片进行网络分享。

坦，可是她本来的身材不是这样。我看着女儿熟悉的脸蛋和陌生的身材，简直都要心碎了。我想跟她谈谈，她却对我大发雷霆，尖叫着说，'你不知道我的压力有多大！'"

女孩们不仅要考虑自己该发什么，还要关注她们的朋友在网上做什么。社交媒体极大地增加了女孩们对错过的恐惧（Fear of Missing Out, FOMO）。"它会告诉你每个人什么时候在做什么，"13 岁的玛格丽特告诉我，"所以大家都感到压力倍增。"看到朋友们在自己不在场时相谈甚欢，十几岁的女孩很少能做到不嫉妒、不羡慕，保持一颗平常心。

15 岁的乔吉说："在网上看到朋友们聚在一起而自己不在其中，很难让人不嫉妒。我正处于禁足期间，偏偏今晚有一个海滩派对。我真的很想去，色布拉的地图功能也能看到——我的朋友们全在那里。"17 岁的妮娅说："如果你孤身在家，看到大家在哪里玩，真是一种折磨。你会想，'我想去，但是没人邀请我。'"

缺乏真诚与自省

> 朋友圈里的内容，都是专为他人营造的假象。
>
> ——弗兰（16 岁）

青少年们逐渐在科技里迷失了自我，他（她）们不知道自己到底是谁，没有自己的思想和观点。从早到晚，各种各样的手机铃声、嗡嗡声、震动声、闹铃和其他通知声响个不停。外界嘈杂的声音会干扰女孩们的判断，让她们几乎没有自我反省的时间与空间。

事实上，每个人都在伪装，试图在朋友圈展现出一个光鲜亮丽的自己。女孩们费尽心思，不允许朋友圈的自己有一丝一毫的缺陷。可是，这种虚假形象既是理想自我的映射，也缺乏真实性和深刻性，不过是自我欺骗的产物。

电影《八年级》写实地展示了这一切，青少年在网上发布的内容与他们的真实生活相差甚远。13岁的女主角凯拉是一个励志博主，一直在网上教同龄人怎样积极地应对校园暴力，怎么战胜自己的负面情绪。可是，谁也想不到，这个积极阳光的博主在现实生活里是个自卑又胆怯的"小透明"，甚至被同学孤立了很长时间。每一个视频的结尾处，凯拉都会乞求她为数不多的观众给自己点赞并且转发。不论是在现实生活，还是网络世界，凯拉都极度渴望别人的认可。

如果你的女儿在网上和在现实生活中展现出两个完全不同的样子，你需要关注她的心理健康问题。她越追捧那个虚假的自己，就越厌恶真实的自我。她会压抑，甚至彻底扼杀那个真正的自己，从此一直都戴着面具生活。一个经过仔细审视的内心世界是更准确、更可靠的验证来源。再加上对于"点赞数"的盲目追求，她会渐渐迷失在这种虚荣的假象里。要知道，一个真正自立自强的女孩不会把希望寄托在别人身上。对别人的依赖越强（这些别人很有可能是多变的朋友或残忍的陌生人），受伤的可能性就越大。

自尊心受挫

我的很多朋友都特别在乎别人的看法，有的时候她们还会自我怀疑。对于不够自信的人来说，社交媒体会让她们越来越自卑。

——萨拉琳（17岁）

现在的女孩子不那么喜欢读书。成功女性的回忆录、传记和自传等楷模之书无人问津，青少年反而推崇那些社交媒体上的网红、真人秀女演员和网络明星。这些网络红人受到百万粉丝的追捧，拥有令人艳羡的影响力和财富。女孩们总是拿自己和网红相比，然后觉得自己一无是处。可是，她们对成功的定义是建立在狭隘、薄弱，甚至可以说毫无意义的标准之上。

社会焦虑加剧

数字媒体对于社交焦虑具有多样化的影响。一方面，手机会带给你的女儿安全感，因为她知道有人在牵挂她。另一方面，她要时时刻刻等着下一条新消息，长期处于高度警觉的状态。研究表明，那些"屏幕唤醒者"，也就是不断打开手机看消息的人，明显要承受更大的压力。

想象一下，你在家里坐立不安、心急如焚地等消息。无论你在干什么，反复查看手机都会分散你的注意力。铃声每次响起，都要满怀期待打开手机看看，发现只是一条无关紧要的信息后，又失落不已。十几岁的女孩怎么能驾驭这种情绪波动，更何况，青春期的女孩大部分都敏感、焦躁，还没学会怎么控制自己的情绪。

由于线上聊天具有敏捷性和实时性，这一代年轻人都希望朋友能够立刻回复自己的消息。要是很久都没有收到回复，女孩们就会忍不住胡思乱想：她怎么不回我消息呢？发生什么事情了吗？她生我气了吗？如果角色调换一下，你的女儿也会立刻回复朋友的消息，她担心长时间不回复会让朋友生气或者闹别扭。

精炼简洁的短消息常常会引发不必要的误会。而且，线上交流看不到对方的面部表情，听不到语气和语调的变化，单凭一段文字，人们很难判断它是真诚的、讽刺的、傲慢的还是嘲弄的。这也是为什么青春期的女孩总是因为线上沟通产生误会，继而引发矛盾。

每当女孩们聚精会神地做某件事情，却被手机铃声打断的时候，都会感到非常焦虑和烦躁。幸福研究明确表示，无论人们在做什么，注意力高度集中都会带来极大的满足感。与之相应的，注意力分散会降低这种满足感。

最后，互联网的隐私泄露也会引发青少年的科技焦虑。虽然社交媒体基本都在女孩自己的掌控之下，但有的朋友或熟人会在未经允许的情况下公开她的照片或视频。还有的人会对她的照片评头论足，比如：不够漂亮、动作粗鲁。此外，她会觉得自己的生活没有任何隐私可言。这些事情都会让她感到非常焦躁和无助。

社交和人际交往能力发展迟缓

和我沟通过的母亲都越来越担心自己的女儿不擅长与人面对面沟通。虽然这代青少年与人接触的范围更广，但沟通的质量更差。如果没有现实生活中的密切接触，面对面的互动，青少年很难培养基本的社交和沟通技巧。

学校的老师发现，在科技的影响下，低龄段的孩子社交技能发展缓慢的情况更加明显。安告诉我，在屏幕前长大的幼儿园小孩"不知道怎么和别人玩。在美术室，我让他们坐成一圈，教他们如何看着对方的眼睛说：'你好，我叫某某。你叫什么名字？'可是就连这样，他们都做不到。他们完全不知道该怎么和身边的同学交流。"

缺乏体察也是当代青少年的问题之一。过去，闺蜜之间似乎有说不完的话，两个人能在卧室里聊一整天。这种日常的闲聊可以锻炼一个人的共情能力。比如，女孩们充分了解彼此的微表情、小动作后，不需要对方说话她就能知道对方在想什么。可是现在，在手机上聊天看不到对方的肢体语言、面部表情，也听不到对方的语音语调、语气变化，单凭几个句子，女孩怎么知道对方内心的感受和想法。

现在，很多十几岁的孩子甚至不习惯打电话。萨马拉说："我们让女儿给一个人打电话，她却说她不知道该说什么。我们就问，'这是什么意思？你和你的朋友不是一直都聊天聊得好好的。'她说，'没错，但我们都是发消息啊。'"

艾莎同样告诉我，"我的女儿（15岁）过度依赖于手机，几乎没法与人面对面交流。她在房间里学习的时候，我经常听到她和朋友们视频聊天。但事实上，她们只是躺在各自的卧室里，把手机放在一边，脸都看不到。"

与此同时，现在的青少年都喜欢在网上购物，而不是去实体店里。每次去实体店她们都感到浑身不自在，不知道该怎么和店员交流。她们甚至不敢直视店员的眼睛，不知道怎么大声地表达自己的需求。佐伊告诉我："有一天，我们在一家拥挤的面包店里，我让女儿帮我买一个奶精。她声音极小地说:"打扰一下……"我告诉她,'你声音太小了,要大声说话!'在饭店也是这样,服务员听不到她的声音——因为她胆子太小,声音太小了。"

孤独感加重

信诺集团的孤独指数报告显示,超过一半的Z世代青少年感到:(a)他们觉得没法和别人交心;(b)没有人真正地理解他们。青少年和同龄人之间的交往越来越少,也没有真正的发小、闺蜜或者好哥们。在这种同辈情谊淡薄的年代,他们会感到越来越孤独。心理学家简·M.腾(Jean M. Twenge)再次研究了社交媒体对幸福感的影响,他发现:孤独的人往往会把自己的希望寄托在虚拟的网络世界里。也就是说,年轻人越逃避现实生活的社交,他的孤独感就越强。

遭受创伤

数字时代的青少年在网上有初生牛犊不怕虎的探索精神。尽管这种精神值得鼓励,甚至让人羡慕,但是还要小心互联网带来意外的伤害。达纳(15岁)是一位技术达人和重度网络用户。有一天,她像往常一样登录一个常用网站,页面上突然弹出来一个儿童色情视频,把她吓了一大跳。她浑身颤抖着关掉电脑,可是那些骇人的画面还是刻在她的脑海里,困扰了她很久。

科技就像一面放大镜,成倍地放大了女孩们犯错的后果。过去,就算她们做过什么尴尬的事情,这种羞愧也是一时的,朋友们的回忆会慢慢消失。可是现在,每个人都能使用智能手机熟练地拍摄视频,女孩的"黑历史"会被永远地挂在网上的帖子里。对她来说，这就像一场永远都醒不过来的噩梦。

网络暴力还会给人带来沉重的心理阴影。我的工作室接待过很多被网暴的女孩，有人在她们的微博下面评论说："你太丑了""没人喜欢你"，甚至还有人说，"你怎么还不去死呢？"大部分成年人都接受不了这种异常残忍、让人痛苦的言论，更别提那些青春期里心理敏感的少女了。

创造力降低

对青少年来说，有独处的时间来自我反省至关重要，同样重要的是培养自己的创造力。不论是做学术、写诗、作曲、写纪实文学，还是画素描、水粉、油画，又或者练习书法、雕刻或者摄影，都需要忍受安静与孤独。想要迸发出灵感的火花，需得远离嘈杂的世界，创造内心的安宁。

一位老师描述了自己和同事是如何费尽心思，鼓励那些被数字媒体过度刺激导致灵感枯竭的孩子：这代年轻人比前几代人成长得更快，我们连做梦都想不到他们在互联网上能接触到什么东西。大量的信息如潮水般涌来，他们的大脑连安静下来思考的时间都没有。但是，在美术课上，我会要求他们尽可能地静下心来。如果他们不能安安稳稳地坐好，我就让他们先到门口坐一会儿，等冷静下来再回教室。要是他们再次变得亢奋，我就关上灯，让他们把头倚在桌上。只有外界的噪音全部消失，他们才能心无杂念地感受外在的世界，聆听内心的想法。当每个人的心都静下来，教室里只能听到众人浅浅的呼吸声。

🌱 心理健康水平和幸福感降低

统计数据一致表明，这代年轻人的心理健康状况堪忧。最近的一项盖洛普民意调查指出，年轻人的压力和焦虑水平在近十几年内达到了顶峰。皮尤研究中心 2018 年开展的一项调查显示，70% 的受访青少年认为焦虑已经扰乱了他们的正常生活。焦虑的主要来源是他们认为自己必须取得好成绩，还要有丰富的课外活动和较强的社交能力。

抑郁症的发病率也在飙升。《变态心理学》杂志 2019 年发布的一项研究表明，在 2009 到 2017 年期间，14~17 岁青少年的抑郁症发病率上升了 60%，12~13 岁青少年的抑郁症发病率上升了 47%。和男生相比，女生面临的问题更严重。在 12 岁~16 岁的青少年之间，男生患抑郁症的比例翻了一番，女生是先前的三倍。去年，近 20% 的女生患有严重抑郁症。

现在，心理研究一致认为，大量使用数字媒体会影响人的幸福感。科技走入大众生活后，青少年的自信心、幸福感和生活满意度骤然下降。同样，女生受到的影响更大。经历过网暴或者有其他网络负面经历的女孩，患上抑郁症或其他情绪问题的可能性是普通人的三倍。

美国疾病控制与预防中心报告称，在 2007 到 2017 年的十年间，青少年的自杀率上升了 56%。目前，自杀已经是青少年死亡的第二大原因。疾病控制与预防中心的数据显示，男孩的自残率保持稳定。但在 10~14 岁的女孩中，自残率几乎比原来多了两倍，急诊室的就诊人数也迅速增长。

通常情况下，你很难发现青少年的心理健康问题。特别是对一个向来品学兼优，表现优异的女孩来说，旁人很难理解那种内心的煎熬。贝尔告诉我："我的女儿安吉拉（13岁）患有严重的焦虑症，但她没有和任何人提过。安吉拉的学习成绩一直名列前茅，最近还获得了校级三好学生的荣誉。她可以在三百人的面前侃侃而谈，却不能独立解决生活里的小事。每次去看牙或者仅仅听到警车、消防车的警报声，她都会紧张到情绪崩溃。"

很多女生都和安吉拉一样把自己的负面情绪隐藏得很好。在写这本书的过程中，我在《华盛顿邮报》上读到了一篇发人深省的文章。这个故事的主人公是一位23岁的天才少女，她的人生履历光彩夺目：在高中担任校内管弦乐队的首席小提琴手；能说一口流利的中文；高考成绩优异，大学就读于名校，而且最重要的是，她还是一位奥运会银牌得主和三次自行车世界冠军。可是，这样一个堪称"人生赢家"的女生，却选择亲手结束自己的生命。

她在自杀前留下了一封令人唏嘘的遗书。她在遗书中写道，"我极度地缺乏，又极度地渴望爱、善意、理解、温暖和关怀。"人们只能看到她取得的一系列成就，却忽视了她内心对爱的渴望。据报道，她的家人要求她只许成功，不许失败，就连哭都不准，因为眼泪是懦弱无能的表现。他们只在乎她的外在成就，却不管她的心理需求。

老师也渐渐意识到，校园内的心理健康问题不容小觑。梅洛迪告诉我："班上的尖子生私下拉了一个小群。他们经常在一起视频聊天，相互提醒最近谁在自残。最开始只有一个学生自残。她把铅笔上的金属条取下来，掰弯后划伤自己的手臂。后来，我注意到另一个学生最近总是心不在焉。我把她拉到一边单独谈话后,她才向我坦白自己也存在心理问题。可是她一直都活泼开朗,看起来什么问题都没有。"

统计数据表明,老师们的担心并非杞人忧天。马里说:"在过去的三年里,学生们的焦虑情绪不但没有丝毫缓解,反而急剧蔓延。越来越多的学生逃学、自残,有过自杀的念头,甚至付诸行动。对此,老师们都束手无策。"李也表达了相同的看法:"那些执教时间比我还长的老师也看到了同样的问题。现在的青少年压力都这么大,肯定很焦虑。"

这种情绪波动不仅会影响学生本人,还会影响班上的其他同学。托丽是一名中学教师,她说:"班上的同学都受到很大的影响。一天上课的时候,我看到一群学生盯着一个女生的手臂。即使她没有在课堂上自残,但同学们还是注意到她手臂上的伤痕,焦虑的情绪感染了每一个人。这种自残行为扰乱了正常的教学环境,(学校)团队必须解决这个问题。"

大学生的成长之路如此艰辛,这也是为什么她(他)们的心理健康状况普遍较差。2018年的一项美国国家大学健康评估报告显示,在一年中,57%的女生感到绝望,90%的女生会不知所措,67%的女生非常孤独,73%的女生极度悲伤,70%的女生过度焦虑,还有45%女生的抑郁情绪到影响正常生活。

每年开学,都有一批又一批的新生涌入大学的心理咨询室。尽管心理咨询室年年扩建,还是不能满足学生的基本需求。许多大学生跟我抱怨,他们预约的心理咨询得排到几周以后,每个人的预约次数还是有限制的。在无法立刻获得心理治疗的情况下,我们应当时刻关注自己的心理状况,防患于未然。

知己知彼，方能百战不殆。要想更好地了解孩子，你要先了解她周遭环境的变化，了解她焦虑和担忧的来源。这会给你的家庭生活带来怎样的影响？现代家庭结构经历了动态复杂的演变，这种变化会怎样影响你的孩子和你的育儿方式？下一章将为你介绍这些新的挑战。

第二章　家庭里的新挑战
数字时代对家庭关系的影响和改变

> 有一年我从大学回家过感恩节。家里面除了我的母亲、继父，我5岁的弟弟，还有一对刚满十个月的双胞胎弟弟。此外，我还邀请了我父亲的生母和姨妈，尽管我父亲从小就与她们就断了联络，但我在基因鉴定平台上找到了她们。也就是那个晚上，我向家人坦白了我的性取向。
>
> ——吉米（18岁）

一个人的思维方式和行为模式，很大程度会受到原生家庭的影响。成长的过程中，每个人都需要慢慢地树立清晰、明确、正面、积极的自我认知，而青春期就是自我身份认同的关键阶段。所以，家庭环境会对一个十几岁的女孩产生终身的影响。家庭成员之间的互动不仅能教会她怎样维系一段亲密关系，还能让她体会到被爱护、被关心和被重视的感觉。

首先，你的女儿要深入了解家族历史和渊源，才可以更好地认识到

"我到底是谁"。她可能会忍不住拿自己和整个家族相比较,她会想:"我是不是这个家的异类?我会不会辜负了家人对我的期望?为什么其他的兄弟姐妹都比我聪明、比我厉害、比我有天赋、比我讨人喜欢?"她还会想,"这个家里是不是根本没人在乎我?我是不是还得更努力?"她甚至会觉得自己所有的努力都是徒劳,根本得不到别人的认可。这种自我比较,自我贬低的过程会影响她的自尊。

本章将重点讲述文化变迁对每一个家庭的影响。现在的家庭和以前的有什么不同?全新、复杂的现代家庭结构,青少年独特的家庭身世会对她们的自尊和自我认同产生怎样的影响?这代年轻人的理念和想法是怎么反过来影响父母的?青少年对现在的家庭有怎样的期待?什么样的家庭互动模式可以帮助女孩成为最好的自己?

更复杂、更混乱的家庭关系

与老一辈人的家庭结构不同,现在的家庭呈现出复杂多变的特点。2019 年,约有 1576 万名儿童与单身母亲生活在一起。那些单身母亲有可能有异性恋或同性恋伴侣,也可能是未婚、分居、离婚或再婚,甚至多次再婚的女性。除了父母,也有姨妈、祖父母或其他近亲担任女孩监护人的家庭。

现代社会,家庭结构更加多样。女孩们可能在一个或多个混合家庭中长大,家庭成员可能包括继父母、同母异父的兄弟姐妹,或者继兄弟姐妹和其他亲属。

　　成长的过程中，青少年通常会把父母或者其他家庭成员当作学习的榜样。可是，现在的家庭混乱多变，女孩们不知道到底该学习谁，该以谁为榜样。有的青少年成长于双种族或者有多元文化背景的家庭，她们缺乏对特定群体的归属感和身份认同感。如果父母一方或者父母双方都是外来移民，那么孩子是该融入当地的文化背景，还是坚守父母的文化传统？17岁的萨莎道出了许多女孩的心声："我的母亲和祖父母都是移民到这里的。我的祖父母有很强的控制欲，我妈妈从小都没什么自由，一直按他们的要求行事。可是我不想这样。我想和我的朋友们一样，拥有独立自主的生活。就因为这个，我们家没少吵架。"

　　随着科技的发展，除了传统的受孕方式，还可以采用辅助生殖技术养育孩子。这代人的亲属关系也变得越来越复杂。女孩们可能有亲生母亲或养母，还可能有亲兄弟姐妹、同父异母的兄弟姐妹和其他领养的兄弟姐妹们。此外，双胞胎、三胞胎和四胞胎的数量也急剧增长。兄弟姐妹之间微妙的关系使得青少年的成长历程更加复杂。

　　更棘手的问题是，一些女孩发现自己和父母没有血缘关系。我遇到过一对异卵双胞胎，更准确地说，是一对同母异父的双胞胎姐妹。

　　受好奇心的驱使，这些非自然孕育的女孩在得知真相后，会试着寻找自己的亲生父母。由于现在发达的社交媒体和基因检测试剂盒的广泛应用，找到自己的血亲已经不是什么难事。很多养母已经开始忧心忡忡，觉得自己的地位受到了威胁。蒂娜（15岁）说："去年，我在微博上找到了我的生母和同母异父的姐妹。我主动联系她们之后，我们就一直保持联络。"

然而，并不是所有的青少年都能冷静地接受这件事。卡伦（11岁）刚刚发现自己不是父母的亲生女儿时，她觉得自己的整个世界都崩塌了。她愤怒地指控道，"我的父母欺骗了我整整十年，我还怎么相信他们？"她还要求父母带她去看心理医生。

与之相反，乔妮（17岁）从一开始就知道自己是被收养的。对此，她非常感谢养父母的坦诚。她说："如果（我的养父母）一开始没有告诉我真相，那我肯定接受不了这件事。但是现在我有了全新的身份，全新的生活。我也要谢谢我的生母，谢谢她替我选择了更好的生活。"乔妮联系上自己的生母和同母异父的姐妹后，更加感恩现在的一切。她神采奕奕地说道："我的家庭为我感到骄傲。"

对有的女孩来说，寻根溯源，找到自己的亲生父母会引导她们在青春期作出正确的决定。诺拉（18岁）说："我一直好奇，我的亲生父母都是什么样的人。9岁的时候，我第一次和我的生母取得联系，17岁的时候我们俩才正式见面。"对诺拉来说，这是人生的转折点。先前，诺拉的养父母一直警告她毒品的危害，她都不以为然。但是现在她说："自从知道我的生母曾经是瘾君子，我对毒品上瘾的可能性也比普通人高后，我决定对毒品敬而远之。"

🍀 家庭生活的转变

还记得经典情景喜剧里的家庭生活吗？母亲穿着长裙和高跟鞋，举止优雅地端出晚餐；孩子们安静老实地坐着饭桌前，低头吃饭；父亲总是在吃饭的时候和家人们聊天，教育孩子们要做礼貌、诚实、善良的人。再看看现在的晚餐时刻，你肯定会感叹今时早已不同往日。

🌱 讨论的话题

傍晚时分，大家都结束了一天的疲惫，可以聚在一起享受美味的晚餐。对妈妈们来说，这是个难得的好机会。她们终于可以坐在女儿旁边，旁敲侧击地打探一下她最近过得怎么样，有没有遇到什么事。可惜，事与愿违，现在的女孩要么会逃避母亲的问题，要么就干脆把话题引到国家大事上。还没等母亲反应过来，温馨愉悦的家庭晚餐已经开始激烈地讨论大规模枪击事件、政治丑闻、社会惨案、争议事件等新闻热点问题。

对此，母亲感到无可奈何的同时，还会有些不知所措，因为不知道从什么时候开始，你的女儿突然热衷于各类社会热点问题。她显得愤怒、害怕，对现实失望，会提出一些激进的观点。一个十几岁的孩子突然对政治、社会、环境问题侃侃而谈，还会当着全家人的面提出尖锐的问题，让你险些下不了台。不仅你，家里的每一个人是她的攻击对象。各位母亲，请做好准备吧。

这一代女孩们在一个更加全球化、多样化的世界中长大。和前几代人相比，她们明显更开放、更包容。在一项面对大学新生的调查中，多达 77% 的女性表示她们能够站在别人的角度考虑问题，80% 的女性表示可以接纳信仰不同的人。尽管如此，青春期的女孩还是会像一只敏感的小兽，一旦某些话题触碰了她的红线，她就会跳起来毫不留情地发动攻击。在她的眼里，你很可能是一位思想腐朽、僵化，戴着有色眼镜看人的"老古董"。

哈珀（15 岁）明确表达了许多同龄女孩的看法，她告诉我："这代年轻人都逐渐意识到，父母与孩子之间存在不可逾越的鸿沟。我和父母经常意见不同，他们只愿意相信他们所相信的，根本听不进去我的话。为此，我们总是动不动就吵架。"除了晚饭的时候，你的孩子很可能随时随地、不分场合地聊一些争议性话题。

美国反性骚扰运动

现在，反性骚扰运动在全美范围内开展得如火如荼，一些身居高位的男性深陷性骚扰的丑闻。这场运动涉及全体女性的切身利益，青少年们也会开始讨论有关性骚扰、性同意等敏感的话题。青少年强烈的好奇心和刨根问底的决心，使得一些母亲们不得不旧事重提，重新面对一些不堪往事。

我也遇到过几个案例。有一个单亲家庭的 14 岁女孩，在她心中，父亲是光辉伟岸的。可是她最近发现，她爸爸之所以失业，不是因为公司裁员，而是因为她爸爸曾经和公司的下属有过一段短暂的婚外情。事情败露后，公司立刻解雇了他。还有一个 15 岁的女孩，她一直想不通为什么妈妈和祖父母的关系那么僵。后来发现，她的母亲在童年遭受过持续的虐待，可是她的祖父母在当时没有采取任何措施，对她不闻不问，任由她被欺凌。

性少数群体问题

皮尤研究中心的调查显示，三分之一的 Z 世代青少年身边都有比较中性的朋友，这个数字远远超过千禧一代、X 世代和婴儿潮一代。难怪很多母亲一想到性少数群体的问题就如临大敌。就算女孩自己的性取向和性别认同没有偏差，也不能保证她身边没有自我怀疑的朋友。

这些问题还会给女孩的家庭氛围和人际关系带来一系列的影响。这代年轻人普遍提倡包容与接纳，贝丝（15 岁）也不例外。她告诉我："虽然我不是性少数群体，但我支持他们。我想参加所有的游行，为他们争取平等的权益。但是，我的父母极力反对我做这些事。对我来说，父母很重要，但支持同性恋群体也同样重要。我还是想支持他们。"

黑人的生活问题

在新冠肺炎疫情期间，学校一律暂停线下教学。学生们要么在家上网课，要么干脆暂时停课。没有了学校的压力和负担，青少年就有更多的时间和精力关注社会热点问题。

以乔治·弗洛伊德死后爆发的示威活动为例，这些示威运动旨在抗议警察对弗洛伊德和其他黑人采取的过激手段。现在，女孩们普遍接受平等包容的多元化教育。许多白人女孩从大学或者寄宿学校回来后，更加认识到了黑人生活的不易。她们不仅开始关注有色人种的成长经历，还开始自我反思，回想自己有没有在不经意间流露出歧视。整个社会也在热切地谈论这个话题，反复播放乔治·弗洛伊德之死的视频片段。在这个过程中，有的青少年会受到心理创伤，但是更多黑人、原住民和有色人种中的女性会勇敢地站出来，为改变世界献出自己的力量。此外，种族主义、警察制度改革，还有全社会的口诛笔伐都会引发青少年的思考和谈论。

宗教

女孩们成长的过程中，要想弄清楚"我是谁"，离不开对宗教信仰的反思和审视。和许多同龄人一样，麦嘉（15岁）必须面对宗教教义与个人观念之间的冲突。她说："我是虔诚的信徒，但我认为世间万物不是一成不变的，有的宗教教令也应当随着时代的发展而改变。有时候我甚至会怀疑我的宗教信仰是否正确。我现在非常矛盾，一方面我非常抗拒宗教里的某些东西，但是另一方面，我又不愿意放弃我的信仰，毕竟我是在这个环境中长大的。"

相反，就算女孩是忠实的教徒，甚至比父母更虔诚，也会产生一系列的问题。莫娜有两个十几岁的女儿，她告诉我："不知道怎么回事，我的两个女儿突然变成虔诚的犹太教徒。她们严格地遵守犹太教规，我只好配合她们，改变我一直以来的生活方式，毕竟家庭对我来说真的很重要。"

政治

在过去的几年里，美国的政治观点严重分化、对立。不仅是整个美国，就连家庭成员之间都经常因为政见不同而吵得面红耳赤。可能你已经烦透了这种无谓的争执，干脆禁止家庭成员在聚会的时候讨论政治。但是，随着你的女儿越来越大，她才不在乎什么"禁令"。只要涉及了她关心的政治话题,她就变得义愤填膺、横冲直撞,晚餐时刻会再次变得火药味十足。

塔拉(16岁)是家里的独生女,她告诉我:"我的父母是极为保守的共和党人。他们反对堕胎,但我觉得堕胎是女性的自由。在我看来,(时任)总统做的很多事情都有待商榷。虽然我不那么了解政治,但是很多事情我也有自己的看法,比如我很关注女性的权益,我也经常和他们表达我的观点,但他们连听都不想听。他们根本不会改变自己的看法。"

枪支立法

这代年轻人成长的过程中,校园枪击事件屡见不鲜。因此,他们普遍主张制定更强硬、更具保护性的枪支法案。然而,这种立场可能与长期以来的家庭价值观和传统理念背道而驰。肯德拉(14岁)解释说:"我爸爸一直坚定地支持枪支合法化。但是在我看来,某些特殊的枪支,比如军用枪支,不适合在民间流通。此外,我认为应该严格审查枪支持有者的持有资格,加强监管。但我的父母却不同意我的观点。我的父亲甚至拒绝和我沟通,他总是说,'不,我有我的看法。好了,我们就说到这儿吧。'"

作业之战

当今社会,有两大主流的文化发展趋势:一是广泛的科技应用,二是激烈的社会竞争。在这两座大山的压迫之下,母亲不得不转变传统的育儿方式,开始面对和解决新的问题。对她们来说,一天当中,最令人头疼的就是晚饭后到睡觉前的这段时间。我经常听到她们说:"我一想到放学回家要盯着她写作业,我就头疼。""我就没有哪个晚上能开开心心的。""让她们别玩手机,按时睡觉,怎么像打仗一样?"

现在的学生时代早已不如往日轻松,晚上正是一天中最具有挑战性的时刻。白天,女孩们要忙于各种各样的课外活动、体育运动、课程学习、考前准备和课外班。等到了晚上,女孩们终于能拖着疲惫的身躯回家吃饭,好像一台电量耗尽,就要散架的机器。

等吃完晚饭,女孩们都希望能休息、"冷却"一下再开始写作业,毕竟写作业是个劳神劳力的差事。这时,有的女孩就开始发挥自己一心二用的"绝招"。她们看起来是在写作业,实际上要么和朋友聊得热火朝天,要么就在捧着手机看视频。每次看到她边玩边学,你都气不打一处来,忍不住出声说她几句。虽然你是出于好心,希望她能快速高效地写完作业,按时上床睡觉。可惜,你的女儿并不领情。你的干涉只会在母女之间再次引发一场大战,不会从根本上解决问题。

这时,你要是提出没收她的手机,或者检查她的屏幕使用时间,情况只会越来越糟。她会像个一点就炸的火药包,你们两个僵持的时间越久,空气里的火药味也就更重。总的来说,在写作业这件事情上,家长的唠叨和指责不仅不会解决问题,反而会打击孩子学习的积极性。要知道你不是一个人,家庭作业的"战争"每天都要在成千上万个家庭里上演,这是个亘古不变的难题。

🌱 睡眠时长

近几年来,新闻媒体频繁地报道青少年睡眠不足的危害。专家建议,青少年每晚最好保证 8~10 小时的睡眠。睡眠不足会导致免疫力下降,还会导致记忆力衰退,影响学习。此外,可能你已经发现,女孩在疲惫的状态下比平常更加敏感易怒,很容易情绪失控,也容易作出错误的决定。

出于这些原因,父母一直都格外操心青少年的睡眠问题。但是,越来越多的年轻人表示,现在的课业压力过于繁重,她们只能牺牲自己的睡眠时间。大脑得不到充足的休息,学习的效率就变低,这已经形成一个恶性循环。更可悲的是,睡眠不足的问题已经呈现低龄化的趋势。近期,在我主持的健康研讨会上,第一次开始有五、六年级的学生提出了睡眠不足问题。

女孩们睡眠不足的原因主要有以下三点:第一,作业太多,她们写不完作业不能睡觉。第二,就算她们早早地上了床,也无法立刻入睡,因为她们的大脑仍然处于高速运转的状态。她们会想:我该做的事情都做完了吗?有没有什么遗漏的?我有没有做好准备,迎接新的一天?我复习得够不够充分?她们会在脑子里来来回回地思考这些问题,越想越清醒。第三,她们本身也不想睡。结束了一天的学习,她们终于有时间做自己想做的事,比如看视频,刷手机,和朋友聊天。

换个角度想,母亲和女儿的生活习惯、价值观念都有很大差异。我们既不能要求母亲改变几十年的生活习惯,也不能强迫女儿接受上一代人的价值观念,母女之间因为睡眠问题起争执是难免的事,我们应当以平常心态看待这件事情。

宅在家里

社会发展日新月异，新生事物层出不穷，现在的年轻人也是更加不同。说得更具体一点，他们的家庭生活和休闲方式有了很大改变——这代年轻人更"恋家"。虽然你的女儿表面上看起来没什么不同。但是在她的内心，母爱和亲情比你想象的更重要。

一家品牌创新公司的一项研究显示，三十年来，这代人面临着史无前例的压力水平。本该无忧无虑的童年，现在却被各种各样的琐事堆满。她们要迎合父母的期待，要想办法上一所好大学，为自己的人生做好准备。令人唏嘘的是，到头来，她们最渴望的还是幸福与快乐。她们由衷地希望"家庭能带给自己安全感和满足感""我的家人可以理解我，认可我""自己能够信任父母，父母也能信任自己"。

这代年轻人更需要外界的支持。因为在她们看来，这个世界危机四伏、刁钻苛刻、人情淡薄。她们缺乏安全感，也就更渴望安心和稳定。正如家居公司的创始人兼首席执行官乔治·凯里所说，Z世代的青少年都在寻求一个安全的"情感避难所"。对大部分青少年来说，她们会把最后的希望寄托在温馨、舒适的家庭生活上。

现在，许多十几岁的女孩都开始怀念自己的童年时的家庭活动，回想起全家人坐在一起看电影，吃爆米花，玩棋盘游戏的日子。至于那些"俗气"的节日游戏，她们总是嘴上说着嫌弃，实际上玩得比谁都开心。禁足也吓不到现在的女孩。除非要错过一场期待已久的音乐会或朋友的生日派对，她们会待在家里开心地享受禁足的"惩罚"。当然，口是心非的女孩们绝不会承认这一切。

尽管这代人的青春被新冠肺炎疫情耽误了不少日子，但是有关研究表明，隔离在家也有意外的惊喜：68%的青少年表示，长时间地居家隔离拉近了他们和父母的关系。

Z世代的青少年比其他年代的孩子更注意保护自己。他们普遍没什么冒险精神和叛逆行为。相应地，这代人饮酒、嗑药或者意外怀孕的人数也远远少于其他年代。比起外出和同学聚会，你的女儿可能更愿意待在家里，躺在舒服的床上和朋友网上聊天。冰箱里的食物随手可得，线上购物方便快捷，她们已经彻底告别了出门购物的时代。

现在的年轻人缺乏冒险精神，几乎30%的高中毕业生都没有驾照。这是一个根本性的转变。在过去的四十年里，几乎每一个来我工作室的未成年人都数着日子盼自己成年。等到终于能考驾照的那一天，他们会立刻恳求父母带自己去车管所，一分钟都不能多等。对年轻的女孩们来说，驾照就是一张闪闪发光的入场券，带她们通往自由的天堂。

然而，在过去的几年里，许多十六七岁的孩子都不愿意学开车。现在，家长们还得苦口婆心地劝自己的女儿报名驾照考试，且大都以失败告终。对于青少年来说，驾照已经没什么吸引力了。有的女孩觉得开车过于危险，不愿意承担开车上路的责任，而有的女孩只是不急着独立。

至此，您已经大致了解文化变迁是如何影响青少年、家庭和生活的，现在就该将理论运用于实践当中。第二部分将介绍一些实用知识、指导原则和养育方法，帮助您更顺利、有效地和女儿沟通。接下来的文章会指导您如何建立健康亲密的母女关系，相互信任、有效沟通，为她美好的现在与未来搭桥铺路。

成功养育女孩的秘诀并非遥不可及。下一章将带您了解情绪弹性、自我控制力、责任感、洞察力、机敏和勇气等可贵的个人品质，为帮助青少年未来的发展指明方向。

A Different World

第二部分 母女之间最好的相处

第三章　让她的未来蓬勃发展
数字时代的女孩更需要什么？

> 我的女儿乔丹才在大学待了五周，就哭着给我打电话，让我接她回家，还一直说这里不适合她。她说她和舍友的关系不好，第一篇论文分数很低。我觉得这很正常，大学生活不就是要慢慢地磨合和适应吗？可是乔丹坚持要离开，所以我只能连夜坐飞机赶过去，帮她收拾好东西，带她回家。
>
> ——乔安娜

乔丹的故事并不是个例。在过去的五年里，我的工作室接待了很多个"乔丹妈妈"（比过去三十五年的总数还要多）。女孩们一路披荆斩棘地考上了大学，却在大学的第一个学期撞得鼻青脸肿。为什么会这样？这件事情值得所有人反思。大部分妈妈都没有想过女儿会适应不了大学生活，她们焦虑不安，又不知所措。现在的年轻人普遍缺乏独立解决问题的能力，特别是面对诱惑时，欲望往往会战胜理智。

对很多妈妈来说，最大的愿望就是把女儿平平安安地抚养成人。至于她能不能考上大学，或者能不能考上一所好大学，都是锦上添花的事情。而女孩们好不容易熬过了初中和高中，终于可以松一口气，开始期待美好的大学生活。她们会想着自己能在大学校园里叱咤风云、名列前茅，有丰富的社会活动，发展自己的事业，或者结交终生挚友……谁又忍心戳破这个美好的幻想呢？

可是，当斗志昂扬的年轻人灰头土脸回到家中，家人们除了担心，更多的是不解。几乎每个来做心理教育评估的家长都会迫不及待提出以下问题：怎么会这样？她好不容易进入大学，踏入理想之门，怎么会适应不了大学生活？到底是哪里出了问题？该怎么解决这个问题？如果大学不适合她，哪里适合她？

很遗憾，我不能逐一给出答案。因为每个女孩在学业、情感、人际交往上遇到的问题都各不相同，外在的表现也不一样。有的人颓废、失落、浑噩度日，有的人则放弃了自己梦寐以求的大学生活，辍学回家，陷入了迷茫。所以必须结合具体的情况具体分析，但是从本质上来说，这些问题的根本原因都在于内心的力量不足。

也许你并不认同这一点。毕竟许多父母和孩子都认为考上一所好大学才算成功。在这种观念的影响下，高中变成了一个个"好学生加工厂"。为了进入理想的大学，女孩只能不断严格要求自己，努力拿到一个漂亮的分数。可是，这样定义成功太狭隘了。一个人的成功并不在于高考成绩的高低，学分绩点的多少，有没有被保底院校录取。

所以，去哪里上大学并不重要，重要的是青少年能不能适应大学。大学期间，青少年第一次长期离开父母，离开从小长大的温室，他们必须学着照顾好自己，独立解决各种问题。

这一章将介绍青少年成长所需的个人品质和生活技能，无论是在高中，大学还是今后的发展，青少年都要拥有一颗强大的内心。作为家长，你会进一步了解内心精神力量的重要性。你会发现：一个人的成功离不开自律、同理心、自我认同感和良好的情绪调节能力；一个人的创造力和解决问题的能力来自毅力、积极乐观的心态和敏锐的好奇心；而强大的执行力可以告别拖延症，提高一个人的执行能力。这些都是宝贵的精神财富。

♣ 情绪调节能力

青少年一定想象不到，自己万般憧憬的大学生活，也可能成为"生存挑战"。女孩们离开井井有条的家，来到大学校园，这里除了意气风发的青春岁月，还有鸡飞狗跳的宿舍生活、严格认真的学术氛围、激烈的竞争和大量的潜在干扰因素。即使在高中成绩优异，但想要真正在大学阶段取得相应的成就，女孩必须做好充分的心理准备，拥有强大的内心。

美国心理协会认为，良好的情绪调节能力是指"在面对挫折、创伤、逆境、威胁或高压环境的时候，也能情绪稳定、从容面对。"我们总是把一个人的成功归因于其高智商。但其实，智力远没有我们想象中那么重要。安吉拉·达克沃斯（Angela Duckworth）等心理学家发现，良好的心理承受能力、坚持不懈的努力、勇于尝试的精神才是成功的关键。研究显示，心理承受能力强的学生往往会取得更好的成绩，比如：晋级全美拼字大赛决赛，在常春藤联盟大学获得更高的学分绩点。

心理承受能力强的青少年能够快速适应新的环境，保持积极乐观的心态，排解压力，克服挑战，不会轻易被挫折和困难打败。大学期间，女孩们可能会遇到各种各样的糟心事，比如脾气古怪的室友、抽烟喝酒的朋友、吹毛求疵的社团、深奥难懂的课程。想要顺利地从大学毕业，她们就必须克服这些困难，不因为一次的失败就否定自己。相反，这次考得不好，下次更应该加倍地努力。

可问题是，这代年轻人的心理承受能力普遍较差。他们千辛万苦地考上大学，却适应不了大学生活，只能办理休学甚至退学。这种情况是一个全美范围的问题。加州大学洛杉矶分校高等教育研究所发布了一篇《美国大一新生调查》。研究显示，从 1985 至 2017 年，女大学生的心理健康状况一直都比男生差。在同样的一段时间里，女生情绪失控的概率是男生的三倍。男生可以更快，更冷静地适应大学环境，但是女生常常会因为一些琐事崩溃。而且，超过一半的女生在面对困难时都感到不知所措。美国大学健康协会的调查发现，在大学开学的前两周里，近 60% 的女大学生都觉得如履薄冰。

女孩们不能一味地依赖父母的支持，朋友的帮助和恋人的关怀。要想自立自强，她们就必须着重培养以下品质。

抗压能力

在成长的过程中,这代人要面临激烈的竞争、升学的压力、动荡的国际局势。因此,她们还没准备好面对这么多压力,所以任何额外的负担都可能成为压死骆驼的最后一根稻草。长期生活在高压环境下,青少年会变得紧张、惶恐、不安、优柔寡断或者思路混乱。慢慢地,他们就会陷入无助—绝望—自我怀疑—自卑的恶性循环里。

与之相反,抗压能力强的女孩会越挫越勇。她们拥有强大的内心,不会轻易被挫折击垮。心理学家凯利·麦格尼格尔曾经举办过一次题目为《如何跟压力和平共处》的公开演讲。演讲中提道:积极乐观的心态可以帮助你有效释放压力、重整旗鼓,再次迎难而上。这种心态的转变是成功的关键。目前,该演讲已被观看超过 2600 万次。

抗压能力强的女孩不会排斥压力。相反,她们会把压力巧妙地转化为动力,帮助她们迅速进入工作状态。她们不会想,"我真的好害怕""我肯定会搞砸的""我要完蛋了""我太差劲了,我什么大学都考不上"。她们会在心里积极地鼓励自己:"放轻松,深呼吸,你肯定没问题的!""好了,现在我又满血复活了!""我肯定会有思路的!"

积极乐观的女孩很少给自己消极的心理暗示。在心理学上,这种心理暗示也被称为自证预言[①]。抗压能力强的女孩不会担心自己会搞砸选拔、考试、试镜和演奏会,因为她们根本不害怕失败。在她们看来,这些紧张刺

[①] 自证预言(self-fulfilling prophecy)是一种心理学的常见现象,意指人会不自觉按已知的预言来行事,最终令预言发生。

激的挑战只是她们展现自我的平台，成功和失败都没那么重要。

为了帮助学生缓解压力，大学开展了一系列压力管理活动和项目。学生可以领到奶昔和解压包，里面装着蜡笔、马克笔、糖果、励志名言和压力球。如果学生需要进一步的帮助，还可以直接拨打咨询中心的电话。此外，在考试周，学校还提供午睡舱、宠物动物园、颈部按摩和认证治疗犬服务。

有效缓解压力可以提高学生的应变力和解决问题的能力。用马太效应来讲，成功的人会越来越成功。这不仅仅是因为他们逃出了自我贬低的怪圈，还是因为他们懂得如何正确地释放压力。这种心态的调整可以帮助青少年更从容地应对接下来的挑战。

西北大学的心理学家研究了压力对人的影响。他们以生活在芝加哥暴力多发地区的青少年为研究对象，利用核磁共振成像技术对12~14岁的青少年的大脑进行了查看。分析显示，这些青少年的焦虑程度和抑郁水平和普通人没什么区别。但是，他们的大脑具备更高水平的功能连接。也就是说，他们在应对意外事件时，具有更强的自制力，能够选择更安全稳妥的解决方案。

从挫折和失败中成长

米歇尔·奥巴马曾经说过："失败是成长中的重要一课。我们应当无惧失败。"适应能力强的女孩更善于应对挫折和挑战，走向成功。可惜的是，现在的媒体正在给青少年灌输一种误导性的、有害的观念。真人秀电视节目会美化残酷的竞争，人们开始想寻找捷径成功，想和视频网站里的网红那样，通过曝光率和病毒式营销一夜成名。

在这样的社会氛围中，现在的年轻人很难踏实地努力奋斗，也很难接受做得不好，甚至完全失败是不可避免的事情。面对学业与社会的双重压力，女孩们不得不谨小慎微，生怕自己的大好前程毁于一旦，因此更加不敢有一点失误。

不能接受自己的失败也是这代年轻人的通病。《美国新生》的调查显示，只有56%的大学生认可失败是学习过程中的一部分，仅仅三分之一的大学生愿意挑战自我，迎难而上。这也就是说，将近三分之二的学生非常害怕犯错，在学习的路上不敢冒一点风险。但是，对于一个还在摸索阶段的学生来说，最舒适的路线往往不是最好的路线。

你可能以为：我的女儿是"学霸"，所以她不会出现这些问题。但事实恰恰相反，越是成绩优异的孩子越不能接受自己的失败。她们自我标准高，害怕辜负旁人的期望，因此更加害怕失败。

许多初中和高中老师都说，那些最聪明、最有志向的学生往往会最容易被挫折击垮。法拉说："学习和考试一直都是他们的强项，所以他们不能容忍自己有一丁点的失误。考试没考100，而是考了91分，也不能接受。他们把学习看得太重，缺乏自我调节和应对挫折的能力。"大学生活通常会加剧这种心态。

青少年初入校园的时候，身上背负了沉重的学习压力。胸怀壮志的女孩会把大学同学当作自己的潜在竞争对手。她觉得那些同学既聪明又有才华，想通过竞争来证明自己。这种情绪失衡下，大一成绩不理想很常见，但是女孩们会感到不安，觉得辜负了父母的期待，开始怀疑自己，甚至感到失望和羞愧。

我常常和学生们讲：遇到挑战要冒着失败的风险勇于尝试，不馁不弃，就像那句经典格言"不入虎穴，焉得虎子"。但是相比之下，还是一些名人轶事更能引发同学们的共鸣。比如，某位大明星成名之前，在好莱坞的背街上洗碗、穿着玩偶服招揽顾客。这并非个例，许多明星光鲜亮丽的背后，都是数十年的艰辛和煎熬。

青少年们很难相信，畅销书作家们当年也竟然屡屡碰壁，差点连出版的机会都没有。如果J. K. 罗琳和西奥多·盖泽尔被出版社退稿十几次后心灰意冷，索性放弃自己的写作事业，现在的青少年就永远也读不到《哈利·波特》和《苏斯博士》的经典作品。奥普拉·温弗瑞的事业也不是一帆风顺。这位脱口秀女王的第一任经纪人不仅解雇了她，还说她根本不适合上电视。每每听到这些故事，女孩们都感到非常震惊。

现在的大学普遍意识到了这个问题的严重性，开始投入大量的时间和精力帮助学生们明白，失败不仅是学习过程中不可避免的一部分，也是一段宝贵的人生经历。此外，学校还组织了各种研讨会、在线课程和公开活动，由教师分享自己在学业、情感、社交方面遇到的挫折和感悟。同时，学校还准备了类似的视频、音频和公开演讲。老师也会给本科生布置相关的论文，由他们讲述自己在学习过程，人际交往和个人生活中遇到的困难。教学楼的墙上和公告板上也张贴着各种有关失败经历的小故事。

近些年来，各个名牌大学都围绕"失败"开展了一系列教育项目。史密斯学院开设了一门讲述失败的课程，斯坦福大学推出了"适应力"项目，哈佛大学开展了"失败且成功"项目，宾夕法尼亚大学的项目被称为"宾脸"；普林斯顿大学创设了"直视你自己"。这些项目的主题都是一样的，都主张合作，淡化竞争，推崇勇敢试错，摒弃完美主义。

🌱 内在动机

众所周知,过度追求完美不是什么好事。那要是把目标定为:拿奖,考好成绩,或者考入名牌大学呢?那听起来似乎就没什么问题了。但是,最新一项关于动机和成就的研究显示,树立过度目标反而会适得其反。

有的学生属于绩效导向。通俗一点说,她们只在意结果,却不在乎努力的过程。她们总是过度夸大智商的作用,贬低努力的价值,不断为自己的失败找借口。每次遇到挫折,她们会归因于自己不够聪明。为了避免被人觉得愚蠢,她们开始害怕失败,不敢冒险和尝试。到最后,她们缩在自己的舒适圈里,一步都不愿意往外迈。

很可惜,越来越多的学生在课堂上展现出绩效导向的心态。查理和我说:"现在的学生对学习的热爱正在消退,他们更在意自己的分数和荣誉。他们习惯了索取,习惯了因平庸的进步被人吹捧,却从来没有真正地付出。一开始,我还不确定自己这样想对不对。但后来我发现,正因如此,现在的小孩才越来越功利。"

谢丽琳是一所大型公立学校的老师。她告诉我,从八年级的期末论文就能看出一个学生对成功的态度:"尖子生的作业大部分都中规中矩,反而是普通学生的作业会比较惊艳。"南希也表示赞同:"好学生都想迎合老师的期待,顺从家长的意见。反而成绩一般的小孩会更自由地选择他们感兴趣的话题。"

另一方面,尖子生为了拿到理想的分数,写论文的时候一般都会挑选熟悉的话题。南希解释说:"他们不敢拿成绩冒险,所以他们只能停留在自己的舒适圈里。我不希望他们变成只会学习的机器,这让我心碎。"诚然,选择一条安全的捷径可以在短时间内取得不菲的成就。但是，这种投机取巧的方法不利于女孩的长期发展。长此以往，她们会缺乏内在动机、毅力、恒心和解决能力的能力。

另一种学生以过程为导向。他们更注重学习的过程和过程中的收获，而不是最终的目标。面对挫折，她们认为：（a）失败是有价值的；（b）努力可以改变最终的结果。这种适应性信念鼓励女孩们试错、尝试，直到找到新的解决方案，完善自我。心理学家安吉拉·达克沃斯认为，这种"勇气"是由努力、毅力和奉献这三要素组成的。她的研究指出，持之以恒的精神比天赋更重要。因为只要她们认定了一件事情，她们就会拼尽全力做好，永不言弃。

一般来说，有勇气的学生有更高的求知欲和对知识的探索欲。南很高兴看到这些学生获得了应有的回报："八年级课堂展示的时候，你根本猜不到谁的演讲会带给你惊喜。和学习成绩好的学生相比，平时敢于尝试、不怕犯错的学生会更期待这个自我挑战的机会，最终的展示也更有可能让人眼前一亮。"只要话题激发了青少年的兴趣，他们自然会展示出惊艳的成果。

自律

大多数人都觉得智商高一定学习好。但事实上，在学习的过程中，自律的重要性是智商的两倍。克里斯塔（18岁）就是一个典型的高智商"差生"。她轻松读完高中的课程后，在大学期间陷入了迷茫。她觉得老师布置的阅读作业都太无聊了，她每次看一会儿就开始走神，以至于以为自己有注意力缺陷，但其实，她最大的问题是不够自律。她只想做自己喜欢的事情，却没办法集中精力做自己不愿做的事情。

布鲁克琳（17岁）险些因为学分不足而没法高中毕业。她在心理咨询的过程中，描述了一个典型的情况："每次要写作业、看书，或者做项目的时候，我都提不起兴趣。我知道不该把时间消磨在做白日梦上，但就是忍不住。我很痛苦，也不喜欢这样的自己。"

现在，很少有青少年能抵制手机的诱惑，随处可见的手机屏幕已经成为一个黑洞式诱惑。金（15岁）说："每次写作业之前，我都想着打开手机看一眼新消息，就看一眼。可等我回过神来准备写作业的时候，一个小时过去了。"拉什达（13岁）也完全管不住自己的手，写着写着作业就开始刷手机看视频。"这些都是信息时代的糟粕。"她说。

以我的经验来看，那些不够自律的学生想要从高中毕业，离不开家长和老师的严格督促。但是，青少年不能过于依赖外界的帮助，如课程导师、执行教练、父母的唠叨和早上的闹铃。这种过度依赖会影响青少年今后的自我发展，不利于他们培养自我调节技能。在大学里，这些女孩只能勉强保持原来的学术水平。她们习惯了外界的帮助，在需要自食其力的时候，便陷入了困境。

这也就是说，要想取得成功，除了超群的智力和出色的个人能力，情绪调节能力也极其重要。心理承受能力强的人之所以更容易成功，就是因为具有强大的自我调节能力，可以有效地约束自己的行为和情绪。即使自律的女生遇到不想做的事情，她们也能在沮丧和无聊中坚持下去，而不是轻易放弃。哪怕外界的干扰再诱人，也不会轻易动摇她们的心智。

这些女孩用自律拒绝诱惑，自己对自己负责。快到交作业或者考试的时候，她们就会待在家里学习，而不是出去聚会。当然，她们也是普通人，也会有拖延症，但是她们会强迫自己专心工作，而不是干脆自暴自弃地刷微博或疯狂购物。她们也不会把时间浪费在睡懒觉上，每天早上，她们都能战胜睡意，按时起床上课。

情绪管理

事情太多了，我的压力好大。在偌大的教室里，我紧张得想吐。我该怎么做好每件事呢？我不知道该怎么办。老师身边总是围着其他同学，那我有问题的时候该去问谁？

——比阿特丽斯（14岁）

我不想被老师点名，不喜欢成为人群中的焦点，还特别讨厌演讲。

——拉丽莎（16岁）

对于任何一个人来说，情绪管理能力都是至关重要的。她一生的家庭幸福、学术成就、工作产出、婚姻关系、抵御焦虑和抑郁的能力都与之相关。一项荟萃分析[①]调查了27个国家的4.2万多名学生，研究显示：高情商的人往往会取得更好的成绩和更高的学术成就。

有的女孩在情绪激动的情况下还能保持理智，掌控自己的情绪。这种心理素质有利于保持个人能动性和思想稳定性，在情绪大幅波动的情况

---

① 荟萃分析，又称"Meta分析"，指对具备特定条件的、同课题的诸多研究结果进行综合统计的方法。

下显得尤为可贵。有的青少年是情绪的主人，而有的青少年却是情绪的奴隶。那些容易情绪失控、阴晴不定的青少年往往自我管理能力较差，在学校、家庭和同龄人当中也难以取得成功。

弗洛拉（16岁）屡屡因为逃课或者不交作业被骂，对她来说，情绪失控已经严重影响了她的正常生活："无论是在家还是在学校，我的压力都很大。压力越大，学习成绩就越差。有时候负面情绪太强，我就干脆一整天都不去学校。我既没法对别人敞开心扉，也没法自己排解，这些负面的情绪每天都缠着我，甩也甩不掉。"

很多女孩和弗洛拉一样，压力大的时候就会选择逃避。她们会躲开吵闹的教室、食堂等任何能引发矛盾的地方，以免自己的情绪不安。但是，逃避并不能从根本上解决问题，反而会加剧这种情况。青少年如果一直把自己封闭在厚重的壳里，那他们永远都无法试着联系容忍和处理负面情绪，也就无法提高情绪管理能力。

新冠肺炎疫情大流行期间，许多患有社交焦虑症的女孩都爱上了网课。近一年的时间里，她们都不必面对线下社交带来的压迫感和焦虑感。亚历山大（15岁）告诉我："比起线下上课，我更喜欢这样在网上上课，要是能一直在家上网课就好了。"她知道必须克服自己的社交恐惧，但是总是忍不住拖下去。毕竟逃避的感觉要好太多了。

对患有社交焦虑症的学生来说，去上学无疑是一种折磨。奥罗拉今年13岁了，她的精神状态差到没有办法集中注意力。她说："有一次，上课的时候我突然肚子不舒服。可是我不敢举手跟老师讲，因为我知道所有人都会盯着我看，所以我就一直忍到了下课才去卫生间。"显然，这种困境本身就会令人分心。薇洛（16岁）说："上课的时候我都没心思听老师讲什么。我会一遍遍地回想之前发生过的事情。然后按照我的想法，在脑海里把当时的情境再演一遍。"

在心理咨询的过程中，我一直在强调情绪管理的重要性。很多家长都不理解，为什么情绪调节能力会直接影响到他们女儿的成功与否。但是，事实就是这样。女孩如果不能控制自己的情绪，就会反被情绪操控，没法以良好的精神面貌面对自己的学习和生活。

在学校里，有的女孩因为焦虑和消沉，对什么事情都提不起兴趣。她们不想提问，不想回答问题，不想参与课堂谈论，不想和别的同学一起小组合作，甚至没法一直坐在座位上，什么课都听不进去。以劳拉（17岁）为例，在得知她的班主任找她妈妈谈话后，她感到无比的愤怒和尴尬。她课也听不进去了，只能躲进女卫生间里平复自己的情绪。

心理健康问题同样会严重破坏孩子的精力、动力和积极性。康斯坦斯说："一想到马上就要交作业了，我就感到非常焦虑，必须转移自己的注意力，然后忘记这些事情。这种压抑的情绪让我失去了学习的动力。我知道应该学习，但又会想'别费劲了，你根本就不想做。'"

珍妮尔（18岁）直白地说："青春期加上抑郁症真的太痛苦了。你每天都痛不欲生，又不得不打起精神，振作起来，因为还有数不清的作业和项目在等着你。各种各样的糟心事交织在一起，最后，生活就像人间地狱。"

青少年的心理承受能力还会受到手机的不利影响。每次遇到什么不顺心的事情，比如成绩不理想，和老师发生争执，看到某些社会事件，她们就会躲进卫生间里给妈妈打电话或者发短信。诚然，母亲的安慰和劝解会帮她们度过一时的难关，但她们还是不知道该怎样自己排解的负面情绪。

如果不及时正确引导，过度依赖母亲的情况会在女孩们上大学，甚至工作后持续。有一次，我在一所美国中西部的大学给全体教职工做了一场讲座，讲述压力和情绪调节能力的重要性。期间，一位系主任分享了一件趣事。她刚刚在巡视医学院新生的分班考试。考试结束后，一名女学生跑到一个老师面前，手里举着手机，气喘吁吁地对她说："老师，我妈妈想跟您聊聊。"

青少年们应当学会（这完全可以）如何忍受痛苦，而不是一遇到事情就去喊妈妈。比如这次考得不好，女孩们就应当反思，是不是自己复习不足，或者学习方法不对。下次，她们就可以采取更好的策略。要是被同学们嘲笑讽刺，女孩们也可以先反思，是不是自己哪里做得不好。当女孩们冷静下来自己处理问题，她们会有很多意想不到的收获。在这个过程中，她们会想起自己之前取得的成就、力量和生活中支持他们的人。

性格优势也可以提高一个人的情绪调节能力。乐观知足的心态可以化解失望、无助和消极的想法；好奇心能够打败无聊；坚韧可以解决遇到的一切阻碍。

研究人员做过一项有趣的研究，揭示了善良、勇气和智慧等性格优势是怎样帮助青少年成功的。研究人员将九年级的文科生随机分为两组。一组学生只阅读《罗密欧与朱丽叶》和《红字》。另外一组学生除了这两本书，还阅读有关积极心理学的材料。他们在学习的过程中要发掘主人公的优点，并且还要为别人做三件有爱的事情。三年后，在高中毕业时，性格导向班的学生社交能力更好,更热爱学习,成绩也比对照组高。

执行能力

强大的执行能力和自律、自我调节能力一样,都是青少年宝贵的精神财富。执行能力是一种高层次认知能力,能够根据具体的情况适应、计划和解决问题。执行系统位于大脑额叶,相当于大脑的首席执行官。

执行力由认知(思维)、情感和行为等部分组成。执行力差的学生会重复无意义的尝试,或者在第一失败的时候就放弃尝试。与之相比,执行力强的青少年会灵活地转变策略,自觉地创造、实施新的解决方案。他们还擅长听从他人的意见,进行抽象思考,然后作出正确的决定。他们能抓住故事的要点,在写作中不断创造新的想法。

情绪管理能力强的女孩们可以忍受挫折,能够接受建设性的批评,懂得遵守规则,控制愤怒情绪,遵守成人的指示并且不那么好争辩。行为管理能力强的女孩们则是知道什么时间做什么事,能够遏制自己的冲动,不会草率地想到什么就做什么。她们有定力、控制力和服从性,所以会尽可能减少不必要的错误。

执行能力强的青少年几乎不需要大人的帮助就能管理好自己的日常生活。在干净整洁的卧室里,她们不需要花时间到处寻找某件衣服、耳机、钥匙和手机。如果借了别人的衣服,她们也会完好无损地归还。她们有良好的时间观念,从不拖泥带水,守时已经成了一种习惯。

在校园里,她们是有能力、有条理又独立的学生。她们能够自己安排和管理日程，按时交作业，在考试前认真复习。这样的女孩都有先见之明，她们会自觉跟进任务，及时纠错。她们也明白功夫不负有心人的道理。

克拉丽莎（16岁）是一个典型的行动派。她不仅在班里名列前茅，还能同时兼顾各种课外活动以及每天两次的高强度训练。克拉丽莎的成就都是靠自己的努力得来的，她不喜欢依靠别人的帮助。为此，她的父母感到非常骄傲。看着克拉丽莎能够毫不费力地把生活安排得井井有条，父母开玩笑地称她为"全自动"小孩。

相比之下，执行能力差的女孩不仅学习效率低，在作决定和执行计划的时候也磨磨蹭蹭。她们上课的时候会迟到，忘带重要的材料，没怎么复习就去考试。虽然她们也会积极地参与讨论，给老师留下聪明又积极的印象，但她们最终呈现出的结果总是不尽人意。

正因为她们执行能力差，效率低，哪怕是一些非常简单的任务也会让她们抓耳挠腮。对她们来说，什么时候开始写作业和什么时候才能写完作业是两个超级难题。

杰西（15岁）解释说："我不是不想写作业，可是我写得太慢了。我端端正正地坐在桌前，可是四个小时过去了，论文还是没有进展。这完全就是在浪费时间。万事开头难，我就是不知道该怎么开始。"

正是因为这些原因，在大家看来，执行能力差的孩子总是迷迷糊糊、心不在焉，没有发挥自己真正的潜力。就像杰西一样，女孩如果无法实现自己的目标，不能满足父母和老师的期待，她们会觉得无助又迷茫。

社会洞察力和人际关系

团队合作是当代社会发展的基本趋势。要想取得成功,一个人就要学会与他人和谐相处,保持良好的关系。在初高中阶段,同学间的社交会很大程度上影响她们的学习和表现。

社会认知的首要条件是先正确认识自己,再进一步培养体察周边的能力。只有充分了解自己的感受,才能做到换位思考,设身处地为他人着想,可以有效约束自己的言行。然而,培养自我意识是这代人面临的一大难题。她们生活在喧嚣浮躁的世界里,缺少自我审视的时间和空间。

三十年来,心理学家雪莉·特克一直在研究网络社交对青少年社交能力的影响,她提到"独处与沟通是相辅相成的"。她写道:"在独处中,我们能学会专注和想象,剖析自己的内心。学会倾听自己之后,才会懂得如何倾听他人。"

如前文所述,现在的孩子都沉迷于线上社交。这种线上社交会影响他们的判断力和感知力。总的来说,Z世代的青少年听不到,也听不懂别人的言下之意。据统计,现在的年轻人,特别是十几岁的女孩,大量使用非语言方式沟通,语言沟通仅仅占到沟通的四分之一到一半。

在今后的发展当中,女孩必须具备良好的人际交往能力。她以后会面对大学招生官、实习主管和公司老板,她必须保持自信,敢于直视对方的眼睛,展现出热情投入的面貌。此外,很多岗位都要求应聘者具备良好的人际交往能力。

大学就像一个小型社会。女孩可以在大学期间发展自己的人脉关系,为今后的人生铺路。研究表明，哪怕只有一个真心相待的朋友，也能在不经意间改变你的人生。可是，在现实生活里，几乎三分之一的大学生都有情感障碍，需要心理干预。她们缺乏归属感，不擅长与人交际，继而形成了一个恶性循环。有的女生甚至严重到需要退学。

除了大学生的情感需求，人际关系还会影响大学生活的方方面面。没人约她们一起出去玩，就把自己关在宿舍里；没人结伴去教室，就干脆不去上课；没人一起去食堂，就躲在宿舍里吃垃圾食品。长此以往，她们的学习成绩、身体健康、心理状况都会受到不利的影响。为了宽慰自己，有的女孩会暴饮暴食、绝食甚至麻醉自己，这无疑会造成更多的问题。

团队协作精神

当今社会，要想取得学业和事业上的成功，必须具备良好的团队协作精神。在学校里，人缘好的女生学习成绩一般都不会太差。如果有什么困惑之处，她们可以通过询问自己的伙伴来弄明白。相比较而言，性格孤僻的孩子就会对小组活动敬而远之。现在，很多高中都开展了团队项目。可是，这种活动并不适合所有人。

正如科拉（14岁）所说："有的时候，老师会让我们自己选一个搭档，两个人组成一组。可是我谁都不想选，我总是一言不发地呆坐在桌边，低头祈祷着没有人来找我。但如果真的有人来找我，哪怕我不想，也不会拒绝，只会说，'好吧，一组吧。'"

良好的小组合作或者团队协作经历能让女孩们获益良多。有一个志同道合的伙伴可以激发她们的动力。有时候她们对某个项目并不感兴趣，但是为了不辜负其他同学的努力,她们还是会完成自己的分内之事。凯特琳(14岁)说:"对我来说,这个项目并不重要,我也不在乎它做得怎么样,但我觉得不能把所有工作都丢给其他组员,所以我还是会做好该做的事情。"

年轻女性要想在职场中闯出一片天地,也必须学会与客户和同事保持融洽的合作关系。商业杂志和主流媒体上的文章中都提到,很少有应聘者能够兼备各种职场"软实力"。面试官发现,现在的年轻人好像都沉浸在自己的世界里。他们缺乏同理心,也不能理解别人的感受。事实上,年轻员工正在被削减,取而代之的是社交能力较强和经验充足的大龄员工。

宾夕法尼亚大学和加利福尼亚州立大学教授的研究显示,隔离、鼓励的工作环境越来越没有人情味,这对员工的发展非常不利。孤独感也会影响员工的绩效表现:首先,孤独的员工难以全身心地投入工作,也缺乏工作的动力。其次,独来独往的员工很少和其他员工交流,也就不了解重要的信息和资源。

自我表达

众所周知,人生的旅途不可能一帆风顺。你可能会弄错重要的文件、说错话、办错事、作出不公正的决定或者自食其言。而且,任何场合都有可能出现这些差错,比如上课、游学、体育竞赛,还有面试实习和工作时。因此,那些懂得表达自己的需求,可以和上司与老师及时沟通的女孩更容易成功。

良好的沟通能力与自信心可以帮助青少年更好地表达自我，当然，这种技巧更需要父母的指导来养成。利蒂希娅说："我的女儿（16岁）特别排斥她的老师，特别是那个总是处处挑她毛病的社会课老师。我和她聊天的时候，她说，'他根本不听我说的！''他早就看我不顺眼了！''他不会在乎的。'"面对这种掌控之外的事情，利蒂希娅的女儿有一种深深的无力感。

这种不畅的自我表达，使女孩们常常羞于表达自己的诉求。遇到故意打低分的老师、不守诺言的教练、不让她们上预科班的教务处老师，不允许她们换宿舍的院长，还有不按照约定培训、加薪或升职的老板，更是如此。

想象力和创造力

新冠大流行过后，产品、软件、品牌、营销和在线交互设计等领域的创意工作需求急剧增加。为了在这些行业中立足，年轻女性必须打破固有的思维定式，迎合新需求，解决新问题。这是一个漫长的过程。她们要充分考虑各种可能性，不断尝试，直到找出最有效的方法。要想从事创意性工作，就必须接受工作中的不确定性，还要将这种不确定性贯彻下去。

现在的青少年有两大特征：第一是害怕失败和犯错，第二是难以忍受孤独。在成长的过程中，这限制了她们的创造力和想象力。想要培养自己的想象力，创新解决问题的方法，女孩们就必须学会并且享受自我反思、思考的过程。

🌱 生活技能和自信

虽然现在的女孩在生理上普遍早熟，较之前更早地进入青春期，但是她们的心理年龄还是像个小孩子一样。一项分析研究表明，从1976年到2016年的三十年里，青少年的如下行为日渐减少，如兼职打工、独自外出、约会、开车、喝酒，当然，还有性行为。在家里，女孩们不怎么做家务。可是，做家务不仅能学会基本的生活技能，还会培养奉献、负责和自律的终身价值观。

随着学术压力日益增加，现在的小孩智力越来越高。但是，初中和高中开设的生活技能（个人理财、家政等）课程较少，所以，这代年轻人上大学的时候缺失了许多生活技能。她们不知道该怎样合理预算支出，不会洗衣服，收拾房间，还有平衡学校、社会和自己的责任。

现在的学生为了升学，常常参加一些比较功利性的社会实践活动，但是这种社会实践并不能教会她们生活的技能。同理，一些贴近生活的兼职，比如当保姆、遛狗、做服务员、卖冰激凌等等对升学没什么帮助。但是，这些工作确实赋予了孩子对职业道德、自我认同和协作能力的基本认识。正因为现在的年轻人在成年以后依然过度依赖家长，美国各地的大学大都开设有关"长大成人"的课程来弥补大学生的生活技能缺陷，这种课程的反响很好。

幸运的是，亡羊补牢，为时不晚。在她离开家之间，你还能教给她很多事情。你可以教她怎样更好地培养竞争力和自信心，尽管这个过程需要打破已有的思维定式。下一章我们将讨论为人父母的各项养育原则，这些原则不仅能在你和女儿之间建立亲密有爱的关系，也能鼓励她成为一个睿智机敏、灵活变通的女性，让她们能照顾好自己，学会做选择并实现自己的理想目标。

第四章　用心养育
母亲的十大黄金法则

最近,我的邻居为了庆祝她的女儿发行了第一张个人专辑,举办了一场热闹欢快的户外音乐会。她的女儿26岁了,两个人的关系还是那么温馨和谐、相互关心。这场听觉盛宴也给在场的每位女性带来了轻松、愉悦与快乐。当女儿凯特唱起自己的原创歌曲,妈妈娜塔莉凝望着她,眼神充满了喜悦和骄傲。我可能没有更准确的词汇,但是妈妈的快乐与自豪是肯定的。

在那个郁郁葱葱、芳香四溢的花园里,我品味着凯特深情的歌声,突然意识到:其实每一位母亲的愿景都一样,她们希望看到自己的女儿能够发挥才能;做真实的自己;在家人朋友的支持下做自己喜欢的事情,当然,还有亲密无间、无话不谈的母女关系。

若能如此,母复何求呢?

为了帮您更好地实现这个目标,这一章将重点介绍如何培养亲密、信任和持久的母女关系。研究和经验表明,健康的母女关系能够正确引导你的孩子度过青春期,为成年之后的发展奠定基础。

♣ 你无法掌控一切

事实上，你无法完全操控你女儿的未来——她刚出生，还是个小婴儿的时候除外。可是随着女儿的年龄增长，特别是青春期，这种情况更明显。作为一个母亲，此时最重要的是要接受现实：母亲的确是女儿生命中非常重要的一部分，能很大程度上改变她的生活，但母亲的角色不是万能的。许多意料之外的不确定因素都会影响女儿的成长，这些因素可能会让她感到害怕、自卑，或者想要挣脱束缚。

像所有人一样，你的女儿有自己独特的脾气秉性。她的思维方式决定了她如何思考、学习、感知世界、与他人相处。有些女孩天生敏感，容易冲动；有的性格、谨慎稳重，你的女儿可能大方文静，也可能活泼好动。如果你有几个性格各异的女儿，你肯定已经感受到了造物主的奇妙。

鉴于不同的女儿的不同性格和优缺点，母亲也应当因材施教，采取不同的教养方法。莎莉是一对双胞胎（16岁）的母亲，她告诉我："我有一对性格完全不同的女儿。一个会操心大大小小的事情，在陌生的城市也能自如出行；而另一个女儿却是个小马虎，不记得关火，上高中了还不认识路。对待她们两个得采取完全不同的方法。"

你的宝贝女儿上学后，随着她一年年长大，母亲可管的余地也越来越小。一些你想不到的事件（无论是正面的还是负面的）会影响她的安全感、认同感、满足感和自信心。多方面因素决定她的生活是否轻松愉悦，比如同学的素质高低，老师的态度好坏，还有朋友的忠诚等。

在抚养女儿的过程中，会发生一些让生活天翻地覆的事情。在演讲、采访等活动中，我和许多人交谈过，很多母亲告诉我在女儿幼年时自己被诊断出严重疾病（比如乳腺癌）；有些经历了痛苦的疾病、治疗、紧急手术、数月的康复过程；有些还因为精神疾病而曾住院接受治疗。但是塞翁失马，焉知非福。这些故事最终都表明，经历过这些，母女之间的关系会更亲近，女儿们的同情心和适应能力也会更好。

伊芙琳告诉我："在女儿上五年级时，我的乳腺癌复发了。莉丝贝特看到我大把大把地掉头发，身体状况恶化，有一次还在医院里住了好几个星期。"她的声音颤抖着回忆道，"莉丝贝特以为我要死了。但我们全程都没有避开她，她就在那里目睹了可怕的一切。"伊芙琳夫妇把女儿当成一个大人来看待，坦诚地沟通，莉丝贝丝的反应也出乎意料的成熟。莉丝贝丝今年17岁了，她说，母亲的病让她决定去做个护士，现在她已经开始认真修读高中课程，为申请学校做准备。

生活的打击也有可能会落在女孩们身上，有些甚至始于出生（或者更早）。现在，许多母亲为了孕育孩子，要经历数月或者数年难熬、昂贵的不孕治疗。除此之外，高危妊娠、早产、重病新生儿、无法存活等难题。这种创伤性的开端从根本上塑造了母女关系。

朱丽叶告诉我，13岁的吉安娜是"被宠坏的独生女。医生一直说我没法生孩子。的确如此，我怀吉安娜的时候出现了许多并发症，怀孕6个月的时候我住进了医院，一直住到30周，也就是直到吉安娜出生。即便如此，她生下来只有3.8磅，我们两个差点都活不了。对我来说，这是一场与命运的抗争。按理来说，吉安娜根本不会出生在这个世界上。"

最终，朱丽叶也承认，"因此我做出了太多让步。每次她一生气，我都主动地做出退让。我总觉得，如果没跟自己的命运激烈地抗争，那她根本不会出生，也不可能站在这里和我吵闹。所以她的叛逆其实是一种力量。"

还有一些突发的生活事件，也让你觉得无助。严重或慢性疾病、学习问题、家庭动荡、心理创伤和其他童年阴影都会影响女儿，影响她们的认知、社交和情感。

伤病可能会夺走运动员的希望，意气风发的高中生可能因为疾病失去了参加高考的机会。16岁的哈珀是一名优秀的体操运动员，她一直期待着自己被心仪的大学录取，而且很有可能拿到一笔不菲的奖学金。但是，脚部手术的并发症粉碎了她和父母的梦想。

伤病还会带来额外的影响。15岁的菲奥娜经历了数次脑震荡受伤，她不得不放弃踢球的机会，也不能再和队友一起训练、比赛和吃晚餐。孤独的她只能把自己关进房间里，一天天地焦虑和消沉下去。菲奥娜的母亲想帮助她重新融入同龄人的圈子："我们家非常拮据，但还是花了一大笔钱送她去南美进行传教研学之旅。"

为人父母的几条准则

幸运的是，在抚养孩子的过程中，还是有很多因素是你可以做到的。你给女儿提供的经验与支持，能帮助她成为一个真实、自律、抗压能力强、人际交往能力强的女性。当然，作为父母也任重道远，不能草率地让孩子做不确定风险的事情。我们需要的是深思熟虑、积极主动、灵活又有理论支撑的育儿方法，这也是为人父母需要知道的准则。

自我认知

在抚养女儿的过程中，最首要的是母亲有清晰的自我认知。你要先了解自己的家庭背景和家庭环境会对育儿产生怎样的影响。在成长过程中，你有没有频繁地搬家？有没有经历过贫穷或者恶劣的家庭环境？你是否认同自己家庭、父母灌输给你的那些思想？你成长于一个美满幸福的家庭？还是被穷困潦倒、酗酒易怒、自私狂妄的单亲父／母亲抚养长大？以上这些，会对你养育女儿的方式有重大影响。

在与许多母女的沟通中，我一次又一次地认识到母亲清晰的自我认知在母女关系中的重要性——它可以避免许多终身的遗憾。许多人成年后仍在母女关系的问题中挣扎——毁灭性的失望、未解决的冲突、忽视和虐待会持续侵蚀情绪健康，仿佛一个沉重的枷锁，贯穿于人生的每一个阶段，持续几十年。

旺达说："我觉得我的母亲在我面前没有安全感。她老和我比较，几乎从不夸我。她总对我说伤人的话，那些糟糕的对话在我的脑海里挥散不去。"我问旺达如何抚养她的三个女儿，她说："我说话之前总会先深思熟虑一番。"

罗西一生都因为身材问题感到自卑，她告诉我："我的母亲对我非常严厉和挑剔。我总想得到她的鼓励和认可，但是她的反应却让我一次次失望。在兄弟姐妹中，我的事业成就最高，但我一直都想知道为什么她如此讨厌我。"

作为母亲，应当反思你的母女互动给女儿带来什么，比如：感受、偏好、内在的冲突或者其他。这种反思对减少不愉快的误解和不必要的冲突很有帮助。在母女的冲突中，坦诚自己的错误并道歉，能让女儿感受到健康的关系和其中的合作、交换和协作精神。

即便你不擅长反思，也能从女儿身上的一些毛病和习惯中看到自己的行为。女孩们通常很乐意"帮助"妈妈进步，指出妈妈的缺点和言行不一之处（你聪明的女儿会让你乖乖地说到做到）。面对这种情况，你可以通过问自己以下几个问题来进行反思。

你是个敏感的人吗？你会怎样处理自己的情绪？

受个人性格或者家庭教育的影响，有的女性不敢面对自己的真实情绪。在她们眼中，情绪是消极的、负面的、无异于洪水猛兽。一直以来，她们都奉行"以和为贵"的人生信条，从来没有和人闹过别扭，更别提大动干戈地吵架。

作为一个"好好先生"，你可能已经发现，长期压抑自己的情绪是一种扭曲的心理状态。首先，情绪并不可怕。情绪可以提供有价值的信息，促使你做出积极的改变。其次，压抑情绪会大量消耗你的精力。此外，消极的情绪如果得不到排解，通常会在人的心底生根发芽，变成一道永久的伤疤。

还有的家庭完全不控制自己的情绪。在家里，父母和孩子都直言快语，毫不遮掩自己的真实情绪。正如玛茜所说："我们家的人都是直性子，经常在家里吵吵闹闹。但是这并不影响我们的感情，我们深爱着彼此，这是我们家独特的相处模式。"

这两种情绪管理方法分别处在两个极端。理想状态下，我们希望大家能够适度表达自己的情绪，也就是既不过度压抑它，也不听之任之。这样可以有效改善沟通的质量和母女之间的关系。

你是否支持她独立？

母亲们都知道"少年当自立"的道理。可是十几年来，母亲一直殚精竭虑，为自己的女儿操碎了心。想让她们突然彻底放手，又谈何容易？伊迪丝是一位单身母亲，她之前一直事无巨细地照顾女儿的生活，为此还感到非常骄傲。可是现在，她的女儿都27岁了还没有独立生活的能力，只能和她住在一起。伊迪丝说："都怪我之前太照顾她了，她总觉得自己做不好这些。"

和伊迪丝不同，卡罗莱娜则非常尊重女儿的私人空间。她说："我的女儿（16岁）现在非常渴望独立。我知道青春期的女孩都这样，但还是忍不住地难过。我只是想了解她最近的生活，看看她过得怎么样，为什么她要把我从她的生活里推开呢？后来我想到自己青春期的样子，逐渐释怀了。现在，我们能一起去吃午饭我都开心得不得了。"

你是不是会没来由地生气？或者一点小事就能让你心烦意乱？

你是不是觉得你的女儿总在岔开话题？本来聊一件事情聊得好好的，下一秒就跳到了另一个毫不相干的话题上。你有没有发现自己比想象中更暴躁易怒？能意识到这些问题就已经难能可贵了。接下来，就是要找出这些问题的根源在哪里。

以我的经验来看，恐惧是造成这些问题的首要因素。现在，产妇的焦虑情绪非常严重；美国心理学协会最近的一项压力调查发现，70%的父母认为家庭责任让他们生活压力巨大；在新冠肺炎疫情大流行的大背景下，人人都必须面对生与死的恐惧；76%的少年（8~13岁）和67%的青少年（13~19岁）会担心自己在上学路上的人身安全。这种恐惧感甚至会带来其他极端的反应。

杰西（15岁）告诉我："我问妈妈周五晚上能不能和朋友们一起去看电影，她就开始吼我，说太晚了，周五晚上的电影院太危险了。啊？她真的觉得我去商场看一场电影就会死吗？她一直说我们应该去看周六的白天场，但我没去。这太奇怪了。我说她太紧张了，有点草木皆兵，可是她不这么想。"

陪伴

很多人觉得，一个负责任的母亲必须随叫随到，在女儿最需要的时候给予她身体和心灵的陪伴。这听起来简单，做起来却很难。母亲每天都要处理大大小小的琐事——她们要顾及孩子、配偶（或者伴侣）、年迈或生病的父母、下属，以及需要帮忙的同事、朋友或兄弟姐妹。大部分情况下，母亲要兼顾家庭和事业的责任，难免会忽视自己的女儿。就像苏珊描述的那样："有时候我的女儿（15岁）主动提出想和我谈谈心，但是我真的没空。我要照顾怀里的襁褓婴儿，还得把两个男孩送去学校，然后自己再赶去上班。"

母亲的确时间紧张到无法面面俱到，但是你可以留意她放学后的状态，因为这是她最放松、最脆弱的时间段。女孩在学校里必须大方得体——既要符合老师的期待，又要处理复杂的人际关系。等到回家后，她终于可以松一口气，脱下伪装，做回真正的自己。此时她还会在脑海里一遍遍回想白天发生的事情，特别是该写作业的时候，白天的一些情绪和想法会让她感到不适和不知所措。

这时，你的女儿可能会展现出最恶劣的一面。心情不好的女孩一方面把母亲当成发泄对象，另一方面又渴望着母爱的情感支撑。你太了解她了，你知道她可能会摔门、翻白眼，或者歇斯底里地指责你（比如："你是全世界最差劲的妈妈""你什么都不懂""你怎么这么蠢"）。你当然不会和她计较，而是让她一个人冷静一下。通常情况下，你要么会把她关进她的房间，要么就躲回自己的房间里。

但是，大部分母亲都没有意识到，其实女儿此刻最需要母亲的陪伴。她的烦躁不安、无理取闹其实都是痛苦的外在表现。尽管十几岁的青少年总是宣称要独立和自由，但大部分人仍然离不开母亲的关怀。你的女儿可能一边敷衍你的问题，拒绝你的建议，一边默默期待你做的拿手好菜。如果你还没下班，你可以给女儿打个电话问候一下，她会觉得自己在你心里很重要。当然，接电话的时候她肯定一副不耐烦的样子。

在迷茫焦虑、混乱不安的少年时代里，你就是她唯一的精神支柱。你可以帮她规避现实的风险，整理混乱的思绪，排解强烈的情感。哪怕她依旧我行我素、举止出格，或者和你大闹一场，你都要坚定地站在她的身边，支持她、鼓励她。这种行为比任何语言都有说服力，她会觉得不论如何，世界上还有一个人会看到并且相信她是个好女孩。

注意，身体上的陪伴并不代表心灵上的陪伴。有一次，我和同事共进午餐时，看到一位母亲一边打电话，一边拉着一个 8 岁左右的小女孩走进了咖啡馆。从她们两个坐下、点餐、吃饭再到结账，在这一个多小时里，这位母亲只顾着自己打电话，和身边的小女孩没有任何交流。这个被冷落的小姑娘只能从桌子上站起来，在餐厅里一个人自娱自乐地转圈。

我知道，母亲也是普通人，不可能永远把所有精力都放在孩子身上。突发事件或者自身情绪状态的变化难免会分散母亲的注意力。只要你能认识到自己的问题，避免这类情况频繁出现，就不会造成严重的后果。不仅如此，你还要诚恳地向女儿道歉，告诉她自己此时很忙，和她约定有空的时间，这样她就不会觉得自己被忽视了。

艾米丽就是靠着坚定的陪伴，帮助女儿安娜贝尔（16 岁）度过了长期心理健康危机。在这个过程中，艾米丽始终陪伴在安娜贝尔身边，包容她的一切。每当安娜贝尔社交碰壁、情绪失控、成绩下滑的时候，她都会把气撒在母亲身上。她指责艾米丽的控制欲太强，总是喋喋不休地问这问那。她还说在家里没有私人空间，她不想再和艾米丽住在一起，想搬出去和朋友住。

尽管艾米丽感到非常困惑和伤心，但她还是坚持了下来。她既没有强行闯入女儿的房间，也没有要求女儿必须从房间里走出来。她一边小心翼翼地和女儿保持距离，一边以退为进，时不时地主动敲敲安娜贝尔的门，看看她有没有什么需要。这种情况一直持续了好几个星期，安娜贝尔冷冰冰的姿态没有任何解冻的迹象。

可是在随后的一次心理治疗中，安娜贝尔突然说，她其实和母亲相处得很好。与此同时，安娜贝尔意识到自己的负面情绪正在走向失控的边缘，承认如果再不正面解决问题，就会忍不住用酒精和药物麻痹自己，永远地消沉下去。也就是说，安娜贝尔终于下定决心要面对自己的问题了，因为她知道，身边有永远可以信任和依靠的母亲。这一次，安娜贝尔没有把艾米丽放在自己的对立面，而是把她视为一直以来的盟友。

在这个漫长的过程中，如果艾米丽愤怒地训斥、惩罚她的女儿，或者干脆破罐子破摔，事情都只会变得越来越糟。要是这样，安娜贝尔每天只会把精力浪费在和母亲斗智斗勇上，根本不会想着解决自己的心理健康问题。但是，艾米丽的爱和陪伴让安娜贝尔开始关注自己的内心世界，帮助她一点点好起来。

艾米丽的故事告诉我们，对女儿来说，母亲耐心、关切的陪伴具有强大的力量，可以指引迷茫的青少年找回人生的方向。

🌱 传递正确的价值观

现在的青少年在上网或者和同龄人相处的过程中，可能会接触到五花八门的信息，有的让人兴奋、困惑，有的则完全超出了青少年的承受范围。它们的共同点是：很少提供正确的价值观导向的指导。在这种情况下，她们必须依靠父母的引导才能树立正确的价值观。玛丽安是一位美术老师，也是一个青春期女孩的母亲。她认为，现在的孩子普遍缺少正确的道德引导："有一次我给学生布置了一份特殊的作业，要求他们从百度上下载一张偶像的照片。我以为会收到篮球运动员或者其他名人的照片，没想到都是一些网红的图片。这些人的视频经过精巧地剪辑，展现出光鲜的一面，把负面的内容都藏起来。拿一些吃播举例，她们表面上吃得津津有味，但是拍摄结束后，就会把吃掉的食物都吐出来。这种视频扭曲了这代孩子的价值观，让家长和老师多年的努力付之东流。"

作为一个母亲，你有义务也有能力帮你的女儿树立正确的标准。你要在和她相处的过程中体现个人和家庭的价值观念，比如，什么该表扬，什么该批评，该怎么应对她叛逆的行为。一位母亲和我说："我需要一个提示器来提醒自己——该什么时候插手她的生活？又该在什么时候放手？什么才是我应该关注和投入精力的事情？"

其实，你的个人价值观念就是这个提示器。想要做一个合格的家长，母亲自身要有清晰的价值观。每当你感到困惑或者迷茫的时候，你的价值观就可以指导你作出正确的决定。所以，请仔细反思和明确你的个人原则，这可以达到事半功倍的效果。

每位母亲对女儿的期望都不一样。有的母亲可能最想和女儿和谐相处、亲密无间、关爱保护她；也有的可能希望女儿有快乐、充实的生活，能够和身边的人和睦相处；也许有的希望女儿能找到喜欢的工作，保持激情。除此之外，有的母亲可能希望女儿是一个善良、谦逊、坚强和独立的人，或者更重视其他的个人品质，比如勤奋、可靠、果敢、自信、聪颖、智慧、慷慨、坚韧、同情心强、情商高、有灵气或者懂得感恩。

那么作为母亲，你自己从母亲、姨妈、老师、祖母和其他女性榜样那里学到了什么？你觉得哪些东西值得你的女儿学习，哪些东西需要引以为戒？你有没有把自己的遗憾，错过的机会或者未完成的梦想寄托在你的女儿身上？你能分得清轻重缓急，把次要或者无关紧要的事情暂时搁置起来，或者完全放弃吗？

再想想你对那些争议话题的看法。你是怎样看待青少年喝酒或者吸毒的呢？你希望你的女儿成年以后也滴酒不沾吗？你认为你的孩子多大的时候约会比较合适？你是怎么看待婚前性行为的？如果你女儿突然说自己意外怀孕了，你会作何反应？

明确自己的立场是至关重要的。要是连你自己都不相信自己宣扬的价值观，你的女儿怎么能信服呢？一旦察觉到你内心的纠结，那她会变得忽略你所说的内容。长此以往，你会失去她的信任，她不会在意你提出的任何观点。与此同时，你的想法也不是一成不变的。孩子自己在一天天成长；有说服力的新信息，不断变化的新环境，这些因素都会或多或少地影响你自己的道德观念，改变你的育儿准则。

如果你真的有所改变，不要惊慌，请正视你改变的原因，进行更多思考。这种认真分析的过程可以为你的女儿树立一个良好的榜样，帮她理清自己的价值观。她也不会觉得你是个立场不坚定的人，相反，她会欣赏你开放包容、勇于改变的姿态。十几岁的孩子已经能够分清妈妈是在真的反思，还是因为懒得争论或者哄女儿开心才做出让步。

自我关爱

从你决定做一个称职的母亲那天起，你就会把自己的需求排在生活的最后一位。可是，养育一个十几岁的孩子又费时间又费精力。正如帕梅拉所言："和青春期的孩子相处真的很累。她们会和你顶嘴；没完没了地问你,'放学后我能和同学出去玩吗?'她的要求、语气,还有这一切的紧迫性,都让人筋疲力尽。"

和大多数母亲一样,你会觉得自己分身乏术。你的女儿可能心情不好、焦虑、沮丧、考试挂科或者失恋,这些大大小小的事情最后都会笼罩在你身上,把你的生活挤占得密不透风。再然后,你就会有些走火入魔,变得神经紧张,哪怕只是和十几岁的孩子拌几句嘴,你接下来的一整天都会心烦意乱,或者气得整宿睡不着觉。

当今社会,人情淡薄,亲戚们隔得越来越远,邻里之间的联络变得越来越少,女性往往需要独立面对很多事情。在步入青春期之后,现在的孩子不怎么去同学家里做客,学校很少举办校内活动和体育比赛,各位母亲因此失去了重要的消息来源。再加上现在的社会竞争如此激烈,在沟通的过程中,有的家长会避重就轻,故意掩饰一些负面问题(觉得可能损害自己孩子的声誉或者前程)。这些因素叠加在一起,会让你觉得孤立无援,好像只有自己的孩子要面对这么多的挑战。

基于以上这些原因,母亲更应当照顾好自己。你可以适当寻求他人的帮助。如果当地没有你的知心好友,你可以向外地的发小或者大学同学倾诉。如果你信任兄弟姐妹、父母、姨妈或表亲,你也可以和他们沟通,听取他们的意见。把你的担忧、恐惧、沮丧、悲伤或者自责都说出来,这是一种情感的释放。当你把憋在心里的事情都说出来的时候,你会觉得它们好像也没有那么可怕。而且,你很有可能发现,你自以为耻的思想、情感和罪过都没什么大不了的,只是正常人该有的情绪而已。

你只有好好照顾自己,才能在女儿最需要你的时候挺身而出,一味地自我牺牲只会适得其反。在自我认知的过程中,你的女儿会挑战你的权威；会担心所有人，甚至你都不喜欢她了；会在彻底崩溃的时候转身投入你的怀抱，把你当成大海里的一根浮木。要想积极应对这些事情，你必须拥有一颗强大的内心。

母亲应该把自己的需求摆在第一位。你需要留出时间滋养你的内心，比如建立自己的社交圈，追求自己的爱好，享受难得的放纵、旅行，阅读、冥想或锻炼。不需要花太久的时间，你就能感到神清气爽。我的女儿出生后不久就得了五个月的疝气，为了缓解自己的焦虑，我常常去本地的一间大药房闲逛，只需要一个小时，就会感到如释重负和放松。你也可以寻找自己独特的消遣方式。

塑造健康的关系

想要成为称职的父母，最重要的就是建立良好的亲子关系。一段健康和谐的母女关系不仅可以帮你的孩子安然度过青春期，还可以向她展示该怎么和朋友、老师、伴侣、未来的同事相处。在人际交往的过程中，她应当落落大方、不卑不亢，既能照顾他人的情绪，又能表达自己真实的感受。母女关系也不应该是单方面地付出或者索取，而是应当设置合理的界限。这样，你的女儿就会明白付出应当有回报，不会牺牲自己的需求来满足他人。

设想一下，如果你的女儿有了自己的孩子，你会希望她怎样抚养你的外孙？在你眼里，怎样才算一个称职的母亲？

一段感情要想长久稳定，离不开双方的努力。但是在母女关系中，一方是情绪稳定的成年人，另一方是敏感稚嫩的青春期女生，母亲自然应当承担更多的责任。在我的实践中，有的母亲把责任都推在孩子身上，女孩一直在承受单方面的指责，这种关系是不健康的。想要为女儿树立正确的榜样，母亲必须时刻自我反省，自我分析，听取外界的意见，承认自己的错误，在必要的时候还应调整自己的行为。

南已经意识到她的本能反应可能会伤害她的女儿，"每次我和她生气的时候，她总是说，'妈妈，你还好吗？真的对不起。'这个时候我必须告诉她，'不，不，你没错。我才该向你道歉。'"值得表扬得是：在这种紧张的氛围里，南主动承担了自己的责任。如果南永远把错误都归咎于自己的女儿，时间久了，女儿会觉得自己辜负了妈妈的期待，永远都无法满足妈妈的要求。

自我反省不是一件容易的事情，通常需要很大的勇气。你可以阅读一些关于母女关系的材料，查漏补缺，正视自己的问题，改进自己的行为。习惯是很难改变的，所以你可以循序渐进，先设定一些容易达成的小目标。同时，你也要学会开解自己，不能因为一点错误就沉浸在自责的情绪里。母亲也是普通人，需要在不断尝试中取得进步，想要塑造健康的母女关系，必须做到以下几点：

良好的沟通

沟通是双向的，既要专注地倾听他人的意见，也要有效地表达自己的思想。良好的沟通能力在个人生活与职场竞争中一直处于核心地位。如你所知，这些能力需要长期培养。你和你的女儿应当把你们之间的每一次对话都当成宝贵的学习经历。从最激动人心、信心满满的欢呼（"是的！

我做到了！"），到最萎靡不振、低落消沉的抱怨（"我一次都没有成功过……"），这些对话都是可以改善沟通的技巧。

表达的能力

既然你希望女儿可以大胆地表达自己的想法、需求和疑虑，那么，作为她最亲近的人之一，你就要做好被"表达"的心理准备。七八岁的小女孩会把你当作世界上最好、最漂亮、最善解人意的妈妈，十几岁的女生可不会这样。她们会气势汹汹地抬起下巴，迫不及待地表达自己对你（还有你所作的决定）的不满。

对于女孩的表达欲，不同的母亲会给出不同的回应。如果你的母亲把你的抱怨或者反抗当作无礼的顶嘴，或者你的父母一直奉行"高压政策"，不能容忍你挑战他们的权威。那么相应的，当你的女儿表达自己的意愿时，你可能会条件反射地驳斥她们的话。可是，这不利于提高她们的推理、观察、表达的能力和沟通技巧。

有一个女儿（14岁）的塔鲁拉说："我一直试图摆脱我母亲的阴影，在我和我的女儿之间建立一种全新的母女关系。我们大部分的谈话都是在车里进行的，因为在车里坐前后不用眼神交流。她会质疑我，但我知道她没有恶意。比如她会问我：'你为什么要这样？或者那样？'我很高兴我的女儿能大大方方地问我，'为什么你不让我去朋友家玩？'这不是没礼貌，这是正常健康的相处模式。这些问题可以帮助她成长。"

另一方面，表达的自由也有边界。家长不能纵容孩子出言不逊，恶语伤人。你必须分清什么行为是可取的，什么行为是越界的。比如她想质疑你的决定、表达她的观点、指出你的不当之处，这些行为都在可接受的范围内。但是，如果她当着你的面诅咒、骂人、说脏话、言语粗俗、大喊大叫，或者对你不尊重，跟你说"闭嘴"，那你必须严厉地制止这种行为，为此画上一条醒目的红线。

共情与理解

所有亲密、信任的关系都建立在相互理解、共情和尊重的基础上。想想你最珍视的亲人、爱人和友人，和这些人在一起，你可以卸下所有伪装，分享内心真实的感受，可以得到他们毫无保留的支持，就连他们的批评都带有关怀与善意。

这也是健康的母女关系所应当具备的。我知道，你很难理解一个调皮捣蛋或者性格乖戾的女孩在想什么。但是，你必须试着把自己放在女孩的位置上，设身处地地体会她们的感受，这样才能进一步拉近母女之间的关系。

请看以下这些对话

女儿：我受不了了。我今天已经忙得头晕眼花了，可是接下来的一周都是这样。我根本做不完这么多事，真不知道现在该干什么了。

妈妈：我也很忙啊。我今天收拾家、去超市、做晚餐，白天还在上班。和我比起来，你已经好多了。

女儿：你根本不理解现在的年轻人！你不知道我们每天都要干什么！

妈妈：我知道啊！我也经历过这一切。

女儿：不，你不知道！你根本没有经历过我经历的事情。你们当时只有固定电话，可是现在我们有手机，有社交媒体。你也没体会过我们承受的压力，背负的期望。算了……

或者

女儿：妈妈，我今天过得太糟了。我压力太大了，不知道该怎么办，还超级焦虑……

妈妈：你还小啊，为什么要担心这么多事情。我像你这么大的时候，每天都无忧无虑的。

女儿：妈妈，你不懂我们这代人的经历。现在，我们要面对全新的问题和解决方式。看来你压根不懂我说什么，就当我什么都没说吧！

面对痛苦焦虑的女儿，没有母亲能够袖手旁观。出于担心或者焦虑，你可能会急着帮她解决问题，或者减轻她的痛苦。也许你会试着告诉她："别害怕，这很正常，其他同龄的女孩也会这样。"你本想着用这种方式宽慰自己和女儿。可事实上，这没有给她想要的支持和理解。在她看来，你的回应冷漠又傲慢，就好像在说："这有什么大不了的，你就是在无病呻吟。"

当母亲表现出同情与理解的时候，可以看出，女儿的回应也完全不同：

女儿：我受不了了。我今天已经忙得头晕眼花了，可是接下来的一周都是这样。我根本做不完这么多事。我不知道现在该干什么了。

妈妈：没想到你今天过得这么糟，你想和我聊聊今天的事情吗？压力大的感觉真的很不好。

或者

妈妈：听起来你还有很多事情要做，我能帮你做什么吗？

或者

妈妈：你现在想做点什么来缓解压力呢？

真实

在与人相处的过程中，你希望你的女儿能做真实的自己，不去迎合别人，更不去取悦别人，那你就要以身作则，先做一个真实的母亲。当然，面对一个敏感多思的青春期少女，你也不能太直接。有的时候，为了维系和谐的家庭关系，你必须小心翼翼地迁就她。还有的时候，你只能强压下自己的怒火，因为你知道大发雷霆或者满腹牢骚不仅不能解决问题，反而会进一步激怒她。再说了，你只是想和她搞好关系，适当的掩饰又有什么不可以呢？

但是，当其他人不愿意或者不方便给她提意见的时候，你就必须挺身而出指出她的问题。如果她态度恶劣或者行为不当，你可以直接表达自己的失望和不满。这种善意的提醒可以提高她对是非善恶的理解，教会她在人际关系中什么对她有益，什么对她有害，进一步引导她成为最好的自己。

当然，当你直接告诉她："妈妈不可能任劳任怨地满足你每一个愿望。"她肯定会不开心。可是，如果你不当这个坏人，万一她在和人相处的过程中提出了任性的要求，谁还会提醒她呢？另外，如果你不希望自己的女儿被一味地索取和支配，那你更应该教会她索取和奉献的界限。

克里西给我讲了一个非常典型的故事。她的孩子"知道怎么'遥控'自己的妈妈"。莉迪亚（15岁）每天晚上都要因为家庭作业大闹一场，她会对克里西说:"你从来不管我!"尽管克里西知道莉迪亚在胡搅蛮缠,可是这句话还是触动了她敏感的神经,因为在她心底,她一直为自己总是长期出差而感到愧疚。所以,克里西放弃了自己期待已久的瑜伽课,留在家里陪莉迪亚写作业。

这种情感绑架对母女双方都造成了伤害。克里西被迫错过自己的瑜伽课,她讨厌这种被人操控的感觉。而莉迪亚成功地控制了自己的母亲,逃避独立写作业的任务。可是,一个好妈妈也应当有自己的生活。我知道这很难,但是你必须学会满足自己的正当需求,拒绝女儿的无理要求。你要时刻提醒自己,学会说"不"是一个终身的课题。不论年纪大小,任何女性都有可能因为要照顾他人,而忽视自己的需求。

此外,当你的孩子进入青春期后,你完全没有必要压抑或者掩饰自己的真实情绪。女孩天生就有感知情绪的本领。神经生物学研究显示:在青春期早期到中期,青少年对愤怒和恐惧的面部表情极为敏感。即使你说话的语气平稳淡定,你的女儿也可能会指责你"大喊大叫",因为她感知到了你的潜在情绪,而不是你实际表达时的语气。另外,不要随意否认她准确感知到的情绪。为了帮助她培养良好的人际交往能力,你要教她相信自己的感受。

适当的界限

在一段健康的关系里,每个人都应该是独立的。《华尔街日报》的一篇文章中指出,失去界限的亲情往往会影响正常的母女关系。也就是说,很多母亲会模糊自己与女儿的边界。我在接受采访的时候也强调了这个问题。我认为：当今社会，许多母亲都把女儿视为自己的附属品，而不是一个独立的、独特的个体。

作为一个母亲，你要尊重女儿与你的界限。你要知道，她和你是两个独立的个体，她会有属于自己的想法、感受和经历，就像你也有自己的观点和理念。你不能强行要求她按照你的方式看待这个世界。蕾娜（17岁）说："我离开家之后，我才想明白很多关于自己的事情。在我成长的过程中，我妈妈总是指出许多根本不必要的问题，反而忽视了那些真正的问题。"

朋友之间也要保持良好的界限。在人际交往的过程中，你的女儿既要学会换位思考，也要懂得置身事外，不能盲目地和他人共情。坎迪丝是一名高三生，她很容易受到别人负面情绪的影响。她说："别人的喜怒哀乐会牵动我的情绪。我的队友痛苦，我就会痛苦；我的同学难过，我也会难过。每次她们状态不好的时候，我也会难过得没办法继续上课或者打比赛，想要陪在她们身边直到她们好起来，才会继续去忙自己的事情。"

理论上，母亲都知道孩子是独立的个体。可是在炽热的母爱面前，什么理智的判断，冷静的分析，亲子关系的边界感通通都会被抛诸脑后。在一次班会上，西娅（15岁）告诉我："我妈妈有个心病。她一直想让我剃掉我的鬓角，还说我的鬓角这么长，别人会笑话我的。"西娅知道，这是因为妈妈像她这么大的时候总是为此被同龄人欺负，被人嘲笑笨拙滑稽。"但是，"西娅说，"我不在乎别人怎么想。我希望妈妈也不要再小题大做了。"

奥黛丽就是一个没有"分寸感"的妈妈。在丹娜（13岁）遇到友情危机的时候，奥黛丽关心则乱，过度插手了丹娜的生活。直到现在，她还在慢慢修复和丹娜的关系。她说："之前丹娜的两个朋友孤立她，看着女儿心碎的样子，我的心也要碎了。"她承认，"到后面，这已经从丹娜的问题变成我的个人问题了。我总想着要帮丹娜走出困境，殊不知是在帮倒忙，虽然最开始我并不知道。"

因为奥黛丽从"旁观者"变成了"当局者"，痛苦的情绪让她忽视了女儿真正的需求。她说："为了让她心情好一点，我对她说，'哎呀，每个人都要经历这些''我觉得她们没有孤立你，她们邀请的大部分都是曲棍球队球员呀'但是，不管我说什么她都听不进去，她还让我不要再为她的朋友们找借口，不要再可怜她了。后来，我又给其中一个女孩的父母打了电话，结果事情变得更糟了。丹娜开始拒绝和我沟通，让我离她的生活远一点。就在这个时候，我开始意识到自己做错了。"

经过认真地反省，奥黛丽不仅找到了亲子关系的界限，还调整了关心丹娜的方式。她向丹娜真诚解释道："看到你那么难过，我也非常难过。这不是可怜你，而是心疼你，想让你好受一点，因为我知道你肯定很痛苦。我知道你还想和她们做好朋友，也希望她们能和你重归于好。生活总得朝前走。"

信任

信任是一切健康关系（包括母女关系）的核心。你越是疑神疑鬼，就越容易加重自己的焦虑情绪，产生信任危机。更何况，你也不能一直守在她身边，保证她永远快乐，永远安全。但是，要想女儿对你敞开心扉，知无不言，你要先证明自己是个可靠的母亲。

乔达娜描述了自己微妙的处境："我女儿所在的小组最近在排挤一个抽电子烟的男生，那个男生刚好是我朋友的孩子。我女儿本来不想告诉我这件事，因为她怕我把那个男生抽电子烟的事情告诉他妈妈。那样的话，她就变成了人人喊打的告密者。我也感到非常矛盾。我觉得自己有义务保护其他孩子，就像我希望其他妈妈能保护我的女儿一样。但无论如何，我很感谢我的女儿告诉了我这件事。"

女孩一般不会主动和妈妈讲自己和朋友的事情，因为她们担心妈妈会有过激的反应。此时请你仔细想想，遇到事情的时候，你是有话就说、心直口快，还是深思熟虑，谨小慎微？你的性格急躁吗？你说话的时候会抬高音量吗？你会批评她、惩罚她，还是冷静地坐下来帮她分析情况呢？

在心理治疗的过程中，梅兰妮（17岁）说她男朋友有很强的控制欲，曾经强迫她做一些对身体有害的行为。她也曾和母亲讲过这些事情，可是"我妈妈既没有关心我的身体状况，也没有同情或者心疼我。相反，她对我大吼大叫，一直说'你疯了吗，为什么要让那个人渣这样对你。'告诉她以后，我的心情非但没有好转，反而更差了。就知道我不该跟她讲。"

面对这些棘手的问题，你最好打起十二分的精神。要想让她信任、依赖你，对你敞开心扉，那不论听到了什么，你都要尽可能地保持冷静，尊重她的意见，维护她的利益。反过来，你也要对她毫无保留。你要么向她保证不会把这件事情说出去，要么就坦诚地说你会把这件事情告诉谁。在彼此都开诚布公的情况下，她就不会再胡思乱想，也不用担心会造成额外的后果。

爱丽丝（13岁）班上有一个女生正在被其他人网暴。她把这件事告诉妈妈罗谢尔并恳求罗谢尔不要告诉其他人。但罗谢尔解释说，网络暴力是一个严肃的问题。如果爱丽丝能站出来保护这个女生，她会感到非常骄傲。之后，罗谢尔没有自作主张。在和爱丽丝积极地沟通后，她决定向学校工作人员举报，并向爱丽丝保证绝对不会透露她的名字。

珍惜在一起的时光

孩子终究会有长大的那一天，父母也逃不开对命运的妥协。未来，你会无比感谢你的女儿出现在你的生命里。现在，我们每天都忙于日常的琐事，常常忽略了生活的美好。面对沉重的压力和生活的重担，你可能连笑的力气都没有了。可是，人生是一辆不断前行的马车，岁月一旦流逝就再也找不回来。你的小姑娘很快就会长大成人，要去上大学，要周游世界，要组建自己的家庭。

这就是我的切身体会。我的女儿好像前一秒还在和我撒娇，下一秒就登上了离家的飞机，准备开启崭新的人生。现在，我们已经是两个稳重的成年人了。虽然我也喜欢现在的相处模式，但还是忍不住回首过去，怀念我们一起吃早餐，一起吵吵闹闹的青春时光。所以，请珍惜你和女儿在一起的时光吧。

♣ 别往心里去

无论你多么努力，你都不可能成为孩子心目中的"完美妈妈"。一位训练心理学家曾经告诉我："再'完美'的母亲都会有缺点。"通过阅读本章内容，你可以更清楚地了解母亲在母女关系中应该扮演的角色，起到的作用，以及你该怎样改善你和女儿之间的关系。你也知道现在的青少年正处于敏感易怒的阶段，你不要把她尖刻的言辞放在心上，只需从中挑选有用的内容听取。

生活不顺的女孩往往会把母亲当作替罪羊。哪怕再完美的妈妈，在她们眼里都有或大或小的瑕疵。你要记住，一直以来，女孩对母亲的行为都高度敏感。特别是当她们的朋友在场时，女孩们恨不得拿放大镜观察母亲的一举一动。有的时候，她们为了不被你"牵连"，还要作出夸张的反应和解释。面对这些，你必须学会自我调侃，开导自己。

克洛伊（14岁）告诉我："我，妈妈和我朋友今天一起逛商场的时候，我妈妈竟然在公共场合唱歌、跳舞、自言自语！而且声音特别大！我说，'妈妈，你能冷静一点吗。所有人都在盯着你看，以为你疯了。'"事实上，克洛伊的妈妈可能只是低声哼了几个音符，路人报以微笑而已。可是，只要朋友在场，克洛伊的神经就格外敏感，夸张的程度好似妈妈在商场中央唱跳了一曲《最炫民族风》。

莫名其妙成了女儿的发泄对象，你肯定感到非常不爽。但是，平心而论，这其实是一件好事。她之所以能这么肆无忌惮，恰恰是因为你给了她绝对的安全感。与此同时，只需要无愧于自己的本心就可以了，毕竟你永远捉摸不透你的女儿在想什么。

　　既然你已经了解育儿的基本原则，现在我们应该把注意力转移到女儿身上。在母女关系里，她扮演了什么样的角色？下一章将带你深入了解女儿的内心。真实的孩子和理想中的乖乖女之间肯定存在差距，你要接受这个差距，在母女之间建立一种信任、共情、没有偏见的联系。这样，你不仅会和她相处得更好，还可以鼓励她成为最真实、最健康的自己。

第五章 女孩的教养

父母都希望孩子能满足自己的期待，可是这很难。你必须接受她们的缺点，不能直接发号施令，只能委婉地提出建议。

——弗兰，格温（15岁）的母亲

现在的社会对青少年太苛刻了。但我的孩子就是她自己，我会尽最大的努力保护她，不让她受外界的干扰。家长越是关注多，越是期待高，就越会适得其反，甚至会给孩子造成一系列心理健康问题。在成长的过程中，她们会始终觉得自己不够好。

——莫琳，查丽（17岁）的母亲

一般来说，自信、自强的孩子更容易成功。虽然我们不能干预别人的想法——她的朋友喜不喜欢她，老师对她有没有意见，这些事情都不在我们的控制范围内。但是，作为父母，我们必须承担自己的责任。你应当支持、鼓励她，帮她树立良好的自尊和强大的自我认同感，为她今后的人生发展打好基础。

——苏塞特，罗娜（16岁）的母亲

一个真诚、开朗、阳光的女孩，在成长的路上一定离不开"母爱的呵护"。因为她们知道，母亲会永远无条件地理解、认可、爱护自己。相反，如果女儿在成长的过程中一直被母亲打压和贬低，她们就得不到应有的支持和理解。更糟糕的是，这种自卑感会伴随她们成长，她们会觉得自己永远都不够好。

和所有母亲一样，你对自己的女儿肯定也抱有美好的期待。在她尚未出世的时候（甚至在那之前），你可能已经想象过她的样貌、性格，还有人生经历的各个阶段。陪她度过青春期后，你又开始幻想她褪去青涩，落落大方的模样。

家长对自己的孩子寄予厚望很正常，但是你要分清幻想与现实。要知道，你的大部分幻想可能都不会实现，至少不会马上实现。特别是在青春期的时候，十几岁的女孩急于挣脱家庭的束缚，发展独立的自我意识。你会发现，这个从你身边匆匆而过，赶着跑去学校的女孩，好像和你想象中的女儿完全不一样。等等，她怎么穿着超短裤，画着烟熏妆，身上还戴着各种各样的挂链？还有，她怎么能这样跟我讲话？

这一章将以母亲的视角为主，讲述她们是如何兼顾家庭与工作，含辛茹苦地将女儿抚养长大。首先，你要以开放包容的态度迎接女儿的变化。要时刻谨记，自己只是一个旁观者，应当给孩子创造自由的成长空间。这样，你的女儿也能放松地展现出自己最好的一面。你会为那个坚强、真诚、自信的女孩感到骄傲。

♣ 让孩子成为真实的自己

在形成稳定、清晰的自我认知之前，青少年会不断拷问自己——"我是谁""我想成为谁"。在数字时代，女孩不仅要正确认识现实世界的自己，还要将网络世界里的虚拟自我与真实的自己结合起来。幸运的是，母亲可以在很大程度上影响这个心理发展的过程。

要想让孩子活出真实的自我，家长先要保持一颗平常心，不能总拿自己的女儿和"别人家的孩子"做比较。在感受到家长的理解和认可后，孩子也会更愿意敞开心扉，吐露自己的真实想法。因为她相信，无论怎么样，妈妈都会永远支持包容自己。这种永恒的母爱可以帮她建立强大又准确的自我认知，继而培养她的自信心。

有一个真正了解自己的妈妈，女孩可以放心地向她求助，不用担心自己会被拒绝或者无视。她们也不会为了讨好他人，刻意压抑自己，戴上面具给自己营造一个永远善良、友好、无私、从不生气和嫉妒的完美人设。被无条件的爱滋养的孩子，才敢表露自己的真实情绪。

真实的人懂得聆听内心的想法和感受。她们不需要取悦他人，只需要遵从自己的内心，顺从自己的本意。她们的价值观可以帮她们区分什么是正确的，什么是不适合她们的。真实自信的女孩也不会迫于同辈的压力盲目跟风。因为她们可以冒着被讨厌的风险，坚持自己的判断。

清晰的自我认知可以帮助青少年发展健康的人际关系。年轻人之间的互动是真实的。有的女孩在受到轻视和伤害后，会变得偏激和被动。但是，真实强大的女孩不会这样。她们会主动与人交涉，直接说出自己的疑虑，表明自己的需求。这种积极的沟通可以减少背后的谣言议论、恶语中伤，以及其他恶劣的行为，有效避免事情进一步发酵。

相比之下，过分"望女成凤"的心态不仅会影响正常的母女关系，还会危害青少年的心理健康状况。为了成为父母的骄傲，有的女生会把自己伪装成父母和老师心目中的"乖乖女"。面对无聊的话题与活动，她们强迫自己表现出很感兴趣的样子。这些擅长伪装的青少年，本质上生活在谎言当中。

这些女孩时而觉得没人喜欢自己，时而觉得自己辜负了大人的期望。渐渐地，她们开始厌弃和贬低自己，最终，通常会走向叛逆。在她们看来，既然自己永远也无法成为妈妈心中的"完美女儿"，那还不如破罐子破摔，索性不要努力，或者走向另一个极端，事事和母亲对着干，开始变得叛逆。越是这样，女孩就越会迷失自我，找不到真实的自己。

♣ 保持谨慎

当然，为人父母远没有听起来那么简单。在培养孩子的过程中，鼓励式教育和强迫式教育之间有一条微妙的界线。仔细想想，当你鼓励不情不愿的女孩去参加排球队的选拔、社交活动，或者参加学生会的竞选时，你怎么知道自己是在帮助她克服成长的障碍，还是在强迫她做一些违背她意愿的事情？

同样，身为母亲，当你发现孩子在谈论或者尝试一些出人意料、离经叛道的事情时，好像也不能袖手旁观。当你指出她的缺点时，你是在帮助她，还是规训她？你有没有限制她的自由意志，强行约束她的衣着、举止、感受和爱好？当你批评她的时候，你提出的是建设性的意见，还是不切实际的幻想？想要作出正确的判断，你必须谨慎地认识到自己的偏见和目标。

　　伊兰娜是某校校内的一名心理咨询师，她从自己的工作中总结出了一些经验："父母之所以会把孩子推往不同的方向，是因为他们本质上并不了解自己的需求和欲望。他们只是受到其他父母的压力，再把这种压力传递给孩子，给孩子增添了一层额外的负担。"伊兰娜的孩子16岁，她说："很多家长都执着于把自己的孩子送入名牌大学。我不想和他们一样陷入这个怪圈。我女儿必须去适合她的地方，这样才有助于她成长。"

♣ 偏离家庭预期

　　熟悉的事物往往会带来安全感，在教育子女的时候也是这样。你可能会发现自己在无意识地重复你父母的话，或者希望孩子能够按照你预设好的轨迹成长。当然，她要是能作出一些正面的改变就最好了。

　　梓梓说："我的小女儿特别懂事。她的几个姐姐没有一个让人省心的，我被她们折腾得半条命都快没有了。可是小女儿不一样，而且我很喜欢她的"不一样"！她行事稳重，还知道承担自己的责任。在我下班回家之前，她会把厨房打扫得干干净净。"

要知道，你的每一个孩子都是独一无二的，不能和她们的兄弟姐妹混为一谈。艾丽卡有两个性格不同的女儿，她知道自己不能要求两个人使用同样的学习方法。她说："我的大女儿是一个完美主义者。她写作业的速度快、要求高、记忆力好、还特别勤奋。虽然我的小女儿也严格要求自己，但她的自制力差，她更放松、更随性、更听话。所以，要想达到她心中的目标，她必须更努力，花更长的时间写作业。"

有的家庭为了区分不同的小孩，干脆给她们贴上了标签，比如"甜美的""聪明的""邋遢的"和"搞笑的"。这种行为也不值得提倡，因为每个孩子都是复杂多变的，不应当被轻易定义。很多女孩都表达了对标签的不满，她们不想被一个狭隘的标签捆绑或者束缚。

丽贝卡（19岁）告诉我："我之前特别邋遢。真的，我的房间特别乱，东西满地乱扔，杂物随手乱放。等需要东西的时候，什么都找不到。不过上了大学以后，情况就不一样了。宿舍里还住着另一个女生，所以我强迫自己变得整洁。现在，我的生活变得井井有条，每个东西都在它该在的位置。但是，妈妈仍把我当成那个邋遢的十岁小孩。"

在养育女儿的过程中，除了不要拿女儿和她的姐妹、朋友、同学做比较，你还应当尽量避免翻旧账。也就是说，不要总拿过去的行为、失败或错误来评判她，而是要用全新的眼光来看待你的女儿，给她成长的自由。你越是认可她的进步，她就越有动力做好每一件事。

有的时候，虽然你没有明确表达自己的期待，但女孩还是能感到无形的压力。比如，很多家庭都有不成文的规定。它决定了女孩该上什么大学，读什么专业，从事什么职业；规定了女孩在家里和公众场所的行为规范；甚至限制了她们应该交往什么样的对象。这些规定中有的古板、老套、不知变通，但又是人人心照不宣的铁律。

莫娜有两个已经成年的儿子和一个正在上大学的女儿。她告诉我："凡妮莎上周末带回来一个新男友。我看到那个男生的时候，整个人都懵了。他的头发漂成了金黄色，一只手臂上全是文身。"一直以来，莫娜家都遵从保守的穿衣风格。莫娜说："凡妮莎之前交往的男友都很学院风，就像她哥哥一样。"好在莫娜没有因为这个男生不符合她的要求就作出过激的反应。她深吸一口气，冷静下来，开始深入了解凡妮莎的男朋友。

随着社会竞争越来越激烈，家长也难免对孩子寄予厚望。很多父母都希望孩子可以成为自己的校友，这也给高三生带来莫大的压力。父母只在意自己的规划，却忽视了孩子真正的能力与需求。所以，当母亲发现真实的女儿与想象中的女儿之间有巨大鸿沟时，会对母女双方都造成伤害。

玛戈（16岁）告诉我，"我的父母非常希望我能去爸爸和姐姐的大学。他们觉得一家人去看学校的足球比赛会非常有仪式感。我父亲也经常到学校去，因为他是某个委员会的成员。"虽然玛戈的分数足以考上这所大学，也很享受家庭传统，但她知道这所学校不适合自己："我不太喜欢足球比赛，也不喜欢大呼小叫。这所学校有点大。我想去一所小学校，因为觉得那里的老师会更关心同学。"

♣ 迷你版的你

很多母亲都希望女儿是自己的翻版。这很正常，毕竟人们都会偏好自己熟悉的事物。雅艾尔对此深有体会："我大女儿刚出生的时候，我觉得我们上辈子就认识了。可我的二女儿出生以后，我需要一点一滴地了解她。"

很少有爱好、性格、人生目标都完全相同的母女。除非你绝对理性，否则这些差别会或多或少地影响你的育儿方式。也许你想要一个开朗、外向、活泼，走到哪里都能和人打成一片的女儿，可是你的女儿害羞、内向、喜欢看书，不喜欢与人交际。反过来，也许你想要一个勤勉好学的女儿，偏偏你的女儿是个社交达人，一刻也静不下来。

在中学时期，苏塞特和她女儿罗娜就遇到了这样的问题。苏塞特告诉我："我女儿（12岁）总想着和同学出去玩，完全不能一个人待哪怕一小会儿，她太依赖别人了。"另外，苏塞特还担心频繁的社交活动会影响罗娜的学习——她们是一个高知家庭，非常看重学习成绩。

但是，当苏塞特反复强调独处的重要性，还把罗娜关在家里，不让她和同学出门玩，罗娜陷入了自我怀疑。在一次班会上，罗娜说出了自己的烦恼与困惑，"为什么我不能出门见朋友？"她问道，"初中生和朋友出去玩不是很正常的吗？"她提醒母亲："我没有不学习。我的数学成绩是全班最好的，而且老师刚刚选中我参加一个特殊的科学项目。"

罗娜不知道的是，妈妈苏塞特的执念来自她自己的个人经历。当苏塞特像罗娜这么大的时候，她就读于一所精英学校。由于她成绩优异，屡次获得奖学金，遭到了同学的嫉妒和排挤。面对同学的欺凌，她依旧埋头苦读，只为证明自己的价值。现在的苏塞特生活美满、事业有成，她很感谢当初刻苦勤勉，拼命读书的自己。所以，看到罗娜轻松悠闲的样子，苏塞特很焦虑。

母女之间的不同也加大了理解、沟通和抚养的难度。金妮的女儿和她性格迥异，为此，金妮感到很苦恼："每次我女儿没有完成当天的任务，或者不好好准备垒球训练的时候，我都会变得非常急躁。我知道这不好，应该耐心一点，正确地引导她。"

凯丽也意识到，想要和女儿（13岁）好好相处，她必须做出一定的改变："我的女儿有注意力缺陷，我快被逼疯了。她只有在运动的时候会集中注意力，其余的时间都心不在焉、魂不守舍的。我是A型人格，脾气火爆、做事急躁，偏偏她又不紧不慢，所以我们两个总是吵架。我试图把我的方法教给她，可是她学不会。每次冲她发完脾气后，我都会后悔。我是个成年人，应当试着理解她。"

差异越大，母亲的负担就越重。伊娃在和女儿（14岁）相处的过程中，用自己的洞察力、专注力和努力避免了许多潜在的矛盾。在向我求助的时候，她担心自己强势的性格会影响福特蕾莎的自我意识和她们的母女关系。

能够在一个竞争激烈、男性主导的行业里脱颖而出，伊娃将自己的成就归功于敏锐的大局观、细致的洞察力，以及坚定而迅速的决断力。但她的女儿特蕾莎和她完全不同。特蕾莎是一个聪明但反应迟缓的女孩，不适合在高压环境下学习，所以她主动退出了理科实验班。

伊娃和我一起探讨了母亲形象对女儿的影响。在特蕾莎眼中，妈妈是个生活节奏快，偶尔没耐心的女强人。相比之下，特蕾莎的生活节奏比较慢。伊娃担心这种区别会带给女儿压力，她不想让女儿觉得自己不如妈妈。伊娃告诉我，她正在寻找"一种适合母女参与，又不会凸显我们的不同的活动。"听到她这么说，我感到很欣慰，我相信她们两个的关系会越来越好。

反过来，太相似也不是什么好事，不要想着女儿和你性格相仿就能万事大吉。在日常生活中，我们在别人身上看到自己的缺点时，往往会更生气。玛丽露说："我经常在15岁的女儿身上看到自己的影子，特别是她犯倔或者发脾气的样子，和我一模一样。我们两个太像了，没法好好相处。"

弥合差距

无论理想与现实之间存在怎样的差距，你都应该积极地面对现实。以下这些策略可以教你接纳真实的女儿，维系健康的母女关系，让你的女儿展现出真实自信的一面。

注重个人品质

对于青春期的起伏变化，你肯定早有耳闻。在此期间，你女儿的情绪、态度、友谊状态和学习成绩都会处于不稳定的状态。她的行为举止和穿衣打扮也风格多变。

对此，你要保持淡定。如果你揪着她的每一个变化不放，不仅你会疲惫不堪，她也有一种被监视的感觉。时间久了，你们家会四处弥漫着火药味。

在这段快速发展（有时是剧变）的时期里，你最应该关心女孩的内在品质。这些个人品质经过长时间的打磨和历练，会让女孩受益终生。当你主动表示认可和欣赏的时候，她也会更有动力。

与其纠结于为什么她总让你失望，还不如花些时间挖掘女孩的闪光点，欣赏她，呵护她。告诉她你有多么欣赏她坚持、冷静、开放的态度；发现她公正、温暖、体贴和机敏的一面；夸赞她深刻的见解、明智的决定和良好的倾听能力；欣赏她风趣的言谈、冒险的精神和对世界的独特看法。这些都能帮她认识到自己的价值。

🌱 正视孩子的负面情绪

不可否认的是，比起沮丧、焦虑、嫉妒、怨恨、任性、恼怒或暴躁的女孩，人们更愿意和乐观、甜美、好奇、感恩和阳光的女孩待在一起。但是，情绪是人的本能，以上所有情绪都是人生经历的一部分。父母对所谓"负面情绪"的偏见，会影响女儿在成长过程中的自我认知。

一直以来，人们认为女性不应该表现出愤怒或者抗争的情绪。虽然时代在进步，但这种基于性别的偏见仍然存在。强势的男性会被夸赞具有"男子气概"，但是强势的女性会被贴上咄咄逼人甚至"悍妇"的标签。

你的女儿应该明白，她不需要一直做讨人喜欢的乖乖女。你也不该对她抱有这样的期待，因为这既不现实也不真实。在和阿丽克西斯（16岁）沟通的过程中，我发现她的父母就存在这样的误区。阿丽克西斯的父母都在传统、保守的家庭中长大。他们要求孩子绝对服从，永远感恩、尊敬他们。如果阿丽克西斯感到难过或者不耐烦，他们就觉得她不知道感恩父母提供的美好生活。父母经常忽视阿丽克西斯的合理需求，反而将其视作无理取闹、恃宠而骄。

阿丽克西斯只有加倍地表现出善良、礼貌和顺从，才能从父母那里得到一点关爱与认可。她变得自卑怯懦，把所有"不被欢迎"的感情都藏在心底，不敢面对，更不敢表达自己的负面情绪。就这样，她无法接受全部的自己。她只想表现自己的优点与天赋，却不敢正视自己的缺点与不足。可是，人无完人、金无足赤，这些都是一个人的一部分。

🌱 管理不同的情绪

在面对问题的时候，有的人能保持理智，有的人则感情用事，做事冲动。这种性格差异也会影响母女之间的关系。要想有所改善，母亲就要学会识别和管理不同的情绪。凯莉知道自己的急性子会吓到女儿，她说："我会忍不住把气撒在女儿身上。一方面，我想在她面前真实一点；另一方面，我又必须克制自己的情绪，因为不想让她难过。每次她眼泪汪汪地看着我时，我都想，'这太不公平了，我在做什么？'"

反过来也一样的。再温柔的母亲遇到胡搅蛮缠的女儿也会崩溃。萨沙的女儿就经常小题大做，萨沙说："她总是对生活里的小事添油加醋，我听得耳朵都起茧子了，还是不知道该怎么办。我只能告诉她，'宝贝，我们必须放下这堆乱七八糟的事情，面对现实，这样我们才能找到解决办法。'"

🌱 她会在自己的花期绽放

继婴儿期之后，青春期是你女儿迎来的第二个快速发育期。她几乎每天都在变化。有时，你的确能感受到她的成长，但有时她的言谈举止还像个小孩，你又担心她太过幼稚，不像你想象中那样成熟。为此，你几乎是数着日子盼她长大。

可是，你要知道，青少年的成长具有不确定性，你不可能指望她们按照时间表按部就班地长大。但也不要气馁。或早或晚，你的孩子总有长大成人的那一天。同时，你也不应拿她和她的哥哥姐姐、堂兄弟姐妹或好友做比较。这种无谓的比较没有任何意义。

我经常劝告各位父母，"不要轻易给孩子下定论"，你的孩子很可能一夜之间就脱胎换骨。12岁的时候，她可能突然乖巧懂事，体贴他人，不再是那个以自我为中心的小孩；13岁的时候，她可能一扫往日的阴霾，变得聪明伶俐，让你大吃一惊；14岁的时候，她可能开始承担起姐姐的责任，不再欺负、捉弄家里的小妹妹；15岁的时候，她可能摇身一变，变成一个心智成熟、智慧聪颖的女孩，成为身边朋友的主心骨。

你可能担心自己的女儿人缘没有别人好，成绩没有别人优。但要记住，每个女孩都有自己的"花期"。人的大脑成熟期在十几岁到二十七八岁之间。也就是说,有的女孩在上大学(甚至更晚)之后才会开窍。换个角度想,你的女儿终将具备更高层次的分析能力、概念形成能力、批判性思维能力和组织能力,她在低年级时无法做到,但会逐步形成。

如果你的女儿有异于常人的思维能力或者先天缺陷,那你对此肯定深有体会。

"没有人邀请琳赛去参加生日宴会,"伊丽丝告诉我。"琳赛没什么朋友,她的同学都排挤她。琳赛患有感觉运动障碍,没法很好地控制自己的四肢。她还容易亢奋,喜欢大喊大叫,别的同学都不愿意和她一起玩。"琳赛进入青春期后,伊丽丝的担心更加明显。她说:"我试着让琳赛多交朋友,我真的很希望她能做一个普通人。"

一次,琳赛再三向她保证"自己没事"的时候,伊丽丝意识到了自己的问题:"虽然琳赛与众不同,不擅长与人交际,但她其实不在意这件事,反而是我的过激反应伤害了她。回想起来,琳赛肯定察觉到了我的焦虑,是我不断提醒她'你没朋友',她才变得更难受。"

琳赛同意这一点。她告诉我,她一回家就躲进卧室里,就是为了逃避妈妈尖锐的问题。伊丽丝会不停地问她——午餐时她和谁坐在一起,学校的项目有没有搭档。好像对她来说,琳赛在学校里有没有朋友是一件无比重要的事情。可是,她没有意识到,琳赛并不需要陪伴。琳赛更喜欢一个人待着做自己的事,而不是和同龄人出去玩。事实上,琳赛承认:"我必须逼自己每个月和朋友出门玩一天,这真的很累。"

慢慢地,伊丽丝不再那么焦虑,开始放任琳赛"做自己想做的事情。我鼓励她根据自己的节奏,按照自己想要的方式,学习一些新的技能。"

为此，琳赛非常感谢伊丽丝主动做出了改变。她说："妈妈支持我做想做的事，没有再试图改造我。这让我们两个都松了一口气。"

🌱 主动理解她

也许你喜欢看歌剧或芭蕾舞，欣赏文艺复兴时期的艺术，听爵士乐，但你的女儿却对说唱、重金属或男子乐团感兴趣。不论怎样，你都可以邀请她去参观博物馆或看一场演出。但是，不要因为她没有爱上你最喜欢的艺术家、舞蹈家或音乐家就感到失望，也不要给她施压。

你可以尊重她的个性，并且试着了解她的爱好。当她给你分享自己喜欢的歌手，或者你们两个一起去音乐会的时候，你可以请她谈谈自己的理解。你也可以和她一起去逛某个唱片店，支持她收集黑胶唱片。你可以在征得她的同意后去滑板公园看她在干什么，感受年轻人的世界，也可以陪她去逛她喜欢的古着店，可能你也有意想不到的收获。

🌱 拓宽成功的定义

为了让女儿有一个好前程，不少家长把学习视作唯一的出路。但是，这种呆板狭隘的成功论限制了女孩自由的成长空间。为了迎合父母的期待，她们往往会牺牲个人的理想与追求。

在这种激烈的竞争氛围里，父母都不能接受自己的孩子是个"学渣"。许多家长带着孩子来找我做心理评估，试图把"成绩不好"的原因归咎于学习障碍或注意力障碍。但是，评估的结果显示，大部分孩子都没有任何心理疾病，她们根本不需要矫正或治疗。她们已经发挥出了自己应有的水平，错的是那些望子成龙的家长。

相比十年寒窗，埋头苦读，有些孩子天生擅长与人交际。虽然在班里成绩垫底，但是她们和老师同学的关系都很好，在外出兼职或者参与志愿活动的时候，项目主管也对她们印象颇佳。对这样的孩子来说，最好的老师不是书本，而是社会实践经验。如果家长能留给她们自由的成长空间，那她们一定会在适合自己的领域发光发热。

阿米莉亚（15岁）活泼可爱，是校园里的风云人物。她积极地参加学生会、各种社团和课外活动，还是几项运动的明星运动员。可是她最发愁的就是学习——她患有语言处理障碍，在考试和写论文的时候不会把握重点和整合材料。

尽管阿米莉亚的学习成绩不好，但我向她的父母保证，以她非凡的人际交往能力、强大的人格魅力和可靠的职业道德，她以后一定会有所建树。与此同时，阿米莉亚的认知能力和学习能力表明，她不适合去那些被大多数父母看重的高等学府。我给她推荐了一个以职业为导向的项目。在那里，她可以学习实用的生存技能与社会经验。

🌱 不要催促她过早成为专业人士

家长都希望孩子可以尽早找到自己的人生方向，并为之努力奋斗，学有所成。这样你也能松一口气，不用再漫无目的地帮她寻找目标。这就是为什么现在许多家长耗费大量的人力、物力、财力，就为了女儿一周能上

六天舞蹈课 / 与精英团队或管弦乐队一起旅行 / 参加私人声乐课程。

如果你的女儿至今没有什么爱好，那也不要着急。你可以陪着她尝试多种有趣的活动，直到她真正找到自己的爱好。你需要担心的是：万一她什么都不喜欢，没有任何爱好怎么办？万一她只是象征性地应付一下，没有全身心投入怎么办？万一她做事情三分钟热度，不懂得坚持怎么办？

如果女孩被迫"爱上"某项活动，那情况只会更糟。在朋友的邀请或者劝说下，女孩可能会尝试某项运动或者活动。家长对此也喜闻乐见。可是，当各种各样的活动、比赛挤在一起，或者她对这项运动失去兴趣时，她会感到进退两难。一方面，她已经在学费和队服上投入一笔不小的费用，还花了大量的时间进行训练和比赛；另一方面，她不想辜负教练、队友和父母的殷切希望。在这种情况下，女孩一般都会勉强自己继续参加。可是，这样她不仅会把时间和精力耗费在自己不喜欢的活动上，还会错过真正的爱好。

此外，不要急于求成。在确定自己的爱好之前应当多做尝试。大卫·爱泼斯坦（David Epstein）在他的《范围》（*Range*）一书中指出，每个行业的顶尖人才在确定自己的人生方向之前，都会先尝试各种不同的领域。比如，精英运动员会尝试多项运动，杰出的音乐家对各种乐器都有涉猎。过早地确定自己的职业规划反而会影响一个人的职业寿命。有的员工入行早，挣钱多，但是辞职的概率也比别人高。基于以上这些原因，母亲应当陪伴孩子慢慢寻找自己的爱好，而不是强迫她们过早地确定目标。

🌱 支持她的探索

十几岁的孩子在青春期探寻的一个主要问题就是"我是谁"。在这个过程中,你可能会对她们的决定感到惊讶、困惑,甚至恐惧。从穿衣风格到言谈举止再到性取向,每件事都是一个潜在的雷区。对于层出不穷的新鲜事物,母亲往往感到难以接受。

安雅(16岁)回忆起中学时代,她说:"我一直想不明白'我到底是谁'。我喜欢穿男装。"为此,安雅的妈妈惊慌不安,还说安雅"不正常"。不过,最终安雅还是转变了自己的穿衣风格。安雅说:"姐姐说,如果我一直穿男装,就不会有男生喜欢我。所以在接下来的一年里,我都穿着高跟鞋和超短裙踢足球,这太奇怪了。"在穿衣打扮上,虽然安雅已经放弃了自己的"非主流"风格,但是她和母亲之间仍然存在隔阂。

卡莉(17岁)也总是因为穿衣风格的问题和妈妈发生争执。卡莉一直想在同龄人中显得与众不同:"衣服是我认识自己,表达自己的重要方式。的确,我穿的是奇装异服——宽松的衣服,几十根链条,黑色的眼影,但这就是我的风格。我喜欢听到人们说,'天哪,她穿的这是什么?'这才能彰显出我的不同。"

一直以来,母亲都希望女儿在探索自我,表现自我的同时,能够得体大方,懂得保护自己。但是这绝非易事。正如玛丽·凯特所说:"其实打两三个耳洞也没那么可怕,又不是文身,不会造成永久性影响。当然我还是很保守,毕竟女儿只有16岁,我必须尽我所能保护她。我会要求她在露脐上衣外面套一件衬衫。放暑假的时候,她可以在头发里挑染一缕蓝色,但是开学后必须把它剪掉。这是我们达成的共识。"

对性取向的探索是形成身份认同的一个重要过程。现在的青少年对于自己和他人的性选择更加开放。初高中阶段，越来越多的女孩对自己的性取向和性别认同感到困惑。对此，其他同学也会包容和支持她们的选择。

当青少年宣布自己是性少数群体的一员时，大部分家长都会感到极其困惑，甚至眼前一黑。你可能会下意识装作什么都没听到，忽视她们的感受，猜测她们的动机，或者默默等待她们"幡然醒悟"的那一天。

格雷西拉试图找出女儿（16 岁）是同性恋的原因："初中的时候，她和一个女生交往了一年多。她们分手后，她在网上又找了一个女朋友。我在想，没准她是害怕自己受到男生的伤害，所以不和男生交往。我姐姐是同性恋，我的女儿也可能受到她的影响。也许她想跟我姐姐一样，或者她出柜就是因为我姐姐？谁知道呢。"

有些母亲观念保守，或者深受宗教观念的影响。罗塞塔是新移民，在得知自己的女儿蕾拉（14 岁）与另一个女生谈恋爱后，她感到异常愤怒。她偷看了蕾拉和她女性好友之间的暧昧信息，还愤怒地指责蕾拉"不自尊自爱""违背了家族坚守的信仰"。此外，她还责怪蕾拉的女朋友"带坏自己的女儿，给她灌输扭曲的价值观。"

在与蕾拉父母沟通的过程中，我向他们解释了女儿的忐忑与不安：蕾拉既害怕他们生气，又不想让他们失望。她之所以决定向父母坦白，是因为她以为坦诚的态度可以换来父母的接纳与理解。然而，蕾拉父母的价值体系让他们无法接受自己唯一的孩子是女同性恋。母亲罗塞塔最终决定棒打鸳鸯——"让我的女儿做回正常人。"

埃斯特尔是一位单身母亲。与蕾拉的父母相比，她更支持与认可孩子（13岁）的探索。罗恩出生时是一个女孩子，当时她还不叫罗恩，家人给她取名为朗达。可是自从十岁开始，罗恩就一直认为自己是个男生。七年级的时候，她开始束胸、穿男装，不再穿裙子和女装，并要求老师叫她罗恩。

由于青春期仍然处于探索与尝试的阶段，所以青少年表露出的性取向也是流动性的。迪在12岁的时候首次意识到自己的同性恋倾向。在心理咨询的过程中，她表示自己会被女孩吸引，但是亲吻男孩的时候却毫无感觉。八年级时，她爱上了自己的闺蜜。现在，十年过去了，二十几岁时迪的性取向转变且趋于稳定，她已经有过两段长期、认真的异性恋爱关系。

父母无权决定、干涉、影响孩子的性取向和性别认同。也许从出生的那一刻起，这些事情就已经决定了。性少数群体在少年时期可能会经历排挤、欺凌和仇视，这时，家庭就是他们最温暖的港湾。

梅琳达告诉我："在中学时，我一直在问自己，'我是喜欢女孩，还是喜欢男孩？'我强迫自己喜欢男孩，因为知道这个世界对性少数群体没有那么友好。我不知道将来会面对什么。但是，我确实是这个群体的一员，所以……"当被问及在现实生活中是否遭遇过歧视时，梅琳达回答："就在今年，有人在走廊上喊我'拉拉'，我不知道他是不是在开玩笑。还有人说我会下地狱，因为我喜欢女生。这种话肯定不是开玩笑。"

与异性恋青少年相比，性少数群体（LGBTQ）抑郁、自杀、吸食违禁物品、进行高危性行为，或者其他危害健康的行为的可能性更大。国立卫生研究院开展了一项青少年脑认知研究，对9~10岁的孩子进行了10年的跟踪调查。研究发现，非异性恋儿童患情绪障碍的可能性是异性恋儿童的3倍，产生自杀念头的可能性几乎是异性恋儿童的5倍。

据《埃文地区亲子关系纵向研究》显示，非异性恋（或尚未确定性取向）的青少年企图自杀的可能性是异性恋群体的4倍。这一结论也同样适用于跨性别成年人。有些跨性别成年人曾被迫接受所谓的"矫正治疗"，试图扭转他们的性别认同。《美国医学会精神病学杂志》的一项调查还发现，如果儿童在10岁之前接受过所谓的"性取向转化治疗"，会给他们带来终身的心理困扰和自杀企图。

这些数据都反映出性少数群体的高危心理状况。作为父母，你必须重视这一问题。如果女儿主动和你聊起她自己或她朋友的性经历，请先放下偏见，听听她说了什么。更重要的是，你要想好怎么回复她。通常情况下，你的女儿要鼓足勇气才敢和你聊这些话题。她可能一辈子都忘不了你说出的第一句话。所以，如果你的女儿告诉你她是性少数群体，请注意你的措辞，不要带有任何轻视、厌恶或抗拒的情绪。

女儿：妈妈，我一直觉得我喜欢女孩。

不要说

妈妈：不，你不是！你只是对朋友有好感，你们这个年龄段的女孩都这样。

或者

妈妈：你还小，还不了解自己。

或者

妈妈：够了，不要再说了！我已经跟你说过这是不对的！

相反，你应该试着对她说

妈妈：你觉得你可能是双性恋？

或者

妈妈：你这样想多久了？

或者

妈妈：你和女生交往过吗？和男生交往过吗？

或者

妈妈：你有性少数群体的朋友吗？你和她们交流过吗？

想要进一步了解女儿的想法，你要展现出开放包容的态度，不能操之过急。在女儿迷茫焦虑的时候，母亲的认可与支持可以给她强大的精神力量。凯瑟琳在 17 岁的时候爱上了一个女生。得知这个消息后，她妈妈气得发狂，不仅不允许凯瑟琳的女朋友到她们家做客，还开始偷看凯瑟琳的聊天短信。渐渐地，凯瑟琳不敢在父母面前表露真实的自己，只能去一些高危网站上探索性幻想。

奎因（16 岁）说，在她探索性取向的过程中，妈妈给了她莫大的鼓励。她妈妈告诉她："你可以在青春期进行多种尝试，看看自己喜欢什么，不喜欢什么。但是，在你做好准备之前，不要迫于压力决定你是谁，或者你喜欢谁。给自己一点时间，你会遇到自己的真爱，不论 TA 是男性还是女性。"

如果家长给予孩子充分的尊重和自由，允许她们探索和面对真实的自我，那女孩和自己相处起来也会感到更舒适、自信、阳光。值得注意的一点是，大多数女孩都认为"保持真实"在成长的过程中至关重要。梅芙

（17岁）说："你应当坦诚地面对自己和父母。如果一直戴着面具生活，那你会越来越痛苦。当你感到不舒服的时候你要直接说出来，而不是跟自己或别人说'我没事'。"格蕾丝（18岁）对此表示赞同。"你就是你，"她说，"既然无法改变，不如接受真实的自己。"

在看了这么久的书后，你可能会觉得信息量比较大，一下子接受不了这么多内容，不要担心。下一章不仅将介绍父母过度干涉女儿生活的危害，还会教你如何事半功倍地养育女儿，帮她养成良好的个人品质与生活习惯。

第六章　少做点才是多给予

> 我的女儿阿曼达一直是个品学兼优的好学生。可是,就因为她在期末论文里借鉴了部分网上的材料,一切就全毁了。学校揪着这个小错误不放,不仅取消了她在毕业典礼上致辞的资格,还阻断了她的升学之路。现在,我别无选择,只能尽我所能,聘请最好的律师来维护她的权益。
>
> ——吉娜

没有任何一位母亲愿意看到女儿痛苦或者失望的样子。一想到她要经历这么多的磨难才能成功,你恨不得替她扫清前路的所有障碍。如果可以,你愿意为她解决学术上、社交上,情感上的所有问题,或者替她承担犯错的一切后果。在你看来,母爱就应该这样伟大又无私。

面对如此激烈的社会竞争,人们都希望自己的女儿能够拥有更多的选择和机会。当她没有取得理想的成绩或者表现时,你觉得自己有义务纠正她的缺点。如果她感到孤独,结交一些不正经的朋友,或者没法融入同龄人的圈子时,你肯定会想尽一切办法让她开心起来。正如一位母亲所说:

"我只是希望我的女儿过得比我好。我不想让她重蹈我的覆辙。"

当你的女儿受到伤害，或者做一些你认为很危险的事情时，你很难强迫自己保持冷静。母性的冲动，如强烈的母爱、同理心，尤其是恐惧，会占据你的头脑。但是，你不能贸然插手她的生活。否则，这将很大程度上影响她的情绪调节能力和心理健康，还会影响她的大脑发育、人生目标、她在目标上投入的精力，以及她愿意为失败承担的风险。

如果你打着"为她好"的旗号，想把女儿培养成一个自律、聪明、爱学习、勤思考、善于调节情绪的完美小孩，那你要小心自己变成一个"虎妈"。心理学研究表明，无论是扫雪机式父母（替孩子扫清前路的所有障碍），还是直升机式父母（帮孩子解决生活的一切问题），对孩子的成长都没有实质性的帮助。我也将进一步解释这一点。

"过度关注"和"漠不关心"都不利于孩子成长，这一章将引导你在二者之间找到最佳平衡点。这种微妙的平衡可以让你的女儿独立地成长。你必须学会放手，给她自由的成长空间，让她跌倒、失败、从头再来。你会发现，自己管得越少，孩子可能越有出息。

♣ 提供参考意见，而不是替她作决定

在孩子步入青春期后，家长应当学会慢慢放手。童年时期，你可以给女儿树立规则，并且引导她遵守这些规则。但随着她一天天长大，你应当

培养她的自主能力。此时，你可以给她提供贴心理智的建议，永远做她坚强的后盾。但是，你不能替她作决定。在沟通的过程中，你应当多商量，少命令，这样孩子也能感受到你的尊重和认可。慢慢地，她会提升自己独立作决定和解决问题的能力。

在青少年时期，母亲应当适度参与女儿的生活。合理的尺度既可以强化母女之间的纽带，也能避免女儿产生叛逆的心理。相反，如果母亲超越了应有的界限，往往会适得其反——过度的干涉会招来女儿的反感，损害母女之间宝贵的信任感、亲密感和合作精神。

正如杰基描述的那样："每次玛丽·安遇到问题时，我都会给她提供解决方案一、二、三。可是她毫不领情，不仅拒绝我的所有提议，还告诉我，'你只知道添乱！'，然后跺脚跑出房间。"杰基承认，在某一瞬间，她的耐心消失了。尽管她本意是帮女儿解决问题，但其实没有起到任何作用。除此之外，你可能也想不明白，明明是好心想帮她做作业，为什么最后反倒是"帮倒忙"。但是，事实就是这样。

心理健康专家和教育工作者一致认为，父母的过度干预会损害青少年的心理健康与幸福感。蕾切尔·西蒙斯在《对她来说足够了》一书中提到，父母应当克制自己的焦虑情绪，让孩子独立面对挫折。在《纽约时报》上一篇名为《简单粗暴的现代育儿》的文章中，临床医生同样将年轻人心理脆弱、抗压能力差以及心理问题激增的原因归咎于父母的过度干预。

其他研究也提出了相同的观点。一项研究显示，被"直升机母亲"抚养长大的女孩，更容易表现出焦虑、抑郁和怨怼的情绪。另一项研究表明，女大学生的生活满意度之所以明显低于男生，与"直升机父母"的教育方式有关。

在成长的过程中，有些家长会时刻监控孩子的一举一动，像直升机一样盘旋在孩子头顶。一项针对大学生的调查显示，被这样"监视"长大的孩子在步入社会后，更容易感到疲惫与不适。

在这种教育观念的影响下，这些孩子努力学习只是为了让父母、老师高兴，而不是为了自己的未来。我在第三章中提到过，内在驱动力是成功的关键，在这种力量的作用下，孩子才会自发、自愿、坚持不懈地为之奋斗。家长必须学会放手，让孩子自己面对困难与挑战。这样，她们才会相信自己也有缓解压力，独立作出决定与解决问题的能力。

如果家长只知道一味地保护孩子，不让她们经历任何失败与挫折，反而会使孩子一次又一次地错失锻炼自己的机会，还会进一步阻碍她们培养自己健全的人格、问题解决能力和情绪调节能力。

以我的经验来看，没有挫折体验的青少年往往难以适应大学生活。在高中阶段，她们凭借着老师的喜爱或者家长的督促，一直过得顺风顺水。等到需要独立解决问题的时候，她们才发现自己缺乏这方面的经验和能力，也不具备自我调节和随机应变的能力。在这种状态下，她们不仅成绩一落千丈，还会变得焦虑、沮丧、没精打采，甚至辍学。

我常常跟家长们说，其实学习一般的孩子更让人放心。在整个学生生涯中，她们要付出的努力不同于只关注学习的绩优生，她们知道该怎样扬长避短，发挥自己的优势。挫折与挑战都是成功路上的磨刀石，会帮你的女儿变得更坚强，更坚定。进入大学校园后，凭借着坚强的个人品质与完善的学习技巧，这些女孩不会轻易被困难打倒。

想要锻炼女儿的心理素质与生活能力，你就必须收起对女儿的"保护伞"。困难是挑战，也是机遇。当她陷入绝境后，才能找到绝处逢生的出路。在与人交往的过程中，只有切身体会痛苦与失望的滋味，才会知道怎样更好地处理人际关系。

请试着放开手，让你的孩子独自面对挫折。你可以在她身后鼓励她，温柔地告诉她，"我相信你""我知道你没问题。"只有当父母不再干涉孩子的事务，她才能学会掌控自己的生活，继而培养自信心和责任感。舒适区之外不一定都是雷区，可能还有一片肥沃的土壤，等待开出坚韧的花。

♣ 忍不住插手

不要过度养育——这个道理人人都懂，可是并非人人都能做到。当你的女儿遇到困难的时候，你真的能做到袖手旁观吗？在你看来，女儿的失败就代表母亲的无能。部分坦诚的母亲会直接承认，如果女儿学习不好，或者整日游手好闲，她们会觉得很没面子。

更何况，随着学业压力与升学竞争越来越激烈，再温柔体贴的母亲也忍不住多唠叨几句。就算你做好了万全的心理准备，决定保持冷静的头脑，那也难免心系女儿的一举一动。请回想一下，是不是每次聊到有关"将来""以后"的话题时，你的宝贝女儿都报以沉默，一言不发。

如果父母过度插手女儿的生活，会给她们留下不好的印象：首先，她们会怀疑自己的能力；其次，看到父母利用特权与捷径帮她们谋取利益，她们会欣然接受，甚至把它当成理所当然的事情。

相关政策规定，对于患有特殊疾病的学生，经过申请，考试机构会酌情延长其考试时间。为了让孩子考取理想的分数，有些家长会"不择手段"地帮孩子拿到延长考试时间的资格。有趣的是，美国教育考试服务中心宣布，大学不会知道考生曾延长考试时间之后，申请延长考试时间的人数激增。仅从 2010 年到 2017 年，申请人数就翻了数倍。在短短七年内，每年都有超过第一年两倍的学生符合《1973 年联邦康复法案》中规定的残疾条件，这听起来实在是匪夷所思。

在某些经济发达的地区，有多达四分之一到三分之一的学生被获准延长考试时间。作为心理学家，每年考试季，我都会接到一批又一批家长打来的电话。在他们眼中，只要能延长考试时间，孩子被"确诊"为某种心理疾病也没关系。

其实，考试时间与考试成绩之间没有必然的联系，延长考试时间不一定就能考好。事实证明，为了延长考试时间，家长不仅要负担大量昂贵的神经心理测试，考试结果往往也不尽如人意。有的家长认为，患有注意力缺陷的学生应该延长考试时间。但是，正是因为时间延长，因此在额外的时间里感到无聊和走神，这些青少年的成绩会下滑。退一步讲，就算他们凭借一时的投机取巧考上大学，在之后的学习与工作中也会暴露自己的问题。最后，这种不正当竞争手段教会了青少年钻制度的空子。

基于以上这些原因，家长不应该利用规则的漏洞，更不应该借助精神类药物来提高孩子的学习成绩。患有注意缺陷与多动障碍（ADHD）的青少年会使用特定的药物来集中注意力。但是，为了让孩子保持高度集中的状态，有些家长会给健康的孩子吃这种药。如果你的女儿容易走神，你应当帮她养成自律的好习惯，而不是饮鸩止渴。今天，她可以用药物提高自己的学习成绩，明天，她又会用药物做什么呢？

当然，大部分家长都不赞成药物治疗的方法。精神兴奋剂的作用有限，无法从根本上提高一个人的阅读能力、数学思维、执行能力或学习技巧。此外，药物治疗会带来一系列副作用，如焦虑、疲惫、犯困。在这种状态下，青少年的头脑混乱、注意力分散，反而会进一步影响学习。女生也表现出新的焦虑症状，比如情绪失控、失眠、暴瘦或者增肥。

作弊与其他捷径

在举办讲座的时候，有时我会问父母这样一个问题：如果你的孩子可以通过作弊考入顶尖名校，你能接受吗？通常，稍做停顿后，观众会爆发出一阵紧张的笑声。我想，我已经听到答案了。

一直以来，你越不让孩子做什么，她们反而会跃跃欲试。有一个17岁的女生因病错过了期中考试。事后，老师允许她参加补考。在心理治疗的过程中，她说她打算提前问一下同学考试题目。当我询问她父母对此有什么看法的时候，她笑着说："其实我都没想到，是妈妈先提出来的。"

贝丽尔（18岁）是一名大学新生，她有阅读障碍和轻微的注意力缺陷。在高中阶段，她还可以勉强应付这些问题。可是，进入大学后，面对晦涩深奥的阅读材料，她明显感到力不从心，所以放假后第一时间来到了我的工作室。她说自己想尝试药物治疗，我本来建议她在开学前咨询她的儿科医生。可是，贝丽尔回答说："没关系。我的大学同学都有这个药，妈妈会让我问同学要一点。"

"他们都作弊了"——这句话本来是用于推卸责任的托词，可是现在，却是真实情况的写照。几十年来，罗格斯大学的唐纳德·麦凯布教授一直在研究作弊的普遍性。近期，他的研究记录显示，在70所高中的2.4万名学生中，95%的学生都存在一定程度上的作弊行为。不幸的是，麦凯布教授发现这些学生毕业后仍然会继续弄虚作假。要想改善这种情况，家长必须鼓励孩子做一个真实、正直的人。

♣ 首先，别伤害孩子

有些家长挤破脑袋也要把女儿送入名牌大学，可是他们从没想过，自己的女儿其实不适合那里。就在我写这本书之前，爆出轰动一时的美国高校招生丑闻，又称为"校园蓝调行动"。从那时起，如果有家长想通过行贿、舞弊、冒充顶尖运动员的方式把孩子送入名校，那他将会面临牢狱之灾。

尽管媒体都在关注此案牵涉的家长、考官和教练，但我最关心的是父母锒铛入狱后，那些孩子会怎么想。不可否认的是，这件事会给她们留下沉重的心理阴影。首先，她们会认为考上一所好大学比任何事情都重要。但是，这个观点过于片面，而且会加重青少年的焦虑情绪。其次，父母不应该依仗自己的权势或者财富为所欲为——强行把女儿塞入名牌大学只会贬低她的自我价值。最后，一个谎言需要无数个谎言弥补。为了不露出破绽，女儿必须假装成另外的人，比如，成绩优异、多才多艺的尖子生，甚至是一个顶尖运动员。

如果你对女儿的未来感到焦虑，不妨先让自己冷静下来。你可以试着提醒自己养育女儿的初衷，关心自己的生活，或者向信任的朋友寻求帮助，也许这样会让自己豁然开朗。但是，请不要试图掩盖你的焦虑。《家庭心理学》杂志刚刚发表的一项研究发现，家长在压抑焦虑情绪的时候，不仅会表现得冷漠疏离，而且会把这种压力传递给青少年。

如果你仍然放心不下，坚持要插手女儿的生活，那请想想这个问题：现在不试着放手，那你打算什么时候放手？你打算在她上大学，甚至大学毕业后一直事无巨细地照顾她吗？在与大学院长和招生人员交谈时，他们告诉我，有些新生家长会替孩子选舍友、查成绩、关心孩子的情感状况，甚至会给大学辅导员打电话，擅自改变孩子选择的专业。《福布斯》显示，在用人单位提供的数据中，31%的家长以学生名义投递简历，26%的家长主动恳请他们录取自己的孩子；还有的家长会打电话替成年子女谈论薪水问题。现在的年轻人不仅要带着父母去面试，还会要求人事把聘用合同寄回父母家。请回忆一下，你当初找工作的时候，你的父母有这样做吗？

想要让女儿知道自己是一个成熟、独立、能干的年轻女性，你就必须下决心避免过度养育，只做自己该做的事情。这样，你的女儿也有锻炼自己，培养以下十种技能的机会：

1. 压力管理能力

父母的关键任务就是培养青少年的抗压能力。事实上，短暂、适量的压力可以帮助青少年成长。她会为了一次期中考试埋头苦读，也会绞尽脑汁地准备一次惊艳的课堂演讲。在考试的过程中，压力会促使血液大量涌向大脑，这可以让她保持清醒的头脑与冷静的思维。

但是，长期压力过大会带来严重的不良影响。压力持续的时间越久，你的孩子就越有可能变得不堪重负、筋疲力尽和意志消沉。压力过大还会带来失眠等一系列问题，不仅影响孩子的学习状态，还会危害她们的身体健康。身体炎症和免疫力下降会增加患抑郁症、心脏病、糖尿病、某些癌症、肠易激综合征和其他胃肠道疾病的风险。

作为父母，你应当关心女儿的日常生活，察觉她的压力，主动帮她减压。研究人员以 9~17 岁的青少年为研究对象，观察他们的情绪、身体健康症状和皮质醇水平（皮质醇是一种压力性激素。面对危险时，它可以协调身体作出逃跑或搏斗反应）。研究发现，压力会带给青少年更多的负面情绪。这个结论在意料之中，但是你不知道的是，父母的态度也会影响青少年的情绪。如果家长的神情冷漠、寡言少语，那即使孩子根本没什么压力，也会产生更多负面情绪和更高的皮质醇水平。

家庭教育方式在很大程度上会影响孩子的神经发育。哈佛大学的儿童发展中心表明，一段安全、稳定、贴心的亲子关系可以减轻压力的危害。

生活中，其实很多时候你都在"过度养育"。比如，有时孩子要熬夜写作业，你会忍不住晚睡一会儿"帮助"她。看似她是在你的指导下写作业，其实是你在替她写作业。再比如，当女儿没写完作业时，母亲会给老师发邮件解释。虽然母亲的本意是帮女儿减轻痛苦，但从长远的角度看，这种做法会让她产生依赖心理与逃避心理。

无论是现在还是将来，母亲都应当适度参与女儿的生活，鼓励她找到有效应对压力的方法。以下是一些小建议：

- 问问她最近感觉怎么样，压力大吗？压力的主要来源有哪些？
- 她能否减轻自己的工作量和/或日程安排？哪怕只是暂时放松一下？
- 建议她制订一个待办事项清单。将待办事项按照优先级排序，每完成一项任务就划掉一项。
- 孩子的身体健康与心理健康远比学习成绩更重要。作为家长，你必须保证她的营养充分，睡眠充足，做好后勤保障工作。
- 让她试着每隔两三天就早睡15分钟，慢慢养成早睡一小时（甚至更多）的睡眠习惯。
- 寻求别人的帮助，比如她的学校指导顾问、导师、老师、辅导员、家庭成员或教练。
- 和她讨论解压的方法，比如运动、散步、健身、跳舞、武术和跑步。体育锻炼可以产生脑源性神经营养因子（BDNF），从而改善心情，提高抗压能力。（请注意：竞技体育有时反而会加剧女孩的压力，所以请谨慎鼓励她参与竞技体育。）
- 和她一起头脑风暴，列举出女孩认为最放松的活动，比如听音乐、做饭或烘焙、撸狗、祈祷、洗澡、冥想、创造性写作、编织、打盹、做手账或写日记。把这个清单贴在显眼的地方。

- 鼓励她参加社交活动。这听起来有违常理,你可能会想,明明她该做的作业都没时间做,怎么还让她出去玩呢?但是,研究表明,和同龄人互动可以降低皮质醇水平,提高神经营养因子水平,从而帮助女孩缓解压力。

- 鼓励她每天微笑。睡个好觉,开怀大笑,这些都是保持心情愉悦的秘诀。你既可以面对面逗她开心,也可以让她看一些搞笑视频。微笑比巧克力更能刺激多巴胺的分泌。是的,你没看错。

🌱 2. 情绪调节能力

父母应当帮助女儿培养良好的情绪调节能力,积极应对负面的情绪与处境。也就是说,家长要避免成为疏离型父母与过度参与型父母。疏离型父母通常会忽视孩子的情绪波动,把痛苦、难过、崩溃等负面情绪都留给孩子一个人承受。而过度参与型父母则时刻关注孩子的一点一滴。只要孩子表露出一点失落或无助的情绪,家长就会立刻挺身而出,帮她扫清所有烦恼。可是,如果父母都无法妥善管理自己的情绪,又怎么能给女儿树立良好的榜样呢?疏离型父母与过度参与型父母分别处于两个极端,都不利于青少年培养良好的心理承受能力和战胜负面情绪的信心。

其实,适度参与孩子的生活,反而会产生事半功倍的效果。适度参与可以帮女孩认识、分类、排解与疏导自己的情绪。拉奎尔发现,当她的女儿(13岁)变得乖戾、偏激和暴躁时,最好的解决方法就是不采取任何行动。等女儿发泄完毕,她会自己慢慢冷静下来。"当然,如果她的行为实在过分,"拉奎尔继续说道,"我会告诉她,在冷静下来之前,我拒绝和她沟通。"

在女儿冷静下来后,母亲可以站出来表达自己的理解与关怀,同时温柔地鼓励她自己走出困境。以下方法将引导母亲适度参与女儿的生活,帮助女儿管理自己的情绪。

不能有求必应

在初高中阶段,女孩有时会恳求妈妈把自己从学校接回家。此时,妈妈会处于左右为难的境地。一方面,女儿把你当作求助对象,你感到受宠若惊,不愿意辜负她的期待。另一方面,你心里清楚她必须独立分析和解决问题,不能事事依赖家庭。这两种声音在你的脑海里不断碰撞。理智告诉你不能接她回家,必须锻炼她的心理承受能力。可是母性的本能又让你于心不忍,觉得不该把女儿一个人留在痛苦的深渊里。

其实,适度参与她的生活,不是完全不闻不问。除了接她回家,你还可以向她了解相关情况、倾听她的抱怨、同情她的遭遇、鼓励她解决问题,询问她到目前为止想到了哪些解决方案。如果她的情绪激动,大脑一片空白,你也可以给她提供几个方案,看看她更愿意采纳哪一个?哪位老师可以帮忙?让她仔细回想一下,之前是怎样处理类似情况的。当被迫留在学校里,她会发现原来自己有能力处理好这些问题。

女儿:妈妈,我今天过得特别不好。我想让你接我回家。
不要说
妈妈:不行。我要出去吃午饭了。而且,学生就应该待在学校里,回家干吗。

或者

妈妈：没问题，宝贝！等我穿件外套就立刻就去接你。

相反，你可以试着说

妈妈：宝贝，妈妈知道你今天遇到了很多糟心事，很难过。你可以在电话里和我聊聊天，告诉我今天都发生了什么吗？

女儿：我不要，我只想回家。求您了，我不想待在这里。

妈妈：亲爱的，我知道你很难过，但是，你可以寻求班主任老师或心理医生的帮助。你想和谁聊一聊？我相信你可以战胜困难。

或者

妈妈：我也不忍心看到你这么难过。等你放学回家后，我可以陪你聊聊天。但现在，你可以打起精神，坚持上完今天的课程吗？

拓宽她的情感词汇

当十几岁的孩子愤怒、哭泣或者高度情绪化的时候，母亲可能会感到沮丧或者不知所措。疏离型父母完全不在意孩子的情绪。往好了说，这是一种轻视的态度；往坏了说，这剥夺青少年表达情绪的权利。斯嘉丽（17岁）说："我分手后特别难过，正当我躺在床上痛哭流涕的时候，我妈妈走进来对我大吼大叫。'你有什么好哭的？'她说，'你过得比我好多了！'她说得我更难受了。"

过度参与型父母也会影响孩子的情绪表达能力。母亲应当和女儿保持恰当的情感距离，不能过于共情女儿的遭遇。否则，当情绪压过理智时，母亲很容易作出冲动的决定，比如训斥女儿的好友，和女儿强行沟通或者直接去和其他父母对峙。

因此，母亲最好适度参与女儿的生活。除了聆听她的倾诉，理解她的感受，母亲还可以引导烦躁的女儿认识和表达自己的情绪。"能命名它，就能驯服它①"，这句经典心理学格言至今仍然适用。但是，除了难过、生气或高兴，一个十几岁的女生必须学会用更多其他词汇描述自己的情绪。事实上，新的研究表明，那些不擅长辨别和表达情绪的年轻人，在经历压力后更容易呈现出抑郁症状。

准确识别自己的情绪，可以帮助你的女儿认识自己，有效表达自己的需求。请扩展她的情感词汇，比如：

负面情绪词汇

沮丧	焦虑	困惑
侮辱	担心	难过
轻蔑	质疑	生气
害怕	绝望	愤怒
嫉妒	震惊	自我批评
优越感	激怒	惊讶
冒犯	讨厌	无聊
泄气	受伤	不满
激动	孤注一掷	拒绝
厌恶	不相信	怀疑

---

① Name it to tame it：心理学家丹·西格尔（Dan Siegel）博士创造了"命名以驯服它（name it to tame it）"这个短语，它描述了命名一种情绪会向我们大脑中令人担忧的部分发送舒缓信号。

轻视	失望	不耐烦
可疑	空虚	害怕
将信将疑	优柔寡断	无助
惊恐	沾沾自喜	痛苦
寂寞	负罪感	

不要害怕无聊

女孩们在独处时常常会感到无聊。把她们单独放在安静的空间里，混乱的思绪和痛苦的感觉会纷至沓来。疏离型母亲往往会忽视女孩的内心状态，而那些过度参与型父母则会强迫女儿参加各种课外活动（特别是功利性活动），以免女儿感到无聊或者荒废时光。

其实，当你鼓励她自由支配时间时，你已经认可了独处的重要性。所以，不要害怕她无聊。在安静的个人时间里，她可以自我反思，培养自我意识、创造力、问题解决能力和其他个人素质。合理高效地利用空闲时间，可以帮她找到终身的兴趣爱好。因此，要想提高女儿的情绪适应能力，必须给予她适当的休息时间。

为了激发学生的想象力和创造力，中学美术老师会使用各种方法鼓励学生安静地思考。除了听励志短文、练习瑜伽和进行正念练习之外，老师还会要求学生仔细地观察周围的环境。当她们在走廊和教室外面散步时，她们能听到什么？能听到鸟叫吗？想象一下，如果她们身处海滩，环顾四周，她们能看到什么？听到、闻到和感觉到什么？

当她在家的时候，你可以建议她列出感兴趣的活动，用于打发无聊的时间。她可以写歌作曲、放飞思绪、练习乐器或做伸展运动；她也可以写诗、写博客、画素描、写信或写日记。除了消磨时光，这些活动还可以帮她识别和管理自己的情绪、减少焦虑心理和延长专注时间。

鼓励孩子给自己"充电"

在心理治疗的时候，我常常建议青少年放学后先花 20~30 分钟的时间放空自己，之后再开始写作业。对此，她们感到不解与困惑。女孩们抗议道："可是，如果我躺在床上盯着天花板，回想白天发生的事情，我妈妈会生气，她会骂我做事拖拖拉拉。"

有关研究证明，自控力是一种有限的资源。白天在学校里，女孩们必须集中精力，遵守课堂规则，压抑自己的本性，因此，她们的自控力会被消耗殆尽。所以，在放学后不要让她立刻写作业，先让她好好休息一下，恢复补充自控能力。这样，她可以延迟满足，抵制诱惑，把注意力都集中在作业上。

3. 问题解决能力

极端的育儿方式不利于培养孩子的问题解决能力。在她遇到困难时，家长既不能冲过去帮她解决所有问题，也不能袖手旁观，放任她消极地接受现实。无论她是在友谊、学习、社交媒体，还是课外活动遇到了困难，你都可以适度参与她的生活，和她一起试着分析问题、头脑风暴、推演结果和找出最佳解决方案。

米里亚姆（16 岁）告诉我："我遇到一个大麻烦，不知道该怎么办。我之前答应为学校的志愿者俱乐部组织一次活动，可是现在时间冲突了。

首先，我最好的朋友本该和我一起组织这次活动，可是她放了我鸽子，留我一个人。其次，老师刚刚布置了一份25页的研究报告，差不多就是同一个时间交。"现在请仔细想一下，如果你女儿带着这个问题来找你，你会怎么回应她？

女儿（泪流满面）： 妈妈，我压力太大了。我答应学校要组织衣物捐赠活动，可是真的没空了。如果我临时退出，所有人都会生气，他们再也不会相信我了。我该怎么办啊？

不要说

妈妈： 我早就告诉过你要量力而行！你怎么从来不听我的？

或者

妈妈： 行了，从现在开始，你必须一切都听我的。首先，给社团的指导老师发邮件，按照我说的这样写……

不要一味地指责她，也不要给你的女儿发号施令，你可以通过提问的方式引导她自己思考和解决问题。在她提出各种解决方案的时候，你要倾听她的提议，尊重她的想法。就算某个方案有问题，你也不要直接否认她，而是应该让她自己找到计划的漏洞。

你可以做以下尝试

女儿（泪流满面）： 妈妈，我压力太大了。我答应学校要组织衣物捐赠活动，可是真的没空了。如果我临时退出，所有人都会生气，他们再也不会相信我了。我该怎么办啊？

妈妈： 我知道你现在压力很大。现在，我们来一起想办法解决这个问题。目前为止，你有什么想法吗？

或者

妈妈：我们可以一起头脑风暴，找到合适的解决方案。现在，无论你想到了什么，都可以大胆地说出来，我不会笑话你的。

或者

妈妈：你觉得学校里谁可以帮你解决这个问题呢？

或者

妈妈：我记得你高一当过副班长。当时不也发生过类似的事情吗？虽然花了些时间，但你当时找到了合适的解决方案。你现在可以借鉴当时的方案吗？

米凯拉就借此机会，给女儿塔蒂娜（15岁）上了宝贵的一课。塔蒂娜告诉妈妈自己最近遇到一个问题，不知道该怎么办。她的化学测验分数显示是93分，但其实是老师算错了，实际应该是83分。塔蒂娜很想考93分，她一直都很努力，考试发挥也很好，可是这93分却让她高兴不起来。在和女儿沟通之前，米凯拉和我说："我意识到，塔蒂娜从这次经历中学到的东西，远比在一次考试中拿高分更重要，所以我首先询问了她的想法。"

米凯拉没有给塔蒂娜任何建议，也没有把自己的价值观强加给她，而是鼓励女儿自己解决这件事情。最后，塔蒂娜意识到如果不告诉老师这件事，自己会受到内心的谴责。第二天，她早早地去学校和老师说明情况，之后，鼓起勇气问老师有没有什么可以证明自己能力的方法，她认为自己不止可以考83分。最后，老师让她再看一遍自己的试卷，如果能证明自己的知识面更广，那她可以保留93分的成绩。

这次经历给塔蒂娜上了非常重要的一课。首先，当她在纠结怎么处理这件事的时候，她明确了自己做人的底线。其次，她知道自己不愿违背这条底线。最后，她发现一个虚假的 93 分并不能带给自己快乐。

4. 自律与自控力

自律的女孩更擅长管理行为、维系人际关系、实现个人目标。要想练习和掌握这项技能，她们既需要大人的引导，也需要合适的时机锻炼自己。在放养式教育模式下，无拘无束的青少年可以做她们想做的任何事情。也因此，即使她们接触到冒险和自残的行为，也不会强迫自己去做违背意愿的事情。

而有的女孩则受到父母的过度保护。在父母的严格监管下，她们失去了考验判断力和磨炼自制力的机会。玛丽告诉我："现在的孩子都太开放了，女儿也不认同我的价值观。我是一个观念传统的妈妈，我们绝不允许林恩放学后去市中心过夜。谁知道这些女孩会不会去找男生呢？我不相信一个 15 岁的孩子能拒绝从众心理，做出正确的选择。"

我知道，妈妈只是想保护女儿的安全。但是，如果林恩完全没有体验过典型的高中生活，那你怎么能指望她学会应对意外的情况呢？另一位妈妈安德里亚告诉我："有一天我问我女儿有没有喝过啤酒。她说，'妈妈！我才十七岁，还不能喝酒。'我对她说，'我想让你提前了解这些。这样你上大学之后，就不会因为好奇把自己灌得酩酊大醉。'"

强烈的控制欲则可能会激发女孩的反叛和抗争心理。乔乔和我说："我的父母非常严厉，甚至严厉到有点'变态'了。不管我和同学玩得多么开心，他们从不允许我在外面过夜。朋友都可以留下来玩，只有我必须在十一点之前回家。我试着和他们讲道理，可是他们根本听不进去。他们也说不清为什么这么严厉，只是觉得我是个让人操心的孩子。现在，我也确实如他们所言，变成了一个'问题少女'。"

随着女儿一天天长大，她的需求在不断变化，你必须随之调整自己的教育方法。这样，她会慢慢摸索行为的边界，从而约束自己。比如，在她蹒跚学步的时候，你只会在下午给她几块饼干解馋，而不会在晚饭前让她吃一大盒动物饼干。假设你和女儿之间有一条无形的细线，当她犯错时，你就收紧这根细线；而当她懂得自我约束时，你就慢慢把主动权交还给她。这样一松一紧间，你的女儿会逐渐学会管理自己。

这种方法到现在仍然适用。首先，你要知道什么事情在她的掌控之内，什么事情在她的掌控之外。她想要自由，就必须展现出相应的能力。这并不是说你必须在她忘记做家务、没照顾好弟弟妹妹或者缺乏安全意识的时候惩罚她。但是，这些小错误表明，她还需要提高自己的责任意识和观察能力。

当然，身为人母，你肯定不希望女儿和喝酒、抽电子烟、生活不检点的同龄人相处。但是，你可以在尊重家庭观念的同时，给孩子一片自由的天地，让孩子去闯荡世界，磨炼成熟的心智。有些母亲支持这样的观点，她们说："当与其他家庭的价值观念产生冲突时，我们会主动和孩子探讨这件事，并且试图强化我们的家庭观念。""我们经常在一起聊天。我会问她，'这种情况下，你会怎么办？'"

女儿：妈妈，我朋友凯文周五晚上邀请了几个朋友去他家。我可以去吗？

不要说

妈妈：不行，我不同意。我不认识凯文和他的父母。

女儿：这不公平。凯文和他爸爸妈妈都非常友善。我已经16岁了，你不认识我朋友的父母很正常。所有的朋友都要去，只有我被困在家里，什么都不能干！这样下去，我都没有自己的社交生活了。我讨厌这样！

或者

妈妈：当然不可以！你现在年纪还小，不适合参加有男生，还有人喝酒的派对。你想什么呢？你明知道我和你爸爸不会同意的。

女儿：你还是把我当成一个小孩子！这太可笑了。你就是想让我待在家里，每天过着枯燥乏味的生活。你太过分了！

相反，你可以试着说

妈妈：可以多告诉我一些派对的情况吗？

女儿：凯文的妈妈让凯文邀请五个好朋友，所以到时候除了我，还有两个女生和两个男生。我们打算一起看那部最新的恐怖电影。他父母会一直陪着我们。

或者

妈妈：我们先假设一下，到时候会发生什么。你们会喝酒吗？

女儿：应该不会吧。但是也不一定，我也不知道。无所谓，反正大家都喝酒的话，就没什么大不了。

妈妈：你喝过酒吗？

女儿：我在派对上试过几次。

妈妈：你觉得怎么样？

女儿： 我不喜欢酒的味道。

妈妈： 你能这么想我就放心了。那如果大家都喝醉了，邀请你一起玩喝酒游戏，你会参加吗？

女儿： 我会直接说不想玩。

妈妈： 但是唯一一个说"不"的人要承受很大的压力。你有没有别的方法？

女儿： 那我就说对酒精过敏。

妈妈： 这个可以。你也可以把责任推到我们身上。你可以说我们非常严厉，只要在你身上闻到一点酒味，那你成年之前都不能再参加任何聚会。或者你可以说你第二天要参加足球训练，如果你没精打采的，教练会大发雷霆。

女儿： 嗯呐，听起来都不错。

妈妈： 如果发生你意料之外，或者让你不舒服的事情，你会怎么办？

女儿： 比如呢？

妈妈： 酒精会麻痹人的神经，让人们做一些出格的事情。如果你的男性朋友和你搭讪或者触碰你的身体，但是你不喜欢，你会怎么办？

女儿： 妈妈，我自己能解决这些事情！

妈妈： 当然，如果你能自己解决就最好了。我之所以问这些，只是想保证你的安全。记住，如果你感到不舒服，就发我们约定好的暗号。爸爸或者我会立刻去接你，我保证不会问多余的问题，也绝对不会惩罚你。

在女孩具备明辨是非的能力之前，她需要先体验失误、犯错和失望的感觉。因此，你必须让她亲自尝试一些挑战性的活动。等碰壁之后，再给予她温暖的怀抱，带她走出失败的阴影。

俗话说，吃一堑，长一智。失败的过程其实是在积累学习的经验。如果你的孩子从来没有徒步旅行的经验，你怎么能指望她一次就登上乞力马扎罗山？你要结合实际情况，耐心指出她的问题，期待她一点点纠正自己的行为。最终，她会蜕变为一个自律、强大、成熟的女孩。你不用操心她的学习，也不用担心她做一些离谱的事情。

在写这本书的过程中，我采访了一位17岁的女生。她建议父母给青少年提供自由成长的空间，她说："父母要让青少年自己了解这个世界，了解不同的观点。这样，她们长大后才不会不知所措。"

5. 责任与义务

要想培养女孩的责任心，你就必须让她承担力所能及的责任。她要学会迎接挑战，掌控生活并且为自己感到骄傲。如果做错事情，不要给她找借口，也不要打压她的自信心，要让她承担自己的责任。同样，如果她违反了校规或者家规，也必须承担相应的后果。如果同学朋友都对她不满，她就要学着与人相处，维持良好的人际关系。

你要教会她自己承担责任，而不是时刻跟在她身后，帮她收拾烂摊子。如果她自己打乱了应有的计划，比如等到上班后才让你帮忙修改她的作文，或者在你睡眼惺忪的时候告诉你她需要打印纸，此时，你不要立刻帮她解决问题。等她吃过几次亏后，她才能学着把生活安排得井井有条。

罗斯林分享了她和女儿（15岁）之间的趣事："前几天，埃琳娜本来要参加曲棍球队晚宴，但她没去，因为没有合适的衣服。晚宴的前一天晚上,她想让我带她去商场买衣服,但我拒绝了她的请求,因为就在两周前,我问她需不需要买东西的时候,她斩钉截铁地告诉我什么都不需要。"面对苦苦哀求的女儿,许多母亲都会心软。因为她们觉得女儿辛苦参加了一个赛季的比赛,如果错过球队晚宴会非常遗憾,况且商场也不是很远。

但罗斯林的立场非常坚定。"我通常会让步,"她承认,"但这一次,没什么好商量的。我不会在辛苦工作一整天后再带她去买衣服。上一次我们逛商场的时候,我就提醒过她不会再带她来买东西了。既然她当时觉得自己不需要买衣服,那就必须承担这个后果。"罗斯林很清楚地告诉埃琳娜:"我也有自己的工作与生活,不可能永远迁就你。"

其实,不穿新衣服也可以参加晚宴,但埃琳娜直到晚宴结束才想明白这一点。当听说队友们玩得很开心时,她可能也意识到,只要能和朋友待在一起,穿什么衣服并不重要。

6. 虽败犹荣

为了不让女儿出任何差错,有些父母恨不得24小时护在女儿身边。和大多数家长一样,你希望女儿能一夜之间变得品学兼优、自信大方,在学校里成为众人夸赞的佼佼者。但事实上,你要先教会她如何面对失败,从失败中汲取经验。

在成长路上,你的女儿不可能一帆风顺——没有取得梦寐以求的演出角色,没有成为精英球队的一员,错过了期待已久的实习机会,被暗恋对象拒绝或者没有被心仪的大学列入候补名单。在这些时候,她都会感到失望。要想应对成长过程中大大小小的挑战，她必须先接受失望的情绪。

泽尔达有一个独生女儿摩根（15岁），她担心丈夫对摩根的过度保护不利于摩根成长。她说："我的丈夫想替摩根扫除一切挫折与困难。他会在摩根犯错之前阻止她，可这样摩根就失去了试错的机会。我试着告诉他，'你的教育理念有问题。'我希望摩根可以从错误中吸取教训，因为失败是成长的必经之路。"

尽管挫折往往伴随着痛苦，但如果她能振作起来，重整旗鼓，直面失败，这种积极的心态会使她受益终生。在逆境之中，她还能学会苦中作乐，发现生活美好的一面。此外，父母应当给予她无条件的信任与支持。要让她明白，哪怕搞砸了一切，你们也会包容、接纳她。这种心灵的慰藉可以支持她勇敢追逐梦想，不惧失败。

母亲的经验与阅历可以很大程度上帮助女儿成长。当今社会，成功的标准越来越严苛，一个微小的瑕疵甚至会造成一生的影响。因此，女孩需要父母帮忙判断什么重要，什么不重要。作为理性的旁观者，你可以在她演出失误、考试失利或者社交受挫的时候给予她关怀与鼓励。

因此，你要先确保自己在女儿面前不会流露出焦虑的情绪。当她遇到挫折时，如果你能保持冷静理智的态度，她也会像你一样冷静地看待问题。她希望你能接受她的不完美，知道成功之路充满了挑战。哪怕她一直谨小慎微，也不能保证万无一失。你要永远爱她，支持她，鼓励她勇敢地向你寻求帮助。

所以，当她犯错的时候，你不要责怪她。你可以温柔地告诉她失败是成长的一部分。她不是一个完美无缺、屡战屡胜的人，但那又怎样？只要她坚持做自己，做最好的自己，这就够了。失败不过是一个培养问题解决能力和自信心的机会。

伊维是四个孩子的妈妈。她告诉我："我从不干预孩子的生活。去年在学期末的最后一天，我收到一封电子邮件。在信中，老师建议我女儿留级，因为她的数学期末考试不及格。我不敢相信会发生这种事，她的成绩向来很好，从来没有低于 80 分。但我没有给学校打电话，也没有因为这件事和她发脾气。她必须自己想清楚该做什么。"

你也可以鼓起勇气，给女儿讲述自己失败的经历。你可以告诉她那个时候你以为天都要塌了，可是事情并没有你想象得那么糟糕。当你给她讲述自己年轻时的糗事时，她会发现原来自信、优雅、无所不能的妈妈，也曾经有过笨拙、天真、莽撞的一面。这样，她会对自己的未来充满信心。

🌱 7. 学会与上级相处

当女儿遇到严厉的大学教授、实习主管或办公室主任时，你是想看到她不卑不亢地和上级相处，还是被吓得战战兢兢，大气都不敢出？如果你不想让她变成一只任人宰割的小绵羊，那么从现在开始，你就要让她独立解决和老师的矛盾。她觉得社会学老师故意给她打低分？她觉得导师不好相处？她认为班主任对她有意见？这些事情，统统都交由她自己解决。

你要知道，社会远比学校更残忍。未来的某一天，你的宝贝女儿可能会遇到讨厌的同事、经理或主管。对她来说，现在正是锻炼人际交往能力的宝贵时机。在和不同老师相处的过程中，她不仅能学会该怎么和讨厌的人沟通，也知道该怎么处理一段麻烦的人际关系。

首先，你要了解孩子的想法。那些大人都说了什么？在这段紧张的关系里，她扮演了什么角色？作为旁观者与倾听者，你可以帮女儿梳理思绪、整理想法，继而推导出合适的解决方案。什么因素可控，什么不可控？她怎样才能改善当前的局面？

有时，你要让她明白妥协的重要性。面对那些讨厌的上级，她不可能永远选择逃避。在工作领域，她可能会遇到不好相处或者人品低劣的上司。随着时间的推移，你的孩子会发现，保持开放包容的心态可以让她跳出偏见，从大家身上博采众长。当不能改变别人时，她可以试着改变自己，最终会有意想不到的收获。

8. 争取自己的权益

有时，女孩的确会遇到能力范围之外的问题。当她向你求助的时候，你不要头脑发热，把所有事情都揽到自己身上。你只能给她提供适当的帮助，鼓励她自己争取利益。她有没有明确的目标？有没有做好充分的准备？能不能自信大方地表达自己的诉求？要不要提前写好稿件，在家多排练几次？你要做的是帮助孩子清晰、简洁、有力地表达自己的观点。

当然，现实生活中有各种各样的干扰因素，有些家长甚至会要求你和她们一起"管孩子"。但越是这样，你就越要坚定地扮演"指导者"的角色，让孩子学会自己争取合理的权益，而不是替她包揽一切。

　　罗伯塔是尤兰达（14岁）的母亲。她说："学校里换了一位数学老师，几乎所有家长对这位新数学老师都不满意，但我不想掺和这件事。在我看来，除非老师体罚、虐待学生，其他的事情都可以交由学生自己处理。可是其他妈妈坚持认为我们必须团结起来对抗老师。后来我征求了尤兰达的意见。她说她不希望我插手这件事，她长大了，可以自己处理和老师的关系。听到她这样讲我很欣慰，这证明我的教育没有失败。"

　　根据"个性化教育计划"（IEPs）或"504计划"规定，一些有特殊心理或生理障碍的学生有资格延长考试时间。但是，当老师忘记这件事时，很少有学生能主动要求老师延长自己的考试时间。姗娅就想借此机会，让女儿（16岁）学会争取自己的合法权益。她说："迈雅的老师总是忘记给她延长考试时间，但迈雅又不敢和老师讲，她希望我能替她和老师沟通。但是，如果我帮她做了这件事，她的成长就缺失了非常重要的一课。所以我让她自己给老师发一封邮件，同时把邮件抄送给我。这样，老师就知道我在默默支持迈雅维权。"

　　你要鼓励女儿做一个坚定的维权者。在这件事情里，只有她才能准确表达自己的诉求。正如姗娅对迈雅所说："比起家长的干涉，老师会更在意你的意见与想法。对他来说，你的观点尤为重要。当然，我们也会给你必要的支持，但父母只是你维权的砝码，我们永远不能替你做这件事。"

　　和父母、老师、教练相处都畏畏缩缩的女孩，在其他成年人面前更不敢表达自己。作为一名心理咨询师，我遇到的大多数孩子都会拜托父母传达她们的想法。但达拉告诉我:"黛比(14岁)想终止心理治疗,又不敢跟你讲。她想让我替她给你打电话,但被我拒绝了。我让她亲自和你沟通。"于是,黛比在接下来的心理治疗中提出了自己的想法。我给她分析了终止治疗的利弊,并且留给她一段思考的时间。不久之后,达拉给我发来电子邮件称,"黛比今天告诉我,在'现在和可预见的将来',她还想继续接受心理治疗。"

9. 生活技能

青少年离开家之前,必须具备基本的生活技能。然而,现在的孩子都在家长的溺爱中长大,从小十指不沾阳春水。小学老师和初中老师都和我抱怨,家长把难题留给了他们。现在,他们要花大力气来纠正学生的问题。

玛德琳主要教学龄前的孩子画画。她解释说:"现在的孩子从小就在平板电脑上绘画。他们不会用蜡笔涂色。首先,我要教他们区分用力按和轻轻按。如果他们力气太小,握不住蜡笔,我还要教他们站起来借助身体的力量按压蜡笔。他们连常识都不知道。"

同样,玛德琳说:"现在的孩子都不知道剪刀怎么用,因为家长害怕孩子被划伤。而且,他们每天都躺在床上,除了爬行时需要手臂支撑,其余的时候手臂都垂在床上,缺乏基本的肌肉锻炼。还有,现在的小孩只需要在平板电脑上轻轻一点就能找到想要的东西,很少进行挖土和捡放物品等活动。这样,他们不仅缺乏精细运动技能,而且手臂纤弱无力,容易疲劳。"

在父母的过度溺爱下，这些"巨婴"即使成年，也缺乏基本的生活技能。一个同事说："我侄女是个 19 岁的大学生，她上大学期间仍然住在家里。我嫂子每天要叫她起床，给她做早餐，帮她洗衣服。如果偶尔这样，也情有可原，可是她每天都这样！这个年龄段的孩子已经有能力照顾好自己了。她们必须学习一些基本的生活技能。"

所以，你必须让女儿分担一部分家务并且让她意识到自己的责任和义务。除了教会她基本的生活技能，做家务还可以锻炼她统筹安排的能力。但是，你千万要小心这些古灵精怪的丫头。我就被我的女儿骗了很久。之前，她们会拿写作业当借口，说自己完全没空做家务。但是现在，我会毫不留情地告诉她们，"十分钟就能洗完碗，不会耽误你的学习。你越早做完家务，就能越早开始写作业。"

埃西想让女儿学着做家务。"但她的父亲非常宠溺她，总想着帮她做完所有事情，"她说。"每次看到她堆在一起的脏衣服，我都必须一遍遍告诉自己，'不行，你要忍住，不能替她洗。她必须学会自己洗衣服和收拾家。'我会告诉女儿，'去把你的衣服洗干净。我不会跟着你上大学，所以你现在必须学会自己洗衣服。就算你拖到晚上十点，你也必须洗衣服。"

与其让女孩参加繁重的补习班和勤工俭学，不如带她体验丰富的现实生活。除了做家务之外，她还可以跟随导师做项目，在感兴趣的领域实习，参加暑期工作与志愿服务，从中学习责任精神。

如果女孩对这些活动都不感兴趣，你就要引导孩子找到自己的爱好。注意，是引导，不是唠叨，更不是强迫。在这件事情上，朱迪斯做得很好。她巧妙地帮女儿设定了一个目标，并且支持女儿将想法付诸实践。

"她想给自己找一份合适的暑期工作。她在基督教青年会工作,但工作时间不足 40 小时,她还想攒大学学费。所以我建议她再考虑考虑、理清思路,这周末我们打算好好聊聊。"

10. 情绪弹性

总的来说,以上九种技能加起来就是所谓的"情绪弹性"。情绪弹性的范围很广,包括抗压能力、自我认知能力、情绪管理能力、问题解决能力、自控力、责任心,还有设定合理目标,维护合法权益、培养生活技能的能力。这些技能对孩子的成长都非常重要。

额外收获

当你从女儿的生活中抽身出来,慢慢从参与者变成旁观者时,你能感受她的成长与蜕变。你不仅会收获一段亲密、温馨的母女关系,还能发掘自我的意义与价值。要知道,过度参与不仅伤害了孩子,也伤害了母亲。

研究表明,那些把人生价值寄托在孩子身上的女性更容易失眠、焦虑、痛苦、缺少快乐和个人满足感。而且,当母亲把精力集中在孩子身上时,会忽视身边的配偶或伴侣。随着孩子占用越来越多的时间,再加上父母双方在孩子的抚养问题上出现分歧,一段亲密关系很容易遭受毁灭性的打击。

此外,过度介入孩子的生活也会占用母亲自己的时间。她们没时间关注自己的业余爱好和减压活动，也很少与朋友、家人和社交圈来往，失去了重要的情感支撑。所以，你要为女儿树立良好的榜样，做一个健康生活、自我关爱的人。

自测表

☐ 当女儿没有拿到心仪的演出角色时，你会比她更失落吗？

☐ 你会了解她朋友的学习成绩吗？

☐ 当女儿没有被选为三好学生时，你会发火吗？

☐ 当女儿受邀参加舞会时，你会担心到失眠吗？

☐ 当她被朋友欺负的时候，你会给她朋友的父母打电话吗？

☐ 在她参加乐团或合唱团试镜前，你会了解面试相关信息吗？

☐ 你会计算她的分数排名吗？

☐ 当你看到地板上有一张纸，在不确定女儿是否需要的情况下，你会立刻把它给女儿送到学校吗？

☐ 你会不会额外支付高昂的补课费，让她学习奥数？

☐ 如果你对她的论文不满意，会替她重写吗？

☐ 当女儿被学校处分时，你会给学校管理人员打电话申诉吗？

☐ 你会不会把自己的写作灵感写下来，贴在女儿的门上？

☐ 为了拓宽词汇量，你会不会坚持让她学拉丁语，而不是她喜欢的法语？

☐ 你会不会要求她在课外时间阅读《安娜·卡列尼娜》等经典名著？

☐ 你和她的朋友聊天时，会不会问她们的考试成绩和目标院校？

☐ 当你的女儿违反交通法规时，你会不会四处托关系，以免她受到法律的制裁，或者人生沾上污点？

☐ 当她和朋友吵架时，你会不会站在她的门外，以防她难过或需要你的帮助？

☐ 当她外出郊游时，你会不会给她发短信，看她玩得怎么样，或者有没有想你？

☐ 你会不会趁她洗澡的时候，偷偷向她的朋友打探她的情感状态？

☐ 你会不会偷看她的手机，看看她有没有勇敢地回击骚扰她的女生？

如果你的行为符合上述大部分内容，那么你可能存在过度参与的问题。为了锻炼女儿的心理承受能力和生活技能，你必须减少对她生活的干预。

过度参与与适度参与的界限

过度参与	适度参与
下周一我会给你的老师发邮件。	你可以处理好你和老师的关系吗？
你写完作业了吗？	（沉默）或者 只要你写完该写的作业，我们就去买那双你喜欢的运动鞋。
为什么你现在不去做项目呢？	你的项目做得怎么样啦？
我认为黑洞是一个非常有趣的话题，你可以把它当作你的研究对象。	你认为什么话题最吸引人？
我觉得你需要上一对一的声乐课。	我知道你很喜欢唱歌。你想上专业的声乐课吗？
我再帮你做一个立体模型，这样你的作业就更完美了。	你的项目需要帮助吗？

续表

过度参与	适度参与
这个男生配不上你,你必须立刻和他分手。	当他和你说这些话的时候,你是什么感受?
我会帮你和老师解释的。	老师会不会因此扣你的分数?你有没有想过该怎么办?
我觉得你完全可以上高阶西班牙语课程。	你想不想上高阶西班牙语课程呢?
你今天早点去找人帮你?	怎样才能打消你的顾虑呢?
我不喜欢那个女生。	你觉得卡梅伦是个怎么样的女孩?
我知道你不喜欢那个化学老师,我会帮你换一节课程的。	你可以试着改善和金老师的关系吗?
你应该这样回复他的短信。	你打算怎样回复他的短信?

当你适度参与女儿的生活时,你会发现女儿更愿意采纳你的意见。有效沟通是健康母女关系的关键。在和女儿沟通的过程中,你的态度会感染她。当你耐心、真挚、清晰地表达自己的观点时,女儿也会认真地思考和接受你说的话。当女儿挑衅或者激怒你的时候,你要试着平复自己的情绪,避免引发进一步的矛盾。下一章重点介绍了沟通的技巧,可以有效提升沟通的质量。

第七章　有效对话 2.0
七种方式帮助你们更好地沟通

别指望女儿会主动和你沟通。你必须一遍又一遍地告诉她们，妈妈的怀抱永远向她们敞开。你可以说："宝贝，我知道你的压力很大，也知道你最近情绪不稳定。我只是想告诉你，我永远是你倾诉的对象。"当然，你必须做到言行一致。如果女儿鼓起勇气来和你谈心，你却大发雷霆，那她肯定会被你吓跑。和女儿沟通的时候，尽量不要表现出挑剔、生气或惊恐的情绪。

——基蒂（17 岁）

我的女儿已经是个不折不扣的青少年了。她既渴望独立，又不敢完全脱离家庭，所以她会不断试探自由的边界。因此，她不想告诉我的事情，我不会主动去问，也不会强迫她与我沟通。我尊重她的意愿，欢迎她随时找我聊天。在这种情况下，她反而更愿意对我敞开心扉。

——露丝，安娜（14 岁）的母亲

> 在放学回家的路上，如果我心情不好不愿说话，妈妈就会生气地训斥我。她认为我的坏情绪破坏了车里的氛围，这样的事几乎每天都在发生。可是我不喜欢被人吼，也不想每天放学后都接受一次盘问。
>
> ——依兹（15岁）

一直以来，如何与青少年沟通都是一个棘手的问题。无论你是在谈论国家大事，还是一些鸡毛蒜皮的小事，都可能触碰青春期少女的敏感神经。再加上不愿被父母干涉，所以她们几乎不会主动与父母沟通。一旦你试图与她们聊天，她们的大脑会立刻拉响警报，警惕提防你的一举一动。在她们看来，你说的每一句话，做的每一件事都别有深意。

因此，要想和她保持亲密的关系，你就必须学会与她高效沟通。其中，相互尊重、不加评判、互谅互让的对话是必不可少的。这也是为什么说：数字媒体的发展给这一代父母带来了新的机遇与挑战——这代年轻人很少采用面对面沟通的方式，这给父母增加了沟通的难度，再加上五花八门的聊天软件，父母真的不知道该选用哪种方式和孩子沟通。

本章将介绍一些实用的听说技巧，可以有效改善你与孩子的对话质量。在了解对话的基本常识后，本章还会讲述该如何与女儿讨论尖锐的话题，以及当女儿主动求援时，你要如何回应。此外，本章从青春期少女的视角出发，带你深入了解她们的想法，避开一些常见的沟通误区。

在与女儿的相处过程中，良好的沟通技巧是相互尊重、理解、关爱的前提。在这片沟通的沃土上，会开出"有效对话"的花，结出"信任依赖"的果，女儿会主动与你谈论一些敏感、重大的话题。

♣ 特别的母女纽带

诚然，沟通是所有亲密关系的难题，但是母女之间的沟通显得尤为困难。这是因为母女之间的情感是独一无二、热烈充沛的。不论什么年龄段的女性，在与母亲或者女儿沟通时，往往会产生最强烈的反应——既有正面情绪，也有负面情绪。换句话说，她们越是认可与依恋彼此，就越忍不住伤害对方。

因此，母亲与女儿会对彼此的语气声调和语言习惯尤为敏感。所以，有时她们会曲解彼此的意思，引发不必要的误会。很多女儿都不会对妈妈解释自己的想法，因为她们想当然地以为妈妈知道自己在想什么。可是，就算是最温柔、最体贴的妈妈也不会读心术。这种沉默必然会引发矛盾。

很多女性还担心争执会影响和谐的母女关系。有的母亲认为激烈的争辩是失败的象征，是不和的证据。而有的青春期女孩也不敢表达自己的负面情绪。这就是为什么许多母亲和女儿都在小心翼翼地回避争议性话题。但事实上，这种表面的和睦反而会带来更严重的情感危机。痛苦和失望的情绪会在心底生根发芽，慢慢开出黑色的花。

当蕾娜向我讲述她和母亲之间的矛盾时，她的声音明显紧张起来："我和妈妈的矛盾主要集中在驾照上。朋友都有驾照了，但是妈妈还不同意我考驾照。我告诉她想和朋友一起自驾游，我已经17岁了，有工作、能独立。可是妈妈还是把我当成一个小孩子。"

蕾娜对母亲的固执感到生气，也对《驾驶法》的刻板规定感到无奈：

"从来没有人讨论过这条规定在现实生活中的合理性。什么时候才能自己去考驾照？我不知道，也没有相关的明确规定。每次和妈妈谈论这个话题，最后都会不欢而散。妈妈会因为我的逻辑混乱而不满，会因为我闹脾气而生气。爸爸会因为我和妈妈吵架而生我的气。每次都这样。"

要想打破这种恶性循环，只能由母亲主动做出改变。母亲必须学会控制情绪、保持冷静，否则处在气头上的两个人根本没办法好好沟通。正如纳内特所说："在理想的乌托邦里，每个人都心平气和地交谈。一旦我提高嗓门，就会打破宁静的环境，造成两败俱伤的后果。"

所以，你可以抱着积极的心态来看待，把冲突当成你和孩子之间相互理解、相互沟通的桥梁。倾听彼此的心声，开诚布公地讨论双方的想法，求同存异，在达成共识的基础上寻找解决问题的方案。你还可以把母女之间的分歧当成一个谜题，运用你的灵活性和创造力来解决。

在这个过程中，女孩会了解处理问题的方法。虽然你们两个会争执、会生气，但你们最终会重归于好。你们永远不会停止相爱。事实上，适当表达不满的情绪有助于缓解紧张的氛围，消除你们之间的隔阂，拉近彼此的关系。所以，请勇敢地做出改变，满足彼此的要求，维系双方的关系。当你的女儿与朋友、未来的伴侣、同事、室友或雇主发生争执时，她也会参照你的方式来化解矛盾。

🍀 如何"沟通"

数字时代提供了多样化的沟通方式。给青少年发信息有哪些好处?什么时候适合打电话,什么时候不适合打电话?可以给她发电子邮件吗?什么时候应该面对面沟通?

首先,你要明确沟通的目的。你是希望她立刻回应你的问题,还是可以等她想好了再慢慢回复呢?你是想和她讲道理,还是要求她做什么事情?你只是想关心她的日常生活吗?最后,你应当尊重她的隐私吗?如果她和同学、朋友聚在一起玩,她必须立刻阅读或回复你的消息吗?

🌱 电子邮件

虽然电子邮件是师生沟通的主要方式。但是当你和女儿发邮件沟通时,你会发现它具有显著的优势。比起发信息或打电话,电子邮件不具备那么强的压迫性。在收到邮件后,你的女儿可以仔细思考和分析你的消息,深思熟虑后,她能作出得体冷静的回复。更何况,电脑打字也比手机打字舒服得多。

🌱 信息

现在,信息(尤其是微信)是青少年的主要沟通方式。事实上,你女儿口中的"聊天"就是指在手机上飞速地打字。除非她们在打电话或者视频,否则她们的"聊天"一般听不到对方的声音,也看不到对方的脸,只能靠文字实时交流。

以下是信息沟通的十大优点：

1. 现在的孩子会频繁查看手机，所以她会立刻看到你发的消息。

2. 与电子邮件相比，信息具有更强的时效性，她大概率会立刻阅读和回复你。

3. 信息的回复方式比较简便。

4. 她可以避开朋友，悄悄和你交流。

5. 简单地说，发信息比打电话更温和。你可以在吵架后给她发一条信息，表达你对她的爱。

6. 在面对面沟通时，她可能会不耐烦或者拒绝沟通。但是发信息时，你不用担心这种情况。

7. 如果你们上次聊天意犹未尽，你可以随时给她发信息补充道，"顺便说一句……"或者"忘了告诉你……"。

8. 其实，手机信息就好像一张小纸条，她会知道你很爱她，很想她。

9. 信息还可以作为家庭内部对讲机。托丽说："有时，我和女儿分别躺在两个卧室里，我就会给她发信息。因为我知道她不一定能听到我叫她，但她一定能收到我发的消息。她收到一条，再回复一条，我们就靠信息沟通。这种感觉非常奇妙。"

10. 由于篇幅较短，所以在发信息时你会更言简意赅，精炼地表达自己的观点。

以下是信息沟通的缺点：

1. 信息主要依靠文字沟通。所以当你想关心女儿的状态时，最好通过电话或视频聊天等沟通方式，因为可以观察对方的语音、语调和面部表情。

2.除非她在手机中开启"已读"标识功能，否则你分不清她是真的没有收到消息，还是收到消息后不愿回复。如果她不想回复，可以找到各种各样的借口，比如，手机处于免打扰模式、静音模式、没有信号，或者没有看手机等等。有时她还会倒打一耙，坚称是你没有收到她回复的消息。

3.发信息交流时，你看不到她的面部表情，也听不到她说话的语气。所以当你们开玩笑、闹脾气、挖苦或讽刺的时候，很容易引回复误解。

4.可以在聊天时插入一些有趣的表情，但前提是你知道如何正确使用那些表情。否则，表情的误用反而会造成一系列问题。

电话

当有急事需要联系女儿时，你可能会第一时间拿起手机给女儿打电话。但是，对女儿来说，打电话是一种最麻烦、最讨厌、最紧张的沟通方式。

与短信、微信和电子邮件不同，打电话具有公开性。手机铃声一响，就会吸引周围所有人的注意。她要么躲到一边偷偷和你聊天，要么就冒着被偷听的风险当着其他人的面接通电话。在开车的时候，这种情况尤为严重。一方面，多年来的教育让她知道不该在开车时接电话；可另一方面，当来电显示上跳跃闪动着"妈妈"两个字，她又觉得自己不得不立刻接电话。

视频聊天

当你出差在外时，你可以和女儿进行视频通话。疫情期间，孩子们持续上网课，所以对这些视频平台非常熟悉。

在视频聊天的时候，你可以看到她的表情，听到她的声音，更好地了解她的想法和感受。但是，由于视频聊天和面对面聊天高度相似，所以视频时一定要选择合适的时间地点，充分尊重女儿的意愿。

技术"故障"

现在，简便、敏捷的通讯可以让你和女儿随时联系到彼此。这本是一件令人安心的事情，但问题就出在"随时"两个字上。你不能过度依赖于新兴的数字科技，因为科技难免会发生故障。更何况，除了真正的技术故障外，你的女儿还会以手机故障为借口，逃避和你沟通。回想一下，你有没有听女儿说过下面的话？

- 妈妈，我现在没法给你打电话！我手机信号很差。
- 我把手机装在包里了，所以没听到你打电话。
- 我给你留言说，派对结束后我会留宿在朋友家里，你没听到吗？（也就是说，只要我不和你打电话，你就没有拒绝我的机会。）
- 我的手机刚刚没电了。

♣ 要不要监控她的手机？

当女儿和朋友（特别是你不熟悉的人）出去玩时，你会尤其担心她的安全问题，甚至会忍不住下载"家庭安全"类应用。此类应用不仅能跟踪女儿的位置，还可以监视她出行时的车速、加速度、手机电量，开车时的手机使用频率等。

但是，科技也会带来一系列负面问题。首先，位置共享应用可能呈现出错误的信息。现在的女孩拥有前所未有的独立意识。就算是不懂科技的女孩，也知道该怎么逃避父母的监督与跟踪。一个高中女生告诉我，"我知道怎么绕开父母的监控。只要我关闭手机的定位功能，他们就无法跟踪我的位置。"她的朋友淡定地补充道："对，或者干扰那些应用也可以。"

当父母的干涉与监视引起女儿的不满时，科技带来的弊远大于利。贝拉（17岁）告诉我："我爸妈在我的手机上安装了各种各样的追踪软件，这样他们就能监控我的手机电量，还可以把我的屏幕共享到他们的手机上。有一次我在街上买午饭时，我爸立刻发短信问我为什么不在家，因为他收到一条提醒显示——'贝拉目前离家两千米'。这件事彻底触碰了我底线！"

此外，当女孩开始抗拒各种定位追踪应用时，女孩的安全反而得不到保障。贝拉说："后来，我把爸妈给我买的手机还给了他们，自己买了一部新手机。"她甚至不愿意告诉父母自己的新号码。从那以后，她只要一出门，父母就联系不到她了。

在高中小组讨论里，女孩们进一步阐释了控制欲强的弊端。卡米解释说："为了不让父母找到我们的行踪，有时我们会把手机放在别的地方。可是当发生了一些意外事件，我们真的需要手机时，就没得用了。"

所以，与其费尽周章窥探女儿的隐私，还不如和她开诚布公地谈话。比起冷漠的数字监控，真诚的态度更能打动她的内心，消除她的逆反心理。只要你能合理地表达自己的担心，尊重女儿的意见，倾听她的想法，她肯定不会抗拒和你沟通，也不会觉得没面子或者被轻视。

♣ 丰富的对话

面对面沟通对女孩的成长大有裨益。与电话、微信、电子邮件不同，面对面交流可以提高女孩的社交能力。她可以感知到别人语音、语调、面部表情的微妙变化，也能准确地区分什么是嘲讽与挖苦，什么是正常的语气。最重要的是，女孩可以提高辨别谈话目的的能力。

♣ 沟通的"N"种方法

在介绍更复杂的沟通技巧之前，我们先回顾一下基础的沟通知识。以下是一些总结好的沟通策略，可以有效提高沟通质量。

🌱 不要走神

要想和女儿有效沟通,你必须做到全神贯注。你可以暂时放下工作事务,和她进行适当的眼神交流,把手机调成静音或者扣在桌面上,避免外界的一切干扰。哪怕她之前说过同样的内容,你也要保持好奇心与专注度,就好像是第一次听她讲这些一样。这样,她就知道你在用心和她聊天。

🌱 态度认真

从一开始,你就要抱着相互尊重,认真负责的心态和女儿沟通。记住,这不是一个毫无意义的闲聊,而是一场严肃的谈话,你和女儿都希望对方能倾听、理解、接纳自己的观点。所以你不能应付差事,而是要尽可能地求同存异,化解矛盾。

🌱 倾听她,理解她

在人际交往中,倾听能力很重要,特别是倾听青少年的想法。研究表明,当一个人向你倾诉自己的想法和感受时,她更期待你能理解她,而不是单纯地回应她。当你试着理解她的想法时,你不仅能关注到表面内容,还能体会她试图表达的深层含义。此外,不要急于输出自己的观点,父母带有观点的回应往往带有批判性的意味。

当女儿讲话时,你有没有在心里默默地想:"这怎么可能呢?""她真的需要认清现实！"或者"我知道该怎么完美地反驳这一点。"有时，甚至她还没有说完话，你已经准备好该怎么反驳她的想法。如果有的话，你很可能是那种"自以为在理解女儿，实际上在批判她"的人。

正确提问

当你通过提问的方式了解女儿的生活时，你的本意是想关心她的想法与感受。可是，提问是一项极具技巧性的活动，稍有不慎就会弄巧成拙。大多数青少年都不喜欢父母问自己私人、尖锐，或者涉及朋友秘密的问题。所以，不要贸然提问。

共情她的经历

在沟通的过程中，你要设身处地体会女儿的处境，想象她的感受。但是你不能直接和她说："你肯定是这么想的"。你应当礼貌地询问她的想法，再检验自己之前的猜想是否正确。

注重沟通的艺术

掌握下列沟通技巧，可以大幅提高沟通的质量：

- 在聊天时，尽量使用第一人称主语，第二人称往往带有指责的意味。
- 不要把所有错误都归咎于女儿，你要承担起母亲的责任。
- 只关注当前的话题，不要和孩子"翻旧账"。

肢体语言同样重要

要想做一个温柔贴心的妈妈,你就要:
- 姿态松弛自如——而不是盛气凌人,交叉双臂。
- 表情平静和蔼——而不是皱眉或怒视。
- 语气轻松愉悦——而不是愤怒或讥讽。
- 在眼神交流时,遵循50-70法则(在说话时,用50%的时间直视她的眼睛,在聆听时,用70%的时间直视她的眼睛)——而不是一直左顾右盼或者目不转睛地盯着她。

聊天"雷区"

你有没有过这样的经历:你本来和女儿聊天聊得好好的,却不知道哪句话踩到了她的雷区,对话戛然而止,女儿也一脸不悦。她可能会闹脾气、甩脸色、态度冷漠,或者跺着脚离开房间。你想不明白到底哪里出了问题。不过别担心,我采访了几位青春期的少女,以下是她们列出的九大原因:

不懂得倾听

在沟通的过程中,如果你更在意自己该说什么,而不是女儿说过什么,那她可能会抗拒和你聊天。

女儿:妈妈,我昨晚那么晚回家是有原因的,你听我解释。

不要说

妈妈：够了，我不想听！不管因为什么你都不该晚回家！

相反，你可以试着说

妈妈：好，你解释吧。

女儿：我本来要搭一个朋友的车回家，但是那个朋友喝酒了，所以只能坐娜塔莉的车。但是娜塔莉需要先送杰西回家，再加上昨天晚上下暴雨，娜塔莉开得很慢，所以就花了很长时间。

命令或威胁的语气

当你尊重女儿的自主权时，她会更愿意听取你的建议。所以，你应当鼓励女儿做某事，而不是命令她必须做什么。由于青春期女孩的逆反心理作祟，有时你越是威胁恐吓她，她越会固执己见，抗拒你的干涉。

不要说

妈妈：跟你说了就赶紧做！

相反，你可以试着说

妈妈：没必要一定按照我的想法来，虽然我知道而且希望你能做到。

虚伪

青春期的女生都非常敏感，特别是对某些"双标"的事情。以电子设备的使用时长为例，当你不让女儿长时间玩手机的时候，你有没有以工作或社交生活为借口，自己抱着手机不放？要想让她遵守你的要求，你必须先以身作则，否则你在她眼中就是一个虚伪的人。

态度恶劣

当母亲的态度消极、傲慢和嘲讽的时候,女儿会格外排斥与母亲沟通。以下是三位受访女生的感受:

a. 安布尔(11 岁):我妈妈非常消极,她永远看不到我的优点。哪怕我只考了一个 B,其他全是 A,她也只会问我:"你为什么不能拿全 A?"

b. 坦尼娅(12 岁):每次我问妈妈为什么不让我做某事的时候,她都会说"没有为什么,我说不行就不行",我不喜欢她傲慢的态度。

c. 安妮塔(13 岁):我妈妈会用嘲讽的语气和我说话,她觉得自己很幽默,实际上非常伤人。

不会保守秘密

当女儿和你分享自己的小秘密时,你必须守口如瓶,否则你会永远失去她的信任。珀尔(13 岁)说:"我妈妈非常八卦。她经常和别的妈妈聊天,所以我什么都不会告诉她。"同样是 13 岁的斯蒂芬也赞同这一点:"我妈妈会把我说过的每一句话都告诉姨妈和奶奶。我刚和妈妈抱怨完数学很难,没过几天,姨妈和奶奶就会关心我的数学成绩。我真的谢谢你啊,老妈!"

没有给予她们应有的尊重

每次一聊到这个话题,青春期的女生都气得火冒三丈。山姆(16 岁)说:"别把我当成你们的下属,拜托,我又不是在参加绩效考评。"梅尔(17 岁)告诉我:"在爸妈眼里,我就是一个头脑简单的小孩,既没有独立思考的能力,也不该有自己的想法。"

坦白从"严"

当女儿主动向你承认错误的时候,你要表扬她的诚实。艾林(16岁)说:"在孩子主动坦白后,家长最好不要再惩罚他们。能主动和你坦白,证明孩子们已经认识到了自己的错误。"她提出了非常好的一点,"孩子主动承认错误,然后家长和孩子一起分析问题,这才最理想的相处方式。"

语气消沉

当你生气的时候,你会直接告诉女儿自己在生气,还是一言不发,但是表现出一副愤怒又气恼的样子?其实,青春期女孩对妈妈的情绪更加敏感。当察觉到你语气中的不悦时,她会立刻排斥与你沟通,不去在意你究竟说了些什么。坎贝尔(17岁)告诉我:"我情绪低落的时候,妈妈总想逗我开心。如果我没有开心起来,她就会生我的气。这样我就更不想和她说话了。"

傲慢

在女儿和你沟通的过程中,千万不能摆出一副自以为是或者咄咄逼人的态度。你越强势,女儿就越怯懦,久而久之她就不敢表达自己的想法,或者会让她滋生出戒备、愤怒或怨恨的心理。要想和女儿深度交流,拉近母女关系,你就要放下刻板的对错观念,用开放、包容、共情的态度和女儿沟通。

♣ 如何讨论尖锐的问题

为了保证女儿能健康成长，父母必须硬着头皮和女儿聊一些尖锐的话题。这些复杂、多变、尴尬的话题涉及女儿生活的方方面面，包括但不限于：性、学习表现（如够不够努力、成绩好不好、作业写完没等）、个人品质（如诚实、懂事、友善等）以及择友和择偶标准。

此外，你女儿的经历可能会勾起你痛苦的回忆。举个例子，如果你小时候是校园暴力的受害者，当女儿哭诉自己被朋友孤立的经历时，你可能会下意识逃避这个话题。如果身边有人患了肺癌，当得知女儿在抽烟或者电子烟的时候，你可能会格外崩溃。

为了避免女儿产生排斥或困惑的心理，当你和她讨论这些敏感话题的时候，你最好仔细斟酌自己的用词，也可以提前在心里打好草稿。你要先想明白自己要说什么，才能准确地表达自己的想法。

不论你想向女儿了解什么事情，你都可以直截了当地问她，千万不要拐弯抹角。比如，几乎所有妈妈都问过这样一句话——"你为什么总是玩手机？"然而，这个问题往往只会引发女儿的反抗与不满（比如："我没有总是玩！""我玩手机的时间比姐姐少多了！""你怎么能这么说我？""我现在都不怎么玩手机了！"）。但退一步来说，这种问题毫无意义。当你问这个问题时，你想知道什么？女孩应该怎样回复你？她们又能怎么回复呢？

所以，当母亲直接指出自己担心的事情时，反而会取得更好的效果。

不要说"你为什么总是玩手机？"，你可以试着说"为什么你不和我聊天，只顾着和手机里的人说话呢？"或者"发生了什么我不知道的事情吗？"或者"我觉得你最好现在就开始写作业，不然你的压力会很大"或者"你和好朋友闹别扭之后和好了吗？"或者"那个男孩有没有回复你的消息？"你会发现，这种直接简便的沟通方式，可以有效提高沟通的效率。

♣ 当女儿刻意挑衅你，你该怎么办？

　　青春期的女生都知道妈妈最在意什么，也知道该怎么激怒妈妈。语言就像一把利剑，她会瞄准你的弱点，狠狠地扎进你的心窝里，或者故意在危险的领域试探，发表一些敏感的言论。她们最擅长举起放大镜，成倍地展现母亲的缺点。

　　有时，挑衅的问题和抱怨会打得你措手不及。你的女儿可能会直接问一些私人问题，比如"你小时候学习好吗？"或者"你结婚之前交过几个男朋友？"在她眼中，你可能是一个冷漠、偏激或者残忍的人。她还会戴着有色眼镜观察你的行为，比如："爸爸说什么你都反对""你为什么总用那种语气和奶奶说话？"

　　当女儿试图激怒你的时候，你可以做出如下应对：

🌱 意识到情绪变化

首先，当她在你面前挑衅的时候，你要意识到自己的情绪起伏。每个人的反应都各不相同。你可能会产生身体、情绪、行为，甚至是综合性的变化；你可能会感到紧张、难受或不适；你可能会面色涨红，心跳加快，手心出汗，或者身体控制不住地颤抖；你可能会情绪激动，好像经历了可怕的事情。

突然之间，好像一句话都说不出来，或者言语混乱，只能勉强说出几个单音节字词。你完全不知道自己在说什么，好像身体不再属于自己。

🌱 感知自己的情绪

要时刻关注自己的身体变化。如果身体呈现出高度兴奋的状态，那你要先让中枢神经系统平静下来，再和女儿进一步沟通。因为一旦大脑受到外界的强烈威胁，会本能地产生战逃反应[①]，促使压力荷尔蒙皮质醇大量释放，前额叶无法正常运转。此时，你无法理解女儿的想法，不能控制冲动的反应，也意识不到自己的行为会产生怎样的后果，在这种情况下，你怎么能和女儿有效沟通呢？

---

① 战逃反应（Fight-or-flight response）。心理学、生理学名词，指机体经一系列的神经和腺体刺激被引发应激反应，使躯体做好防御、挣扎或者逃跑的准备。

♣ 冷静下来再作回复

当和女儿发生冲突时，你要克制自己立刻回应的冲动，想办法把主动权握在自己手里。首先，要弄清楚自己为什么生气，并且试着平复自己的情绪。其次，在你彻底冷静下来之前，先不要急着回答女儿的问题。最后，等你不再感到愤怒和抵触时，再用一种积极的态度和她沟通。

你可以试着说
- 这个问题需要考虑一下，等我想清楚就立刻给你回话。
- 我需要先理清自己的思绪再和你讨论这个话题。
- 等这周末我们两个都有空的时候的，再聊这件事情，好吗？
- 这件事情非常重要。等我下班后再聊，可以吗？

🌱 控制自己的情绪

作为一个成年人，你必须保持冷静，压抑自己的负面情绪。吉莉安介绍了自己的方法："我正在摸索快速平复情绪的方法。在女儿不断挑衅的时候，我知道应当心平气和地和她沟通，而不是提高嗓门冲她吼回去。现在，我会在心里默数到5或者10，然后深吸一口气再说话——这样我会冷静一点。"如果妈妈不能管理好自己的情绪，母女之间很容易爆发激烈的冲突。雷蒙娜（16岁）说："在我们家，一点小摩擦都可能演变成'世界大战'。"

要虚心听取意见

当女儿发表挑衅的言论或指责你的行为时，先不要急着反驳她的观点。虽然你不认同她说的话，但其实有可能是你的言论或行为给了她这种暗示。所以你应当平静地坐下来和她沟通，认真倾听她的想法，同时反思自己之前的行为。这种开放包容，虚心接受批评的态度会改善你们的母女关系。

女儿：就因为我的朋友是双性恋，你就排斥她。你怎么能对性少数群体有这么大的偏见！

不要说

妈妈：什么？我没有啊，你误会我了！

女儿：（砰的一声关门离开家）

你可以试着说

妈妈：很抱歉我给你留下了这样的印象，你能告诉我为什么你会这样想吗？

女儿：你从来不留她在家吃晚饭，也不会热情地和她打招呼。可是当别的朋友来家做客的时候，你就表现得很友好。

妈妈：谢谢你指出这一点，我会反思我的行为的。

坦诚沟通

父母与孩子之间的信任是相互的。要想让女儿对你敞开心扉，你就要先坦诚相待。敏感细腻的女生很容易识破妈妈的伪装，你遮掩的态度反而会火上浇油。根据新加坡的一项研究显示，在父母谎言下长大的孩子，成年后不仅更容易撒谎,还会产生心理与社交障碍。

但是,坦诚并不是把所有事情都毫无保留地告诉她,你可以选择性地回答她的问题。遇到你避讳的话题,你可以直接告诉她现在不方便聊这件事,而不是随便编一个借口糊弄她。

首先,你要了解她为什么对这件事感兴趣。

你可以试着说

妈妈:你怎么想起来问我这件事?

或者

妈妈:为什么你对这件事情这么感兴趣?

或者

妈妈:我现在不想聊这个,我只能告诉你……

及时中止谈话

当家长和孩子聊到一些严肃的话题时,孩子会出现比较明显的情绪起伏。此时,如果你感觉谈话收效甚微,或者不适合再进行下去(一方或双方情绪激动,可能开始出语伤人),就要及时按下暂停键。当然,正在气头上很难保持冷静,或者你可能想要一鼓作气,抓住这个机会和孩子好好聊聊这个问题。但是,事情没你想得那么简单。

你可以试着说

妈妈:我觉得我们需要休息一下,你觉得呢?

或者

妈妈:我们两个最好都冷静一会儿。

或者

妈妈：我去拿点零食小吃，然后我们再继续接着聊，好吗？

如果女儿一直纠缠不休，你要主动脱身"战局"——可以躲去一个安静私人的地方，最好在户外深吸几口新鲜空气，实现身体的放松与心灵的宁静。

你可以试着说

妈妈：我想一个人待会儿。等冷静下来，头脑清晰之后，我们再聊这个话题好吗？

同样，当女儿主动提出"我现在不想聊这个"时，你也要尊重她的想法。米娅（15岁）在心理治疗时说，她经常和母亲吵架，因为母亲总是不依不饶地问她"你到底为什么不开心"，可是米娅也找不到自己难过的原因。米娅说："我被妈妈偏执的态度吓到了，之后我就情绪失控，开始大发脾气。我会和她聊这件事的，但不是现在，让我自己先缓一缓吧。"

但是，你也不能一看到她的眼泪就心软，否则她会开始把眼泪当作自己的护身符。在心烦意乱的时候，你可以帮她平复自己的心情，清晰地表达自己的感受，这样你们也能进行良好有效的沟通。

如何应对特殊情况

危机管理

面对一个悲伤欲绝，号啕大哭的小姑娘，很多母亲都会束手无策。你想不明白什么事情惹得她这么难过，也不知道该怎么安抚她的情绪，最后你只会越来越烦躁，把脾气都撒在女儿身上。可是，这种行为无异于火上浇油，根本不能解决问题。

瑞金娜说："有一次我蜷缩在床上浑身发抖，泪流满面的时候，妈妈走进房间对我大吼大叫，还一直逼问我到底发生了什么。可问题是我已经情绪崩溃，哭得上气不接下气了，她还把我臭骂一顿，这种情况下我怎么可能和她好好聊天啊？"

当女儿在朋友圈、微博等社交平台发表一些情绪低落的言论时，母亲最好不要轻易干涉。丹尼斯（17岁）的抑郁症之所以越来越严重，就是因为母亲的过激反应。丹尼斯有时会在推特上发一些抑郁心碎的言论，其中还提到自己想自杀。一天清晨，她刚从睡梦中醒来，就看到了怒火中烧的母亲。原来，在外地上大学的哥哥把这些都转发给了父母。看到这些微博，丹尼斯的妈妈不仅没有关心她的心理状况，反而斥责她在公众平台上"无病呻吟，哗众取宠"。

当我问这些女生希望妈妈怎么做时，她们告诉我："不要追问'你到底怎么了'，最好能问'我可以帮你什么吗？'毕竟不是每个人都愿意立刻倾诉自己的坏情绪。"这个建议值得各位母亲借鉴。

不管女孩的情绪有多强烈，母亲都要包容和接纳她。玛雅（6岁）说："我需要妈妈的安慰，给我情感上的支持。"艾尔莎（17岁）说："如果我鼓起勇气说出感受，换来的却是一顿训斥，那我当然不想和她说话了。我知道我的状态很讨人嫌，但我也有难过和失落的权利。所以这个时候最好不要来打扰我，我真的做不到笑脸相迎。"

所以，当女儿情绪低落的时候，你暂时能做的就是陪伴在她身边，温柔地倾听她的哭诉。你也可以试探性地握住她的手，给她一个拥抱，或者轻轻地抚摸她的脊背，这些肢体语言同样可以表达你的关心和爱意。

话匣子和闷葫芦

你要知道，女儿可能和母亲的性格完全相反。一个沉默寡言的妈妈可能会生出一个活泼健谈的女儿，反之亦然。海莉带女儿盖伊（16 岁）练车的时候，就因为这件事产生了许多误会。海莉看到盖伊一边开车一边滔滔不绝，惊慌之下直接夺过了女儿的方向盘。在海莉看来，盖伊一直絮絮叨叨，根本没把开车当回事。

对于海莉的反应，盖伊感到屈辱、不甘和难过。她觉得自己在海莉心里肯定是个不成熟、不负责任的孩子。等她们回到家，心平气和地讨论下午发生的事情时，海莉才发现自己误会了盖伊。说话只是盖伊缓解焦虑的一种方式。盖伊不仅没有心不在焉，相反，她很重视开车这件事。

能言善辩的机灵鬼

作为一个青春期女孩的妈妈，你既希望提高女儿的逻辑思维和表达能力，又害怕她把这些辩论技巧都用在你身上。她会和你理智地探讨问题，还是一味地否定你提出的所有观点？她会贸然插嘴，或者打断你的话吗？她是不是有点太较真，太执着于输出自己的观点了？当然，这些沟通与表达能力对她今后的工作和生活都大有助益，但是现在，她没必要整天沉浸在冗长、复杂、激烈或痛苦的辩论当中。

梅丽尔告诉我:"我和女儿一聊天就吵架。我问玛丽,'你为什么总要顶嘴?'她就把责任推到我身上——'因为你总是对我大吼大叫。'我告诉她,'只要你不顶嘴,我就不会大吼大叫。'"梅丽尔和玛丽总是围绕这个话题循环、埋怨,最后也没有解决问题。

有时女儿输出的观点正确,但是表达的方式欠妥。这时,你就要教给她基本的社交礼仪,让她能理性得体地表达自我。你们两个都应当倾听彼此的想法,尊重表达的自由,既不要轻易打断对方,也不能自顾自地说话,忽略对方的感受。

处理意外信息

当你无意中听到女儿在聊一些奇怪的话题,或者碰巧看到她的私密信息,你会怎么办呢?比如,她提到一个朋友交了不靠谱的男朋友,或者患上严重的厌学症,你是不是又着急,又不知道该怎么开口和她聊这些话题?

如果你直接问她,她会感到警惕和尴尬,继而拒绝讨论这个话题。况且,你还没有了解事情的全貌,贸然提问可能会引起女儿的误会与不满。所以除非发生了迫在眉睫的大事,否则你最好把这些事情藏在心底,等到时机成熟的时候再引出这个话题。虽然要装作什么都不知道,但你也不能闲着,你可以关注女儿的动态,等待合适的时机,或者看看她的朋友是否需要专业人士或父母的帮助。

终极解决方案

如果此时此刻你和女儿还没办法坐下来好好聊聊，或者你想知道为什么女儿一直对你抱有敌意，你可以参考以下十个问题。

第一部分：青春期女生不和妈妈沟通的五大原因

1. 她天生不喜欢和人沟通。也许你的女儿本身就不喜欢和别人分享自己内心深处的感受。她习惯向谁吐露心声？和朋友相比，她是不是更内向？她可能天生就是一个安静内敛，沉默少言的女生。所以你也不要太在意这一点，更不要强迫她和你沟通。否则就会像珍妮特（16岁）和她妈妈说的那样："我就想一个人待着，你非要来试探我。我气急了发脾气，你又骂我脾气不好。"

2. 她的心智还不够成熟。也许女儿试着和你沟通过，但你只看到了字面意思，没有理解她的深层含义。你想让她深入了解自己的真实想法与感受，但她可能更喜欢停留在自己的舒适圈内。现在她自己都不知道自己在想什么，还需要时间成长，又怎么能说出来，告诉你呢？

3. 你没有找准时机。仔细回想一下，是不是女儿刚回到家中，你就急着凑过去和她聊天？事实上，放学回家是她们一天中最累的时候。她们已经花了七八个小时来应付老师、同学和功课，现在她们只想一个人待着，根本没心情和你聊天。甚至一句简单的问候都可能点燃她的怒火。所以，在聊天之前，你最好让她享受安静的独处时间，释放白天的压力。

同样，当你女儿生病、来例假或者正处于康复期的时候，她也需要独处时间。知道她和朋友大吵一架，情绪低落的时候，你希望女儿能主动和你聊聊，但她其实更想一个人待着。乔治娜（15岁）解释说："我心情不好的时候会打开音乐，一个人待在房间画画。我爸妈明知道这一点，还总要干涉我的生活。"

睡觉是一个人最放松的时候。你可以在睡前温柔地和女儿说晚安，邀请她第二天共进早餐，或者和她约定一个"聊天"时间。在这种轻松愉悦的氛围里，她不会产生对"谈话"（也就是被说教、训斥或责骂）的警觉和排斥。

4. 她不愿意背叛朋友。十几岁的孩子特别看重朋友的信任和依赖，所以她不愿意透露朋友的隐私，也不想让你知道她的朋友在网上或现实生活中都在忙什么。她害怕自己泄露朋友的秘密，辜负朋友的信任。你可以分享一些处理类似事件的经验，缓解她的焦虑情绪。

5. 拒绝父母的帮助。女孩常常要面对独立意识和依赖心理之间的矛盾。莱奥诺拉（17岁）说，"我的双胞胎姐姐什么都和父母说，包括朋友喝醉酒后的糗事。可能她刚说完'爸爸妈妈，我需要你们的帮助'，不一会儿又说'我现在不想聊这个。'好吧，既然这样，那她为什么刚刚又要找父母帮忙呢？如果你的女儿也这样善变，你可以语气轻松地问她：'你是真的想听听我的意见，还是只想找个人倾诉一下？'"

第二部分：阻碍和妈妈交谈的五种情况

1. 固执己见。如果你一直顽固地坚持自己的意见，那女儿自然不想和你沟通。你要在她面前展现出包容、开明的一面，不要妄加批判她的观点，也不要下达强硬的命令。你必须承认，随着她一天天长大，时代会变迁，友谊会转变，家庭也会发展。当你在固执与开明的态度之间找到平衡点，女儿自然而然会认为你是一个客观包容的人。

2. 批评指责。你的孩子能否敞开心扉，取决于她期待得到什么样的回应。由于她的自我意识还未健全，会对别人的评价和指责尤其敏感。一旦女孩察觉到妈妈在生气或难过，她们就会回避讨论，毕竟没有哪个青少年愿意接受惩罚。

不要说

妈妈：你不能再吸电子烟了！我告诉过你很多遍这对身体有害！这是对自己不负责任，我很失望。如果我再看到你这样，那就别想拿到你的笔记本电脑和手机了。

相反，你可以试着说

妈妈：我们之前聊过电子烟的问题，但我还是很担心，所以我想要再试着跟你说一遍。你说过想戒烟，你试了吗？戒烟的感觉怎么样？

3. 急于插手。女孩们明确表示，当她们和母亲沟通时，只是想倾诉自己的心事，不是真的想寻求具体的建议。当然，我也知道，母亲一旦了解女儿痛苦的感受和经历，很难克制自己的冲动（参见第六章）。但是，此时最明智的做法是倾听或询问女儿的想法，而不是贸然插手。否则，你的女儿会认为你觉得她自己不能独立解决问题，这会让她感到愤怒和受伤。

吉吉（13岁）解释说："我只是想和妈妈聊天，发泄一下情绪，但是她一听就会开始不停地唠叨。拜托，我不需要回应，也不需要建议和帮助，我只是想说出来。"洛琳是莉拉（15岁）的母亲，她最近正在纠正自己的行为："我的工作非常忙，但我还是抽出时间听女儿讲话，因为我知道，她只能找我发泄。有时会忍不住帮她解决问题，但我知道这不好，所以我在极力克制自己的行为，只是专注地听她讲话。"

4. 没有设身处地为她着想。你要记住，女儿的经历会影响她的人格。黛利拉（14岁）说："妈妈根本没有经历过我的痛苦，她永远都不可能真正地理解我。"拉丽斯（16岁）建议母亲们："多一些理解与倾听，少一些指责与抱怨。你可以听听女儿在说什么，试着把自己代入到现在的高中生的角色，理解她们的经历。现在的高中生活比之前压力大多了。不管怎么样，试一试吧。"

母亲玛莎则正在努力控制自己的下意识反应，她说："我学会了保持冷静。在那一瞬间，我停止思考，强迫自己代入一个16岁高中生的角色。只有冷静下来时，才会想起来，对啊，我曾经也是这样的。我不想给女儿留下脾气暴躁的印象，所以一直在克制自己的情绪。"

5. 过度焦虑。你和女儿都可能会过度焦虑。如果女儿察觉到你散发出的焦虑情绪，她就会避开一切激怒你的可能性。普里西拉（15岁）说："女孩会在妈妈面前伪装自己。如果妈妈理想中的女儿是一个单纯、害羞、不喝酒、不过早谈恋爱的乖乖女，那女儿就会装成这个样子。我知道妈妈希望我成为一个怎样的人，她不用担心，我可以一直装下去。"

为了不让母亲有过激反应，女孩往往会把自己的焦虑情绪藏起来。迪娜承认："当女儿焦虑时，我会更焦虑，最后我会开始大喊大叫，把情况弄得更糟糕。"

当沟通遇到阻碍，该怎么办？

在了解这些沟通误区后，你有没有一遍遍反思自己的行为？你有没有仔细回想和女儿的沟通方式？可能你自认为已经做得足够好了，但女儿的反应还是不尽如人意，说着说着，她可能会一脸惊恐，或者气急败坏地走开，也可能会出口伤人、恶语相向。你忍不住会想："我到底哪里做错了？"

如果你绞尽脑汁也想不到问题出在哪里，那就干脆别想了。青少年敏感、易变，你不可能准确预测每一种可能性，也不可能一直猜到她们的想法。有些事情的确在掌控范围之外，你只能把这次矛盾归咎于某个未知的因素。

女儿会在一夜之间成长。可能在一个月，一个星期，甚至一天之后，在增长阅历、经历世事，或者取得某项成就后，她突然带给你惊喜。突然间，她不会再指责你"人身攻击"，而是可以认真理性地沟通，甚至会感谢你独到的想法和见解。当然，在此之前你要耐心地等待。

与此同时，你也要放平自己的心态。与其因为一场争吵就辗转难眠，还不如多花点时间想想下次怎么和女儿沟通。你和女儿有那么多沟通的机会，大可以选择合适的时机、方式、场合，再次主动提起这个话题。

你可以试着说

- 我最近一直在想前几天我们谈论的那件事……
- 我又仔细回想了我们的对话，觉得有些地方我没有说清楚……
- 对于我们上次讨论的话题，你还有什么想说的吗？
- 你对_____还有什么问题吗？

女儿高中毕业，甚至大学毕业后，母女之间的争吵仍然不会停止。如果一定要说有什么变化的话，那就是随着女儿一天天长大，她会越来越坚定自己的想法。对于你的建议，如择偶标准、职业规划、定居建议等，她往往会嗤之以鼻。不过别担心，即便如此，你还是可以运用上述沟通技巧来和女儿交流。

接下来，我们将把这些指导理论应用到具体的育儿情境中。第三部分将聚焦于抚养女儿过程中常见的矛盾，特别是一些生活琐事。

如何给女儿挑选合适的电子设备？

如何合理控制女儿玩手机的时间？

当女儿被同学孤立，被朋友背叛的时候，母亲能做些什么？

为什么每天晚上你们都要因为作业吵个不停？

离婚后，你该如何对待你和前夫的关系，怎样帮助女儿接纳继父继母，以及如何处理其他负面影响？

你能不能理性看待高考？

……

这本书的前两部分已经深刻探讨了这些问题。下一部分将重点关注实际家庭生活，以及母亲能如何帮助女儿保持健康，平衡学习与生活，养成良好习惯，享受家庭聚会，传承母亲的价值观念，以及培养独立能力。

A Different World

第三部分

日常困境的处理

第八章　帮助她建立健康习惯
数字时代引导孩子健康自律

养成良好习惯

无论你的女儿是初中生、高中生、大学生，还是已经步入社会的成年人，要想在学业和工作上取得成功，都必须保持稳定的情感状态和社交生活。本章将重点介绍母亲在家庭生活中的重要性，根据科学研究显示：良好的家庭结构、期望和习惯有助于女儿成功。

家庭守则

组建家庭的方式、家庭内部的守则以及你的生活方式都可以支撑你的信念，坚定你抚养女儿的目标。

平衡生活

青少年的生活需要平衡感。女孩不仅要花时间在学业和课外活动上，还要照顾自己的身体、社交、情感和精神需求。适当的锻炼和充足的睡眠可以有效缓解压力，避免女孩因为压力过大而产生情绪崩溃、身体虚弱、疲惫无力等不良后果。女孩也可以从家人和朋友身上获得情感支持，从而抵御内心的孤独情绪。娱乐活动不仅可以让女孩放松，还可以教会她基本的生活技能。

想要平衡学习与生活的关系，就要分清事情的轻重缓急。哪怕活动再重要，她也不可能加入每一个运动队，参加每一场比赛。她必须仔细斟酌，最后挑选出适合自己的活动。你要教会她管理自己的日程安排，这是她人生中非常重要的一课。鉴于她要面对沉重的学业和课外压力，你可以鼓励她优先选择一些放松、解压、可以调节身体状况和情绪健康的活动。

运动

坚持锻炼有益于身心健康。运动可以释放大脑中的荷尔蒙，从而缓解焦虑和轻微的抑郁情绪。如果她不喜欢球类运动，你千万不要强迫她参加运动队。除了球类运动，你可以鼓励她在健身房锻炼，徒步旅行，跳舞，骑行（自行车或健身单车），练习瑜伽、普拉提或武术，攀岩（户外或攀岩馆），还可以参加公园里的健身或跳绳活动。现在还有一系列线上健身课程，你甚至可以和女儿一起运动。

艺术和音乐

艺术与音乐可以陶冶人的情操，提高人的精神境界。当感到失落时，音乐的力量可以抚慰她的内心,她既可以创作、演奏音乐,也可以单纯地欣赏音乐。安娜(17岁)每天都要上三节艺术课程。当沉浸在音乐与绘画的世界里,和志同道合的朋友待在一起时,她能够完全忘却自己糟糕的家庭环境。

阅读

你是不是和所有母亲一样,坚信女孩玩手机的时间越长,阅读量就越少?近期,一项有关青少年使用电子设备的调查报告证实了这一点。之前,60%的高中毕业生几乎每天都会阅读一本书或杂志。然而,在过去的一年里,只有三分之一的青少年出于兴趣主动读完了一本书。

这个现象令人扼腕。我并不在意阅读会怎样影响一个学生的词汇量、写作技巧和语文分数。相反,我在意的是青少年失去了人生最宝贵的乐趣之一。对一个阅读爱好者来说,在阴雨连绵的午后,蜷缩在舒适的沙发上看一下午书,简直是世界上最幸福的事情。

情节跌宕、引人入胜的书籍,可以帮助女孩短暂逃离外界的喧嚣。她们可以徜徉在书籍的世界里,脱离现实,放飞想象,了解课外知识,感受心灵的宁静。在书中,我们可以了解不同的时代,致敬不同的英雄,体验不同的冒险,结交不同的角色。还有什么东西比书能更好地激发女孩的创造力呢?

亲近大自然

这一代青少年总是抱怨她们没时间去户外旅行、郊游、骑车、享受生活。但是,当你身处户外,感受大自然的美妙时,你会发现花多少时间都是值得的。《心理学观察》上最新的一篇研究报告称，自然的景象和声音可以缓解人的压力，提高认知能力、注意力、记忆力和行为能力；增强快乐感和幸福感；有效预防心理疾病。

女孩们不用专门去景区看崇山峻岭或飞流急湍。她们可以推开房门，走到户外，坐在树下乘凉或者沿着马路散步。你会发现，自然的奇迹随处可见：寒冷的冬天过后，黄色的水仙花抽出新枝芽，溪水流淌，小鸟啾鸣，到处呈现出欣欣向荣的景象。自然的风光会让你感到心旷神怡，豁然开朗。此外，户外环境还可以培养孩子的创造力和想象力，给她提供良好的写作素材。

睡眠

专家认为青少年每天晚上至少需要 8~10 小时的睡眠。但是，大部分孩子都达不到这个标准。就算她们在初中阶段可以保证 8 小时的睡眠，上高中后睡眠时间也会迅速缩短。虽然不能保证她的睡眠时长，但是你可以想办法提高她的睡眠质量。

有些时候，女孩们迟迟不愿入睡，是因为她们舍不得晚上来之不易的"个人时间"。在这种情况下，你可以尽量在白天满足她的独处需求，这样晚上她就可以安心地入睡。

此外，深夜玩手机也会影响女孩的睡眠。医学专家建议睡前至少一小时不要玩手机。手机（包括平板电脑）屏幕释放的蓝光会抑制人体褪黑素（一种诱导自然睡眠的体内激素）的合成，从而加重入睡困难、产生睡眠障碍，降低睡眠质量。你可以每晚选择一个固定的时间，把手机调成静音模式，放在厨房或者其他非卧室房间里充电。

在考试周或者赶作业的时候，女孩通常会熬得很晚，但你必须不停催促她早睡。首先，你要反复多次、不厌其烦地向她强调身体健康的重要性，有时她会忽略这一点。其次，你要让她明白睡眠与成功之间没有必然联系，成功的人也需要充足的睡眠时间。

许多争强好胜的女孩会把睡眠当作成功的敌人。为了拿到理想的分数，她们不惜每晚学习到深夜。然而，睡眠是学习、掌握、记忆、认知和表现等技能中最重要的组成部分之一。在休息的过程中，大脑可以巩固并且存储白天接收的信息（比如事实或者概念）。在考试时，女孩就能从记忆存储器中检索这些内容。正因如此，睡眠不足会损害一个人的记忆力和学习能力。

更何况，休息不好就会精神疲惫，精神疲惫就没法集中注意力。没有经过大脑加工的信息更容易被遗忘。这也是为什么睡眠不足的学生考试结果总是不理想，因为她们检索信息的能力较差。此外，睡眠不足还会产生抑郁和其他焦虑情绪，进一步削弱学生的认知能力。这些睡眠不足的危害会给女孩敲响警钟。

🌱 树立家庭守则和价值观

父母的言传身教会影响女儿的价值观。如果你把身体健康摆在第一位，那你会鼓励孩子健康饮食、加强锻炼和保证睡眠。如果你更在意孩子的学习成绩，那你可能会每天晚上督促她写作业，并且严格限制她玩手机的时间。如果你非常重视家庭关系，那你可能会热衷于组织家庭聚会。

正确指引，不再迷茫

家庭氛围可以提高母女之间的信任感。当女孩知道父母在背后默默支持自己时，她们会感到放松与安心。相反，如果女孩在自由散漫、没人在意的环境中长大，她们会感到迷茫与不安。换句话说，父母的指引与要求可以带给女儿信念感与安全感。你的女儿会密切关注你的一举一动，在必要时寻求你的帮助。

吉尔（14岁）说："通常在我犯错的情况下，妈妈只会让我禁足一天左右。大部分时候，她要么只是让我'下次态度好一点'，要么就直接走开。但这次，她真的一直把我关在家里，这件事肯定另有隐情。"对此，吉尔感到非常困惑。她并不在意自己受到的惩罚，只是想不明白为什么妈妈突然有这样的转变。

不要搞特殊化

家庭氛围会影响女孩的性格，有些害羞内敛的女生会逃避别人的关注。在规划全家人的日常生活时，你可以专门留出一段时间作为女儿的阅读或者练习乐器的时间。不要让女儿感到尴尬，也不要让她觉得这是一种惩罚。此外，其他家庭成员也可以借此机会养成更健康有益的生活习惯。

马戈说："我的一个女儿体重严重超标。我想让她减肥，又怕她饮食失调，变得更加自卑。所以我们决定改变全家人的生活习惯。现在，所有小孩都不能无节制地吃零食，只能吃自己家做的营养餐。此外，我还鼓励孩子们一起出门锻炼和徒步旅行。"

树立良好的榜样

在女儿面前,母亲要以身作则。要想提高女儿的时间观念和责任意识,母亲要先告别自己的拖延症。如果你都处理不好自己的事情(比如需要女儿一遍遍催促你带她买文具,或者总是忘记填写学校发的家长手册),那怎么能给女儿树立良好的榜样呢?

爱丽丝(17岁)在接受心理治疗时告诉我:"我妈妈一直说要帮我预约医生,可是到现在都没有行动。每次我问为什么没有给医生打电话,她都有不同的借口。但是,如果我忘记她的嘱托,那就有大麻烦了。这也太不公平了。"

要想让女儿信服你,你必须作出积极的表率,用行动证明自己的价值观。

避免不必要的冲突

朝令夕改,标准不一的行为很容易引发亲子矛盾。但是,当你设定明确的规则时,女儿很少(当然,也不是完全不可能)会直接反对或者讨价还价。举个例子,假设有朋友邀请你的女儿(13岁)参加男女混合的通宵派对。如果你的原则一贯清晰,那她只会象征性地询问你一下——因为知道自己肯定会被拒绝。如果万一,她坚持要参加,那不妨再次直接告诉她你的原则:"你还小,不适合参加这样的派对。等你上高中我们再讨论这个话题吧。"

明确阐述后果

要想树立规则意识,就必须让青少年认识到违反规则的后果,这样她们才能学会三思而后行。当然,一个合理正当的惩罚措施才会让女儿心服口服。

奈莉(16岁)在接受心理治疗时告诉我,"这个月我都不能参加任何派对。"当我问她为什么时,她淡淡地回答说:"哦,因为爸妈发现我超过11点回家,而且还喝酒了。"对此,她既没有反抗,也没有抱怨,因为父母已经事先告诫过她后果。而且,奈莉想向父母证明自己不是不负责任的人。经过一番深思熟虑后,她决定坦然接受这个惩罚。

虽然女孩可能会反抗,但是没有规矩不成方圆。合理的规则与惩罚制度可以带给女儿稳定与安心的感觉。

♣ 家庭聚餐

当今社会,家庭成员聚在一起吃饭的机会越来越少。然而,家庭聚会对女儿的成长至关重要。研究表明:家庭聚餐越频繁,越有利于调整女儿的饮食习惯,减少心血管疾病,养成强健匀称的体魄。从心理学上来说,家庭聚会也可以调节抑郁和焦虑情绪,减少出现危险行为的可能性。每周一次的家庭聚餐还可以提高睡眠质量,培育孩子的自尊心。

此外,定期的家庭聚餐还能提高女儿的学习成绩。有人说定期家庭聚餐甚至比写作业、参加体育或艺术活动、培养良好的语言沟通技能更重要。这个说法也不无道理。当坐在一起吃饭时,你可以和女儿面对面沟通,了解她的生活,树立积极的榜样,为她提供帮助,表达谢意。

这个过程很简单：只需要看着彼此的眼睛，一起度过聚餐时的美好时光，聊一些有趣的话题，进一步加深母女之间的纽带。以下是一些关于家庭聚餐的建议。

尽可能经常在一起吃饭

家庭聚会越频繁越好。如果没办法凑齐所有人，那可以先聚齐有空的人。

跳出思维定式

如果工作日凑不齐人，可以试试周末午餐或早午餐；下午茶；家庭电影之夜；比萨或墨西哥玉米卷之夜；郊游野餐等。如果实在没空陪家人吃饭，至少还可以聚在一起吃零食、甜点或聊天吧。

减少外界干扰

无论何时何地，无论是孩子还是父母，吃饭时间都绝对不能玩手机。没有了手机震动和铃声的干扰，一家人能更好地坐在一起，享受快乐时光。

不用太奢华

家庭聚餐也可以很简便。这不是漫长和优雅的晚宴，你不用穿着华丽的长裙，也不用准备精美复杂的珍馐佳肴。事实上，如果准备晚餐给你带来了过多困扰,反而违背了家庭聚餐的初衷。外卖、比萨或熟食都是不错的选择。

❧ 不要过分强调营养

当今社会,父母会绞尽脑汁给孩子准备健康的食物。但如果过分强调健康,反而会让人有抵触情绪。而且尊重每个家庭成员的饮食习惯和口味很不容易。所以你要始终牢记:聚餐时吃什么不重要,重要的是全家人聚在一起。你可以给挑食的人准备煎蛋卷、麦片、三明治或酸奶,也可以用微波炉加热剩菜或者准备一些速冻食品。总之,你不用耗费大量的精力烹饪菜肴,只要在合理的范围内准备就可以了。

❧ 让孩子参与准备过程

在准备晚餐的过程中,你可以把"点餐"的权利交给孩子,或者让孩子亲手做一道最喜欢的菜。现在,孩子们可以在电视、电脑或者手机上了解各种烹饪知识。你可以让她尽可能参与到餐前准备的过程中。作为你的副厨,她也会感到自豪。买菜、摆盘、洗碗、倒垃圾不仅能教会她生活技能,还可以让她有一种为家庭做贡献的成就感。

❧ 让青少年邀请客人

你可以鼓励女儿邀请朋友到家里做客。这是一件三赢的事情:可以拉近女儿和家庭的关系；可以借机了解女儿的朋友；还能让女儿学会热情慷慨地招待客人。何乐而不为呢？

保持愉快的语气

根据人性的法则，喜欢和家人待在一起的孩子更愿意抽出时间参加家庭聚会。不要让温馨的家庭聚餐变成批斗大会。切记，不要在聚会时询问考试成绩、家庭作业或大学申请等问题，以免让女孩难堪。你要保持包容、积极和支持的态度。

在和女儿聊天时，你要尽量使用开放性语句，避免问一些是或否的问题。你可以和她聊一些日常生活的趣事，比如讨论看过的电影，回忆旅行的快乐时光，规划下一次度假计划，投票选择下一部电视剧。当你或者其他家庭成员遇到问题时，你也可以征求女儿的意见，询问她对有关问题的看法。

家庭聚会的主题

现实中的家庭聚会永远不会像情景喜剧中那么美好。尽管你已经做了万全的准备，但一些突发事件还是会让你焦头烂额。女孩们可能会聚在一起叽叽喳喳，可能会和其他兄弟姐妹争抢遥控器。他们可能会吵架、拌嘴、顶撞长辈，甚至会吵架吵得面红耳赤。即便如此，也不要取消家庭聚会。这些生动、喧闹的讨论会带给女孩如下好处：

🍃 认识自己

看似在挑战你的个人信念和家庭价值观，其实她是在反思和调整自己的价值观。

🍃 做真实的自己

出门在外时，为了避免引发不必要的麻烦，女孩往往需要迁就别人的观点。但是在家里，她们可以对一些争议话题自由发表看法。

🍃 明确自己的价值观

在和家人辩论的过程中，你的女儿会反思、打磨、完善自己的价值观。大胆把想法表达出来，可以帮她化解内心的矛盾与挣扎，找到真正的信念。

🍃 找到充足的论据

辩论要求既"辩"也"论"。她既要想办法反驳你的观点，又要找出新的论据来支撑自己的论点。有时为了争辩，她可能会站在更加极端的立场看待问题，说出很偏激的话。但是如果她后来推翻了自己先前的观点，或者采纳了之前反对的意见，不要感到震惊。

🌱 大胆表达自己

在今后的生活里,你的女儿要参加论文答辩、竞选演讲和在公司会议室里发表意见。因此,餐桌上的讨论只是她练习的第一步。她要学会让别人倾听她的想法,阐明自己的立场,充满自信地应对反驳意见,说服别人认同自己的观点。

🌱 对你的考验

当女儿故意发表一些挑衅或极端言论时,她可能在暗中观察你的反应。你会包容、开放、不加偏见地接纳,还是指责、蔑视、鄙夷她的观点?有些青少年会不好意思地承认,她们就喜欢惹妈妈生气。

当结束了一天的工作,筋疲力尽地回到家时,你可能最不想和女儿发生争执。可是,听到她极力证明一些你不认同、甚至抵触的观点时,你又难以抑制心中的怒火,下意识想让她闭嘴。但是,你的回应方式会教给她以下几点。

理性探讨

君子和而不同。即使意见相左,也可以平心静气地讨论问题。

她有权利支持不同意见

即使她和别人意见不同,也可以取得别人的理解。

认真倾听

耐心专注地倾听,是非常重要的沟通技巧。

巧妙地表达分歧

在表达观点前要深思熟虑，不要随意攻击或诋毁别人。

在你引导女儿平衡学习、休息、锻炼、娱乐、家庭团聚和享受自然时，手机就是最大的障碍。除此之外，手机还会引发一系列母女矛盾。下一章将针对青少年的屏幕时间时长和社交媒体活动，帮你解决可能面临的诸多问题与困境。

第九章　社交媒体和电子设备的管理
好的电子习惯受益终生

　　科技就像一条学习曲线。我要求女儿在网上聊天时注意自己的言辞，假装屏幕对面的人是我，是祖父母，或者牧师。如果别人粗鲁地对待她，她会不会难过？如果她的聊天记录被别人知道，会不会伤害她们的感情？参加一个不熟悉的派对，或者背后议论别人的体重和服装，这些都可能造成不良影响。

——伊莉莎，塔卢拉（14岁）的母亲

　　很长一段时间里，我爸妈都不知道我有社交媒体账号。初三的时候他们才同意我用推特，但其实我早就开始玩了。妈妈到现在什么都没说，我还等着她苦口婆心地教导我'千万不要给别人发裸照'或者'不要把社交平台的信息全部公开'呢。

——利奥诺拉（17岁）

　　一个称职的母亲必须对女儿的社交生活了如指掌，比如翻阅她的所有信息，浏览她的全部微博。我有女儿的账号密码，每周我都会登录她的社交账号，查看她和朋友聊天的内容，说话的方式，了解她朋友的动态。我还知道了一些不该知道的事情，这影响了我的教育方式。我知道她们都是孩子，但她的某些朋友给我留下了不好的印象，我想让女儿和她们保持距离。当然，如果是打电话聊天，我就没必要监听了，毕竟她16岁了。

——夏琳，威廉敏娜的母亲

这代年轻人的科技水平毋庸置疑十分高超，但问题是她们还不懂得如何正确运用。健康饮食讲究荤素搭配，健康生活也要平衡电子设备和其他活动的关系。否则，把时间浪费在社交媒体、视频聊天、信息、娱乐和视频游戏上，会损害一个人的身心健康、生活幸福和学习成绩。

相关研究也证明了这一点。心理学家简·M.腾格的大量研究表明："当青少年的手机使用时长在每天半小时到两小时之间时，他们的幸福感最强。随着手机使用时长的增加，幸福感会稳步下降。最终，上网时间最长的人心理状况最差。重度手机用户中出现抑郁、失落、消极情绪的人群数量是轻度用户的两倍。"

另一篇发表于《美国医学会精神病学杂志》的研究报告也得出了同样的结论。该研究以12~15岁的青少年为研究对象，进行了三年的跟踪调查。研究表明：每天长时间（3小时以上）使用社交媒体的青少年更容易出现心理问题和行为偏差（如焦虑、抑郁、叛逆和暴躁）。英国一项为期三年的研究也发现，频繁使用社交媒体会影响青少年（尤其是13和14岁）的睡眠质量和身体活动。

第三部分　｜　第九章　社交媒体和电子设备的管理

许多母亲会问，玩多久手机才算久。但你可以换一个角度考虑这个问题：当玩手机时，她们错过了什么？她们本该用这段时间做什么？简而言之，女孩们花在个人社交、体育锻炼、追求爱好和睡觉上的时间越来越少。也就是说，她们错过了许多有意义、有价值、学知识、学本领的活动。

线上互动并不能实质性地提高女孩的社交技能。只有面对面沟通，才能培养女孩洞察人心，处理人际关系的社会情感技能。况且，在她难过时，她更希望看到温暖的笑容，心疼的目光，或者收获一个大大的拥抱。但是线上互动并不能带给她类似的情感支撑。新冠肺炎疫情大流行期间，这个问题尤为明显。接下来，本章将重点介绍如何引导女孩正确使用科技。

♣ 她的第一个手机

什么时候该给女儿买第一部手机？我相信大多数母亲都有这个困扰，毕竟买手机不是一件小事。如果至今没有答应女儿的请求，那你肯定听过这样的说辞："妈妈，我的同学全都有手机！"或者"现在全班只有我不用微信，你想让我被别人笑话吗？"当女儿打出感情牌时，你可能会感到内疚，迫于压力你只能给她买一部手机。

我知道你想让女儿开心。可问题是，什么时候给她买手机比较合适？最近，一位母亲告诉我，她买了一部最新的苹果手机给女儿作为生日礼物，而令人惊讶的是，她的女儿今年只有五岁。为了满足女儿的心愿，她甚至要同时打两份工。这份心意让人感动，然而她的女儿年龄太小，现在还不适合用这种复杂的设备。

在高中阶段，手机则几乎是必需品，这个年龄段的女生也基本具备正确使用手机的能力。但对年龄较小的女孩来说，手机的弊可能大于利。你有没有想过女儿会用手机做什么？你可以鼓励她用手机解决生活事务。当她往返于两个家庭之间时，她可以用手机规划日程安排，或者取回自己的家庭作业和其他学习用品。当她参加体育训练时，她可以和父母保持联络，比如告诉妈妈，"教练今天要加训，你稍晚点再接我吧。"

女孩想要手机的另一个原因是为了满足自己的社交需求。虽然你可能理解不了这一点，但女孩有这个想法很正常。事实上，过度保护反而会影响她的正常社交。在和同龄人线上互动的过程中，女孩会慢慢了解年轻人的网络用语和聊天技巧。

现在，多媒体教育也加大了手机（或其他电子设备）的需求量。无论是在学校还是在家里，学生都要用笔记本或平板电脑查找资料。有些学习者或者有语言障碍的学生借助线上教学视频来辅助学习。除了学术网站，还有许多兴趣网站可以激发孩子的创造力。一位 16 岁的女生在观看蛋糕制作视频后，成为一名线上美食博主。另一位 14 岁的女生会在照片分享网站上寻找设计灵感，在自己的网站上出售自制手提包。

但是，她需要一部手机并不意味着你要专门去商场买一部昂贵的最新款智能手机。对 10 岁左右的女孩来说，智能手机其实不是最好的选择。她心智不够成熟，缺乏必要的自控力，很可能把时间都浪费在玩手机上。

除了手机，你可以选择专门为小孩设计的电子设备，比如儿童智能手表。它包含家长监督，双向语音通话，只能与特定联系人（比如父母、祖父母、保姆）通信等安全保护功能。

从你的女儿拿到手机的那一刻起，你就要给她制定详细的规则与约束。这不是不信任她，相反，这是防患于未然，提前化解未来可能的矛盾。你可以和女儿一起讨论并起草一份规章制度。为了不让她抵赖，你可以要求她在每一项条款上签名。之后，你可以把这份规章制度贴在厨房或者客厅，方便你们两个随时查看。以下是这份规章中应包含的内容：

· 所有权。这是谁的手机？是送给她的礼物，还是某种奖励？

· 责任。如果手机不慎遗失、被盗或损坏，谁来承担责任？如果女儿对此负责，那她攒钱或者赚钱的途径有哪些呢？

· 密码。女儿给手机设置密码怎么办？你知道密码吗？没有你的允许，女儿可以随意更改密码吗？

· 隐私。你会尊重女儿的隐私吗？在什么情况下你会监控女儿的信息、社交媒体状态和网络浏览记录？在查看她的手机隐私之前，应当先告诉她，否则，你窥探隐私的行为会引起她的反抗与不满。

· 账户。哪些社交媒体软件的账号你的女儿可以注册？哪些不能？她不能在网络发布哪些内容？

· 位置。她可以把手机带到学校吗？你是否会要求她遵守学校的规章管理制度，并且以身作则？（比如，如果学校不允许带手机，就不要在上学期间给她发消息）如果老师或班主任没收了她的手机，你会采取什么行为？在家里，你可以要求她在特定的区域，以及特定的时间段不玩手机

（比如，吃饭、度假、周末外出、和家人聊天的时候）。如果你允许她把手机带回卧室里，那么睡觉时间是几点呢？为了让她牢牢遵守这些规定，你可以要求她睡前关机或者调成静音模式，并且关闭手机的闹钟功能。

• 礼仪。当在公众场所（餐馆、别人家、剧院、商店）时，什么情况方便回消息、接听或拨打电话？她必须立刻接听你的电话吗？有例外情况吗？什么时候她应该把手机设置成静音或者免打扰模式？

• 哲学。现在，人们在低头玩手机的同时会忽略身边的人。你要告诉女儿这种"身在心不在"的行为是对科技的滥用。美国心理逻辑协会指出："科技给世界各地的人架起了沟通的桥梁，可是我们与家人的关系却越来越远。"

• 判断。你要教导女儿在使用手机时尊重他人、诚实守信、正直坦诚。她可以随意挂断好友的电话吗？你需要提前给她打好预防针，如果有人要求她发裸照，她必须和你商量这件事。告诉她你这么做的目的不是为了惩罚，而是为了避免她一时头脑发热，犯下不可挽回的错误。

• 错误。要想正确使用手机，女儿需要时间慢慢学习。在这个过程中，她可能会犯错、闯祸。你要和她冷静地探讨问题，一起找到问题的原因和解决的办法。在展现出足够的判断力之前，你有权暂时剥夺她使用手机的权利。

🌳 培养健康社交行为

出于对潜在风险的担忧，大部分母亲都不放心女儿使用社交媒体。为什么她那么想注册社交账号？为什么不看社交媒体，会让她觉得自己跟不上潮流？要想弄清楚为什么社交媒体有这么大的吸引力，你要先理解她的内心想法。简而言之，社交媒体可以让她们感到自己更合群、更重要、更自信，从而减轻青春期的不安全感和孤独感。

皮尤研究中心的一份报告显示，在青少年眼中——社交媒体拉近了他们和朋友的关系（81%），给他们提供自我展示的平台（71%），帮助他们了解朋友的情绪（69%），能够在遇到困难时提供帮助（68%）。社交媒体平台也是青少年的主要信息来源，可以让他们了解发生在世界各地的事情。

在女儿使用社交媒体的过程中，你该如何保证她的安全？你既不能过度保护（不利于女儿发展自立能力），也不能放任她为所欲为（会导致她缺乏基本的判断能力），而是应当找到二者的平衡点，像往常一样悉心教养她。

因此，从一开始，你就要教导女儿作出明智、妥当的决定。女孩在校内的信息网络课上肯定也学过相关知识，譬如：社交媒体的潜在危险、身份盗用、个人信息泄露的后果、浏览健康网站、抵御不良信息、合理安排时间，以及沉迷手机的危害。

即便你每天苦口婆心地劝说，可能也拦不住青春期女孩的叛逆心理。这个年龄段的女生最容易沉迷于手机带来的快感。由于决策力、自控力和预测能力还不够成熟，她很容易屈服于外界的诱惑，为了追求刺激而浏览一些猎奇网站。

当看到一些恼人的言论和帖子时，她可能会被一时的愤怒冲昏头脑，冲动之下做出莽撞的举动。由于缺乏强大的逻辑推理能力，女孩很容易在网上发表一些过激言论。她们过分依赖网络的匿名功能和畅所欲言的刺激感，根本不在乎自己会不会被发现。在青少年看来，这些都是小事。所有人都在网上披着马甲说话，没有人知道她发了些什么。

特里莎是一名刑事辩护律师，也是两个孩子的母亲。她非常清楚这种心态会带来怎样恶劣的后果，因为她曾为许多在校学生做过辩护。这些学生之所以卷入法律纠纷，就是因为他们在互联网上发布了一些不当言论。特里莎解释说，在受到惩罚之前，这些学生和家长都没有把这当回事。他们既缺乏基本的法律常识，也没有意识到自己的行为会给别人造成多大的伤害，等收到学校的惩罚决定书后，才感到震惊茫然、追悔莫及。与此同时，社区执法也在加强。越来越多的人因为校园霸凌被捕入狱，收集和转发未成年人裸照也会被指控从事儿童色情活动。

你当然希望女儿能远离这些严重的问题，最好只是在手机上和朋友闲聊解闷。不过，在她提高自控能力的同时，你也要发挥自己的引导作用。与其等她犯下不可弥补的大错，不如防患于未然，提前和她讨论可能遇到的问题。最好包含如下内容：

如何保证安全

在合适的情况下，你可以帮孩子注册一个隐匿身份的网名。建议她永远不要在网上透露任何个人信息，包括但不限于电话号码，地址，学校，年龄和生日。此外，你要时刻提醒她们不要发布包含上述内容的照片（比如包含校徽、校名，或相关话题的照片），以免在不经意间泄露个人信息。提醒她，可能会有陌生人关注她，或者直接给她发消息要裸照。她需要屏蔽或举报这些人。

网络没有任何隐私可言

为了不让她寄希望于所谓的"匿名",你要告诉她网络上没有任何隐私可言。所有人都能看到她在公众平台上发布的内容,包括现在的老师、朋友的父母和学校校长,还有将来的实习主任、大学招生官和潜在的雇主。而且,无论愿不愿意相信,她私下与朋友分享的内容都可能被人截图保存,在她不知情的情况下到处流传。许多女孩一直坚信朋友不会泄露自己的隐私,可是在朋友圈四处散播的聊天截图却让她哑口无言。

因此,数字时代的黄金法则是:在发消息(或朋友圈)之前,先想想你愿不愿意让长辈看到这些内容。如果答案是否定的,那最好什么都别发。

互联网永远有记忆

青少年必须知道,网络上的一切都有迹可循。即使是仅对个人可见的朋友圈,只要被有心人截图,那它也会永远留在网络空间里。试想,你未成年的女儿正在参加一场聚会。席间,大家一时兴起喝了几杯酒,玩得有点疯。如果当时的照片或视频被人发布在网络上,若干年后,只要进行简单的谷歌搜索就能找到你女儿的这些照片。这甚至会影响她大学录取或求职经历。

网络会带来伤害

作为一个母亲,你可能会担心别人伤害你的女儿。反过来,你也要让女儿知道,你不希望她伤害任何人。她不可以实施任何伤害别人的行为,无论是语言暴力还是网络造谣，这都是对科技的误用。

🌱 被威胁的后果

在社交媒体和线上论坛里，经常可以看到各种网络暴力。你可以把这些问题摆在明面上讨论，直接询问女儿："你有过这样的经历吗？""你见过这样的事情吗？"你要让她知道，只要有任何不舒服、害怕、被欺负或恶意攻击的经历，都可以随时来找你。你不会责怪她或者没收她的手机，而是温柔地帮她解决问题。

🌱 虚假信息无处不在

在网上交友的过程中，你的女儿务必多留个心眼，千万不能随意相信网上结识的陌生人。在网上，一个自称来自德州的17岁女孩有可能是住在你家隔壁小区的55岁男性。你的女儿必须对散布错误信息的网站；散布谣言、制造恐慌和仇恨的表情包保持警惕。如果她无法独立判断事情的真相，可以寻求你的帮助。

♣ 停用家长监督模式

如果你一直依赖手机上的家长模式监督女儿的一举一动，那我接下来说的话很可能会让你失望——用技术去限制技术是非常不现实的手段。这代年轻人从小在网络科技的环境中长大，她们知道怎样轻易绕开所谓的保护功能。

即使是专业的计算机工程师也不知道怎么设置隐蔽的、内置的家长监控功能，更不用说阻止青少年绕开这些保护功能。这代青少年非常聪明，她们能找到如何在获得访问权限的同时绕过父母限制的方法，比如恢复出厂设置，创建新的苹果账号，下载特殊软件，关闭屏幕使用时间限制功能，更改设备时间设置来欺骗系统，或者删除并重新安装应用程序。

最好的解决方案就是取得女儿的信任，和她成为盟友。此时，你先前费尽心思建立的亲密、包容、相互信任的母女关系终于可以派上用场。你可以运用之前学过的沟通技巧和她交流，根据她的生活安排制定适合的规则。

一个心智成熟，能够平衡工作、社交和睡眠的女儿自然不需要你操心她的屏幕使用时间。可是，一个年龄尚小，被日程安排和生活琐事弄得焦头烂额的小姑娘仍然需要家长的约束。许多家长允许孩子在写完作业后玩一会儿电子设备。如果进展顺利，那你可以保持这个状态。可是如果女儿每天晚上都因为玩手机和你大吵大闹，那你必须让她意识到自己的问题，否则她会被剥夺玩手机的权利。

同样，如果你的女儿正在抖音上学习如何编织手链，那你可以放心地让她玩。但是，如果你发现15岁的女儿正在和另一所学校的18岁男生搞暧昧，那你可能需要立刻查看她的社交媒体账号和聊天信息。如果实在过于担心，你甚至可以临时在家里的电脑上安装实时追踪软件，监控女儿的一举一动。

即使允许她和朋友随时互发消息，你还要多留意她的群组聊天和群组通话，毕竟聊天群内最容易滋生肮脏、霸凌和恶意事件。在参与聊天时，她可能需要征得你的同意，向你描述聊天的内容和语气，必要时甚至要向你展示聊天记录。在她和朋友具备良好的自制力和判断力后，你可以逐渐放松要求，让她独立管理自己的线上社交。

♣ 提高她的判断力

女儿在使用社交媒体的过程中会遇到各种突发状况，你既不可能未卜先知，也不能巨细靡遗地帮她解决每一个问题。还是那句话，授人以鱼不如授人以渔。你可以给女儿假设一个情景，询问她：遇到这种情况，你会怎么做？会产生怎样的风险？值得吗？

🌱 塑造她的网络形象

你要先了解女儿上网的意图。她是想进一步巩固和朋友的关系，还是希望通过结交新朋友来扩大社交圈？她现在的朋友接纳她吗？她是不是想摆脱同学眼中对自己的刻板印象？她愿意走出自己的舒适圈吗？她想塑造一个怎样的网络形象？为什么？十几年前，女孩主要通过尝试不同的服装、妆容和配饰来找到自己的风格。现在，她们只需要动动手指，发布社交动态就可以展现自己的"人设",但同时也要做好被审视的准备。莉娜（17岁）说:"别人会第一时间关注我们的长相,而且只关注我们的长相。他们根本不在乎我们的内在品质,也不会认真听我们讲话。"

在女儿使用社交媒体的时候,她会不会特别在意别人的看法？如果没有人点赞、评论、转发她的帖子,或者她在朋友圈里看到其他好友单独聚会的照片,她会作何反应？只有接受真实的自己,她才能坦然面对社交媒体的闹剧。

奈玛（17岁）说:"我之前特别在意网上的评论,因为这个没少折磨自己。可是现在,我觉得没必要刻意在网上维持虚假形象。我不在乎别人怎么看我,只想大方做自己。我又开始涂黑色眼影,戴多条项链。如果别人因为穿着、长相或思维方式而不尊重我,那我也没必要尊重他们。"

缺乏安全感的女生更在乎同龄人的看法。莱内尔在18岁时意识到,"其实,别人的认可是一件毫无意义的事情。社交媒体不仅没有缓解我的焦虑,相反,对于容易受到同龄人影响的女生来说,反而会加重她们的焦虑情绪。"她停顿了一下,然后坦白道:"我声称自己不在乎别人的看法,可实际上我非常在意。"

评判别人的帖子

正因为所有人都想在社交媒体上展现自己最好的一面,你的女儿很可能陷入焦虑情绪。研究表明,当青少年根据朋友圈状态判断一个人的情绪时,往往会对快乐情绪有6%的高估,对负面情绪有17%的低估。这种认知偏差会影响她的自我判断。在她眼中,同龄人都心情舒畅、生活愉悦,只有自己每天自怨自艾，和社会格格不入。

随着年龄的增长，女孩会更善于辨别真相。欧娜（17岁）说："现在我看到朋友发的帖子，会在心里默默想，'拜托，我知道你根本没那么开心。这张照片是两个月之前拍的，只不过现在才发。'我恨不得昭告天下：'各位！我知道照片背后的真相哦。'"

微妙的沟通技巧

如果你严格规范女儿在网上的一言一行，那你反而会错过了解年轻人的机会。相反，你可以问女儿一些问题，比如：你觉得在网上发什么比较合适？你会怎样定义优质朋友圈？那什么是差劲的朋友圈？什么样的行为会引发攻击性或负面评论？如何性感而不低俗？怎样区分风趣的调侃和刻薄的评论？自信与自负的区别是什么？

你可以要求女儿举一些例子来帮助你理解。你们还可以一起讨论表情包的内涵，比如什么样的表情包不合适，为什么？她打电话时有哪些注意事项？在和你沟通这些的同时，她也会形成更清晰的价值观和界限。

不要做事后诸葛

青春期女孩的年龄较小，认识能力不足。当作出错误的判断时，不要急于指责她们。相反，你可以把它看作一次历练的机会。当你听到她言谈粗鲁时也不要大惊小怪，这只是青少年之间的沟通方式，在长辈面前她不会这么失礼。就算看到可疑的照片，你也不要妄加评判。你可以暗自揣摩她的想法，或者干脆什么都不要想。

例如，你可能会忍不住对女儿大喊："天哪，你怎么能穿着比基尼拍这么暴露的照片？你怎么想的，以为自己是杂志模特吗？"相反，你可以说："我看到你在朋友圈里发的照片了，我想和你聊聊这件事。"如果她心怀戒备，不愿意和你客观地讨论问题，那你必须直接告诉她这件事的后果。知道心怀叵测的人可能会保存、转发，甚至对着她的照片幻想，她会有另一番认识。

正确解决网络暴力

在网络空间，那种虚假的匿名感会让害羞、内向，或温顺的女孩变得咄咄逼人。没有任何女生能逃过这个魔咒。当发现女儿也在网上欺凌别人时，不要直接批评或者教育她。相反，你应当站在她的角度考虑问题，问问为什么她要这样对别人？这件事有没有更好的解决方法？如果你的女儿仍然没有认识到自己的错误，那你可以反过来问她，如果她是那个受害者，会有什么感觉？

此外，维权也应当采取合理的手段，否则你很可能从受害者变成犯罪者。艾丽尔（15岁）在被一个网友频繁网络骚扰后，决定听从父母的建议，积极捍卫自己的权益。她给那个男生发短信警告他不要再骚扰自己，没想到那个男生立刻报警称艾丽尔威胁他。当你的女儿也遇到类似问题时，千万不要轻举妄动，最好能先咨询专业人士的意见，或者向警察求助。现在，许多社区都有专门处理网络犯罪的专职警官。

从别人的错误中吸取教训

在青春期，要想知道科技会怎样放大一个人的错误，女孩可以关注全美的青少年新闻报道。佩奇是一名教师，她"非常清楚聊天截图泄露会产生怎样的后果。我希望我的学生明白，这不是她们的妈妈在危言耸听，这都是发生在我们校内的真实事件。"

你可以拿她朋友的经历举例。对于朋友的不幸遭遇，你要表现出同情而不是谴责的态度。你可以询问女儿对这件事的看法。她认为朋友哪里做得不对？她会给出怎样的建议？朋友的经历更容易让女儿感同身受，从而做出不同的选择。女孩经常告诉我，她们会下意识避开朋友犯过的错误，不去讨论。

犯错的后果

教女儿正确使用社交媒体就像教她开车一样。她想要自由地开车出行，就必须证明自己具备相应的能力和判断力。上网也是这样，她想要逃离父母的监管，就必须展现出良好的责任意识和判断能力。

当女儿违反规定或者犯错时，你的第一反应可能就是拿走她的手机。如果是这样的话，要想清楚这么做的目的以及行为的后果。即使她犯了非常严重的错误，需要接受严厉的惩罚，那也不能忽视惩罚带来的副作用。

你肯定不想给她添麻烦。毕竟，除了和父母、老师、教练和导师联系外，你的孩子还需要用手机写作业。青少年告诉我，"老师会把所有内容都上传到云课堂上。要想学习，就一定离不开手机。""如果没有手机，那会很尴尬。你得走到老师面前，硬着头皮和他说，'老师，我没有手机，没法完成网上作业。'，别人就会问'为什么呢？'"

强行拿走手机还会影响女儿的心理健康，你肯定也不希望发生这种事。女孩看不到朋友的消息和动态，会觉得失去了朋友的支持与关怀，随着时间的推移，她们会变得焦虑和沮丧。所以，当你准备切断她和外界的联系时，她会崩溃的冲你尖叫："妈！只要不拿走我的手机，其他怎么都行！"你要告诉她，只有表现出相应的责任能力，才能拿回她的手机。

青少年的大脑会对成长经历尤其敏感。大脑学习其实是一个不断犯错和纠错的过程。这个过程是一种良性循环。随着前额皮质逐渐成熟，她会有更好的自控能力。当她懂得管理自己的冲动时，前额皮质的突触又会加强，从而具备更好的判断力。在这段时间里，你要充分发挥自己的警惕性和敏捷性，帮助培养她的自控能力。

♣ 主动远离手机

值得注意的是，在远离社交媒体的青少年中，超过一半（65%）的人是自愿这样做的。有的人认为社交媒体会打扰他们的学习或工作；有的人被社交媒体弄得心力交瘁，想还自己一片安宁；24% 的人是因为厌倦了网络冲突和闹剧；20% 的人不想再随波逐流。还有一些青少年决定清空自己的关注列表，其中，78% 的人也是因为不想再看网络闹剧，54% 的人是厌倦了纷杂繁多的社交话题，52% 的人则是因为厌恶网络霸凌，无论受害者是自己还是别人。

这些科学研究可以指导你的育儿决策。那些主动远离社交媒体的女孩更在意自己的时间。暂时离开或者完全退出社交媒体会让她感到轻松，有更多时间做自己的事情，还能和身边的人保持亲密联系。

相比之下，被迫离开社交媒体的青少年中，49% 的人会感到焦虑和孤独。当手机损坏、丢失、被盗，或者被父母没收时，青少年会产生"错过恐惧症"（FOMO）。她们害怕与重要的人失去联系，并想尽快回到社交媒体上。这种孤独感会进一步催生绝望。

如果你的女儿愿意主动远离社交媒体，你可以建议她尝试以下方法：

·使用屏幕使用时间或其他功能来记录他们的活动与时长（比如，"手机屏幕使用时间会显示你连续玩了五六个小时手机，'天哪，如果没有玩这么久手机，我也不会写作业写到凌晨两点了。'"）

·开启"免打扰"模式，该模式将禁用手机的消息通知功能，但仍能接收指定联系人的来电。

·将手机调成静音模式，屏幕朝下放在桌面，这样就看不到手机屏幕亮起。

·请朋友帮她更改社交媒体密码，在考试、比赛或其他重要活动结束前不要透露新密码。

・在准备考试期间可以卸载觉得浪费时间的应用,等考试结束后再重新下载。

♣ 克服社交媒体的诱惑

对青少年来说,拿走手机其实并不是一件坏事。例如,一组八年级学生在没有手机的情况下进行了为期五天的科学考察。考察结束后,他们普遍觉得自己更开心了。同样,另外一所学校禁止学生携带手机。起初同学们怨声载道,但是当习惯这件事后,他们发现离开社交媒体让自己压力减轻、注意力集中、快乐情绪提高。

我采访过的女生也认同这一点。拿走手机后,她们的生活反而更加惬意。泽泽(17岁)告诉我:"初三的时候,我把大部分时间都浪费在推特上。后来我妈妈没收了手机,注销了账号。等拿回手机后,我对推特也没什么兴趣了。离开社交媒体后,我的生活反而变好了。"

不过,你也不能对此抱有太大的希望。只有当女孩具备成熟的洞察力和认识能力时,她们才能认识到这一点。安娜贝尔(18岁)就意识到社交媒体不适合自己,最终选择了退出:"在社交平台上的我不是真实的我。我反思了很长时间,认为这就是我不开心的主要原因。朋友们几乎每天都要发新的朋友圈,我受不了了。这不是我想要的东西,所以就把朋友圈关闭了。"

对17岁的弗洛来说,这是一个循序渐进的过程:"暑假期间,我拿回了自己的手机，但突然对社交媒体失去了热情。我不想在网上频繁地分享我的生活。"我问弗洛是什么改变了她。她说："我不关心别人在做什么，那他们又为什么要关心我？"

♣ 培养健康习惯

要想青少年平衡手机和生活的关系，那家长要先以身作则，因为青少年会观察父母的一举一动。如果想让女儿放下手机，那你就必须先把自己的手机放在一边。在面对面交谈时，所有家庭成员都应该把手机放在另一个房间或把手机调成静音。研究表明，只要两个人在桌子上（或者在视线范围内的任何地方）放一部手机，那大概率会影响他们讨论的话题，或者他们对彼此的感觉。

♣ 过度使用

当女孩和好朋友闹矛盾时，她可能会一遍遍查看自己的手机，看朋友有没有发来新消息。这个等待的过程会引发进一步的焦虑情绪。如果你的女儿缺乏良好的自控力，或者玩手机的习惯已经影响到她的睡眠和学习成绩，那你有必要采取一些强制措施。

她是否存在以下情况：
- 拒绝朋友的外出邀请
- 减少或放弃课外活动
- 不完成作业
- 项目和论文进度落后
- 在看电影和电视时也不停地看手机
- 当你拿走她的手机，她会极度不安
- 好像只有在玩手机时才会开心
- 变得更加情绪化或烦躁
- 难以控制自己玩手机的时间
- 伪造屏幕使用时间
- 当你拿走她的手机或者禁止她登录社交媒体，她会情绪崩溃

如果你的孩子出现上述情况，你该如何应对？首先，你要询问她上网的感受。最近她是否感到不安？在社交或社交媒体上有没有发生让她警惕的事情？如果答案是"有"，你可以直接联系相关人员，和他们一起解决女儿的手机问题。

可以循序渐进，让女儿慢慢减轻对手机的依赖，而不是直接强行拿走她的手机。比如，你可以安排一天"家庭无手机日"，带她参加一些有趣的活动，转移她的注意力，鼓励她和同龄人一起户外旅行，让女儿暂时忘记那些烦人的应用和程序。

如果仍然担心女儿的心理状况，那你可以带女儿接受专业评估，查看

她是否符合手机成瘾的临床标准。目前，全美各地都在制定新的方案，试图解决这个日益严重的问题。

对于每晚的作业大战，手机是最大的罪魁祸首。在女儿眼中，自己是一个多任务处理专家。她可以一边查阅材料，一边刷社交媒体，同时还能和朋友视频闲聊。此外，作业还会引发其他矛盾，比如什么时候该写作业？该怎样写作业？家长应当怎样监督？家长的帮助是否必要？下一章将围绕作业问题展开，具体讲述该如何采取合理的方式应对作业矛盾，同时帮您营造温馨和谐的家庭氛围。

第十章　你不是家庭作业警察
不要把孩子变成"坏人"

　　每当我作业特别多时，我最不愿意看到母亲来"帮忙"。拜托，我不需要她指手画脚，我知道自己该做什么。我的压力已经很大了，她只会火上浇油。

——艾丽西亚，15 岁

　　当女儿遇到困难时，我做不到袖手旁观。作为一个母亲，我的职责就是引导她，尽我所能帮助她走上正轨。大学是她人生中的决定性阶段，我必须帮她渡过难关。她需要兼顾运动、社交和睡眠，还要把学业放在第一位。但她不懂得如何分清轻重缓急，也不愿意接受我的建议。

——汉娜，弗兰妮（16 岁）的母亲

　　我知道自己该振作起来，而且我也的确是这样做的，但妈妈不配合我。她只会不停地唠叨，从来不听我的想法。我需要帮忙的时候自然会去找她，但她则想让我大事小事都找她。

——弗兰基，17 岁

家庭作业的闹剧一直都在上演。在父母眼中，要让这些不自觉的小孩认真写作业，离不开大人的监督与管理。如果女儿在学习方面遇到困难（譬如考试失利、作业迟交，或者找不到学习资料），母亲可能觉得自己有必要帮助女儿安排学习计划。但对女儿来说，母亲的干涉反而会打乱自己的安排。这会把母女双方都折腾得筋疲力尽，最终引发激烈的家庭矛盾。

许多青少年会逃避工作和父母。利亚（16 岁）说："我不愿意和父母争吵，所以我干脆躲到一边。"还有的女生会试图通过撒谎解决问题，但却把事情弄得更糟。对一些学生来说，与父母争吵是他们分散注意力的好方法。萨米（17 岁）说："我还小的时候，我妈妈总是因为作业和我争吵。为了不写作业，我就故意主动和爸妈吵架。"

为了打破这种模式，本章将介绍人们对成功的误解。你会知道为什么提醒、哄骗和检查通常不会产生理想的效果，反而会打击孩子的积极性。此外，根据神经科学研究的理论成果，本章还会向你介绍如何有效提高孩子的动力、学习能力和责任心。这些建议不仅能帮助女儿成功，还可以减轻你和整个家庭的压力。

及时施以援手

卡洛琳是一名高二学生。当我对她进行心理评估时，我发现她存在严重的阅读障碍和理解障碍。我根本想不通为什么她学习成绩还那么好。后来卡洛琳解释——为了减轻她的学习压力，她妈妈会帮她完成所有的英语作业和历史作业，而她的奶奶（之前是一名教师）则负责帮她完成科学和数学作业。

由于卡洛琳的老师一直以来都在批改她妈妈和奶奶做的作业，也就无法发现卡洛琳的问题。在全家人的"共同努力"下，卡洛琳的问题越来越严重。等到十年级的时候，她和父母终于意识到，除非她真正做出改变，否则不可能适应大学生活——贫乏的学习能力、适应能力、自我调节能力，会让她在大学处处碰壁。

提醒 / 质疑 / 唠叨

面对母亲的提醒、唠叨和质疑，大部分孩子都嗤之以鼻。事实上，母亲自以为在含辛茹苦地教导女儿，实则是"出力不讨好"。女儿会觉得在妈妈眼中，自己做什么都是错的，而那些辛苦辅导女儿的母亲也有同样的感觉。

有时为了和父母赌气，女儿明知道妈妈说得有道理，仍然我行我素，拒绝采纳父母的建议。卡珊德拉（17岁）告诉我："做初级研究项目的时候，妈妈越是唠叨，我就越不想做。哪怕我知道自己必须立刻动手，再不做就来不及了，但为了不让她如意，我就是不做。"这种幼稚的逆反心理其实损人不利己。

线上校园平台

线上校园平台是学校专门为家长建立的。在数字平台上，家长可以了解孩子的出勤情况、作业完成度和考试成绩。现在，你可以实时在手机上查询女儿考试成绩，不用再眼巴巴地等着成绩单。有些学校可能会限制家长的访问权限，但是大部分学校都没有，你可以了解孩子每一次测验的成绩。有些家长几乎从不关心孩子的成绩，很少登录网站，有些家长则处于另一个极端，恨不得时时刻刻查看网站上的最新消息，了解孩子在家庭作业、测验、考试、课堂参与和项目完成方面的进展。

线上校园平台已经彻底改变了青少年的学习环境。但在我看来，这种改变不是什么好事。父母的高密度监管会影响孩子的压力水平、动机、态度、行为、学业成绩和家庭关系。

增加压力和考试焦虑

现在，实时更新的考试成绩就像股市行情一样，任何微小的浮动都会牵动一家人的情绪。父母会拿放大镜仔细观察和分析孩子的每一次成绩，甚至作为惩罚的依据。

梅（12岁）解释说："以前出成绩的时候我很紧张，现在不用我说，父母可以自己在校园网上查看我的成绩。"尽管梅是一个成绩优异的三好学生，但每一次父母查成绩时，她都会感到心惊胆战。她才刚上六年级。

违背考试的初衷

理想状态下，成绩只是反馈学习情况的一种工具。但是其他学习情况也很值得注意——学生能否熟练掌握课上学习的内容？他们的学习效率如何？是否善于管理时间？学习方法哪里需要改进？线上校园平台很少关注这些内容，它的大部分精力都用于迎合家长的需求。其实成绩只是一个人的外在成就，过度关注成绩反而会让家长忽视内在品质的重要性。

干预师生关系

一直以来，自主学习是指学生自己对学业负责。然而，线上校园平台却允许家长插手师生关系。现在的家长可以直接和老师沟通交流。这种行为不仅破坏了学生的自主意识，还会影响师生之间的互动。家长会代替学生向老师寻求帮助、了解学习情况、要求延长考试时间。

帮助女儿成功的秘诀

要想让女儿成功，家长一定要避免干预女儿的生活。你能给她最好的礼物就是自由，要让她自主安排自己的学习生活，不受外界压力、期望、要求的干扰。与此同时，你可以培养她对学习的终身热爱，有效的学习习惯和强大的执行能力能帮助她实现当前和未来的目标。

适度参与

其实，越是幸福快乐，学业有成的孩子，父母的干预就越少。你应当扮演温柔、强大的顾问角色，鼓励孩子自己安排学习计划，在必要时才给她提供帮助。例如，不要替她写论文，而是要告诉她如何列大纲、编辑和校对。你可以问自己以下几个问题。

她知道自己该做什么吗？

你可以直接问她知不知道该怎么办。她要先清楚流程才能开始工作。有必要的话，你可以和女儿一起寻找方向，理清脉络，再给她留出空间做自己的事情。

她理解这些内容吗？

当女儿遇到学习瓶颈时，家庭作业就能反映出她的知识漏洞。如果可以的话，你可以帮她强化概念，或者提供其他学习技巧。比如，她可以试试复习课堂笔记或相关的课本内容吗？给老师发邮件寻求帮助呢？或者和同学一起学习呢？

她需要提前锻炼吗？

在独立完成作业之前，你的孩子可能没什么信心。你可以建议孩子尝试一些类似的事情。一旦进入最佳状态，并且找到了自己的学习方法，她就能够自己完成这项工作。

她需要大人操心吗？

为了确保孩子不要误入歧途，家长可以多留心孩子的成长经历。

设定家庭守则

你的孩子可能声称自己在房间写了整整五个小时的作业。可是你真的知道她在干什么吗？到底是在埋头苦读，还是一边三心二意地写论文，一边和朋友闲聊或者刷剧呢？不，你不知道。那她是否真的写完作业了？你也不知道。你不是，也永远不可能是一个家庭警察。你能做的就是给孩子提供方向，设定合理的作业时间。杜克大学的心理学家和神经学家发现，家庭作业的确可以提高初中生的学习成绩。但是对高中生来说，要想实现效益最大化，每晚学习时间不能超过两个小时，而根据我的经验，大多数年轻人的学习时间远比两个小时要多。

《学习习惯》[①]一书的作者在对 5 万个家庭进行调查研究后，建议小学低年级学生最好每天只花 10 分钟写作业，六年级的学生平均每天一小时，高三生平均每天两小时。家长可以设置一个定时器，如果女孩可以提前完成作业，她就能做自己感兴趣的事情。

这个方法非常明智，因为它把写作业的主动权交给孩子。写完作业后，她们就可以自由安排时间。而且设定明确的时间后，女孩就不会再抗拒和拖延写作业。慢慢地，她们也能养成良好的睡眠作息。最重要的是，女孩可以在固定的时间段里专心学习，不受外界干扰，这个过程可以提高她们的自制力。

---

① 全称为《学习习惯：适当的家庭作业和教育方式可以帮助孩子在学习和生活中取得成功》

🌱 鼓励她管理时间，安排计划

规划力是指妥善规划自己的生活，或者规避最终风险的能力。当她每天醒来时，要清楚今天的首要任务是什么，以及完成该任务需要哪些步骤。她还可以提前安排好一周的工作，在日历或计划本上标记出每一项任务的截止时间。这样就可以合理安排时间，也不会遗漏任何事项。

在确立目标后，你可以鼓励她反向思考——要完成这项工作需要哪些步骤？每一步分别要花多长时间？她可以先估算出大致的时间，再结合实际情况来验证猜测的准确性。随着一遍遍修改和完善自己的计划，最终她开始能妥善安排自己的生活。

🌱 表扬她的努力，而不是能力

许多父母想知道该如何培养孩子的上进心。可问题是孩子上进这件事不可能强迫出来。你费尽心思的激励除了引起孩子的反感，几乎不会有任何效果。比如，当你以金钱或其他方式激励孩子好好学习时，反而会干扰并扼杀她的内在驱动力、逻辑思维和创造能力。事实上，研究表明，要想保持良好的学习成绩和心理状况，最好的办法是支持孩子自立，减少父母干预。

除了树立良好的学习品德、提供框架、赞扬她的努力外，你还可以采用心理学家卡罗尔·德韦克所说的成长型思维模式来帮助女孩成长。具有成长型思维模式的青少年更容易成功，因为她们坚信付出就有回报，努力就有收获。在面对具有挑战性的任务时，她们敢于走出自己的舒适区，承担风险，迎接挑战。这种持之以恒，直面挫折的心态值得鼓励。

此外，你不要一直在孩子面前夸她聪明，有天赋。虽然这听起来有违常理，但这种表扬会带给孩子一种不健康的心态。她们会觉得自己的天赋是与生俱来的，努力和奋斗的重要性不值一提。当她们遇到困难时，她们会直接选择放弃。

《心理学观察》上的一篇文章表明，成长型思维模式可以在很大程度上影响青少年的表现。该研究以9~13岁的荷兰青少年为研究对象。在做数学测验时，有些学生会以成长型思维模式激励自己（比如"我会尽最大的努力"），而有些学生则笃信自己本身的能力（比如"我一直很擅长数学"）。结果显示，前者会激发自己的潜力，后者则具备平稳的心态，这种心理暗示都或多或少提高了她们的成绩。

作业不完美也没关系

你是不是已经养成了帮女儿检查作业和纠正错误的习惯？随着她一天天长大，不能再这样插手她的学习。你可能会问，难道就眼看着她交一份平庸普通，甚至错误百出的作业吗？是的，想让她对自己负责，你就必须这么做。毕竟写作业的目的不是为了拿一个漂亮的分数，而是查漏补缺，改进自己的学习。

从这个角度看，写作业是为了培养孩子的自我意识、创造力和书面表达能力。所以，你可以了解女儿的想法，帮她理清自己的思路，提供修改意见，但是不要直接拿着红色记号笔去修改她的论文，或者替她重写。

更何况，交作业也是学习的过程。如果她因为随意敷衍而遭到老师的批评，朋友却因为认真完成作业受到老师的表扬，她也会觉得很难受。因此随着时间的推移，女孩会想办法提高自己的学习能力，用心完成作业，成为一个认真自觉的好学生。

发挥她的优势

我们都知道人无完人，金无足赤，可是家长总会对孩子抱有不切实际的幻想。十几岁的孩子当然不可能完美无缺。你可以引导女儿取长补短，发挥自己的优势，结合以往的经验教训，保持乐观的态度与决心，最终成功实现自己的目标。

假设，她曾经站在竞选台上，通过振奋人心的演讲和精心制作的海报成功当选学生会干部。那现在该如何运用这些技能找到一份优质的暑期实习或工作呢？再假设，她曾经为了参加大提琴独奏会或舞蹈比赛而刻苦训练。那她可不可以用同样的毅力与恒心准备入学考试？

帮助她调节情绪

如你所知，情绪管理对于学习和成长非常重要。消极悲观的情绪会影响一个人的动力、注意力和学习效率，还会让青少年感到孤立无援，不知所措。

当女儿神情呆滞地坐在桌前，对任何事情都提不起兴趣时，你肯定会忍不住冲上去帮她解决问题。但退一步来说，为了今后的发展与学习，她必须学会自己处理和克服不适。你要理解女儿的感受，同情她的经历，帮助她给情绪"贴标签",并且询问她该如何平复自己的心情?

现在,该怎样安抚她的情绪?怎样才能彻底解决这个问题?写日记有用吗?短距离跑步或遛狗呢?绝对安静和不受干扰的环境反而不适合学习。十几岁的女孩最好需要外界的刺激。比如,她可以在学习时播放一些舒缓或振奋的音乐,也可以坐在厨房或客厅里学习。

患有慢性焦虑或抑郁的女孩更适合在稍微嘈杂一些的环境中学习。当她们受到外界的刺激时,会把注意力从内心世界转移到外部环境中,从而更高效专注地学习。你可以鼓励她们接纳周围的噪音,和同学一起学习,或者坐在吵闹的区域学习,这样反而可以减少内心的情绪波动。

鼓励她找到个人学习习惯

每个人都有自己独特的学习习惯。正如前文所述,有些青少年适合在卧室里安静地学习,有的女孩则必须坐在厨房前,在相对嘈杂的环境中学习。有的青少年适合直接挑战高难度任务,有的青少年则需要循序渐进,从易到难一点点增强自己的信心。

所以不能把别人的学习习惯强加在女儿身上。相反,你要询问她适合哪种学习方式,以及为什么。即使你不认同她的观点,仍然要尊重她的想法,与此同时,你可以给她推荐一些实用的神经科学技巧。

养成良好的睡眠

充足的睡眠是高效记忆的前提。

科学的作息时间可以保证孩子的睡眠质量,固定日常生活习惯。但如果你的孩子日常作息不规律，不同的睡眠模式会导致不同的学习表现。

大多数深度恢复性睡眠（又称为第三睡眠阶段或慢波睡眠）发生在上半夜，有助于提高人的记忆力、创造力和思维能力。研究人员认为，深度睡眠可以巩固"陈述性"记忆，比如事实、数字和词汇。如果你的孩子正在学习法语变位或者记忆历史时间表，那她最好在合理的时间上床睡觉，保证充足的深度睡眠。如果她需要额外的复习时间，那她可以第二天早起学习。

然而，在准备独奏会、表演、海选或选拔赛期间，这个方法就不再适用。这是因为快速眼动睡眠更有助于巩固程序性运动技能的记忆，而快速眼动睡眠主要发生在夜间。所以，如果滑冰选手、舞蹈演员或小提琴家想要发挥最佳水平，那她熬夜练习后最好在正常的时间醒来，以便有更多的快速眼动睡眠周期。

强化记忆力

虽然重复记忆是强化记忆的有效方法，但是死记硬背往往会适得其反。最好的方法是在多个间隔均匀的时间段内学习。这不仅有助于女孩处理信息，还可以最大程度上减轻前后记忆的干扰。此外，在不同房间和不同时间段学习也可以强化大脑中的神经连接，从而增强记忆。

同样，你可以采用串联记忆法，鼓励女儿将已知的概念和新学的内容联系起来。还有其他类似的记忆技巧，比如把重要的内容编成口诀或歌曲；制作记忆卡片、思维导图等视觉学习辅助工具；还可以反复复习与自测学习内容。此外，真正会学习的人很会教别人学习。如果女儿的同学、朋友都找她问习题，并且听得懂她的讲解，那她肯定已经熟练掌握了那些内容。

提高专注力

不管女儿把自己的学习能力吹得多么天花乱坠,她都不可能具备一心二用的本事。人的大脑本身不适合同时处理两件事。在玩手机的时候她尚且不能分心做一些简单的事情,又怎么可能一边学习一边娱乐呢?

如果她不认同你的观点,那你可以拿出效率下降的证据。同时面对两项工作,你的女儿必须不停转移自己的注意力,这不仅会耗费更长时间,还会消耗更多精力并且降低工作正确率。她可能需要比平常多四分之一的时间才能写完作业。

此外,注意力分散会大幅降低一个人的脑力水平,几乎相等于从哈佛的工商管理硕士变成一个8岁孩子的水准。在这个过程中,仅仅是接收信息就会导致压力荷尔蒙激增,并使智商下降5%~10%,相当于通宵熬夜或醉酒造成的认知障碍。一项研究发现,微软员工在受到电子邮件、信息或电话干扰后,平均需要花15分钟才能重新回到正在做的工作中。

想象一下,一个心智尚不成熟的青春期少女真的能做到一放下手机,立刻就能思考复杂的数学难题吗?你可以请她做个实验。当她把手机放在另一个房间时,她会不会更高效、更迅速、更准确地完成功课?

接受失败

家长要帮助孩子克服对失败的恐惧,就要先把失败平常化,甚至鼓励孩子失败,否则孩子就有可能会畏首畏尾,不敢尝试任何新鲜事物。正因如此,初高中的学生特别喜欢听"失败是成功之母"的故事。

在她小时候，你并没有批评她的绘画和橡皮泥"雕塑"作品，那么现在也要克制自己的冲动，不去批评她的学习和作业。我知道这比小时候困难得多，但你要试着这样做。如果你一直批评或纠正她的错误，那她会把犯错当成一件极其严重的事情。反过来，如果你很少提及错误，那她也不会在意犯错，可以逐渐提高自己的情绪调节能力。

当女儿主动承认错误时，你可以采纳教师指导手册上的建议，实事求是地问孩子："遇到这种问题，你该做的第一件事是什么？"如果回答错误，那就告诉她："再想想。"，鼓励她自己思考。如果她仍然找不到答案，那也不要打压她的信心，你可以说："我相信再多给你一点思考时间，你一定能想到。"无论如何，鼓励孩子成长是教育的第一要务。

排除障碍

学习会受到认知、情感、社会和行为等多方面因素的影响。如果你的女儿在学校表现不佳，那你要先找出原因才能更好地帮助她。要找到问题的根源，你可以问自己以下几个问题。

孩子是否存在潜在的学习问题？

有时老师可能无法及时发现学生的问题，所以你要时刻关注自己孩子的状态。根据你的观察，她有没有在记忆、拼写、阅读、计算、表达（口头和书面）方面遇到问题？她的记忆力、注意力、理解能力是否存在缺陷？如果是的话，你可以找学校的心理医生或正规医院医生对孩子进行全面的心理教育评估，从而确定孩子的优势和劣势。

你可以根据评估结果安排孩子的学习计划。也许她会遇到一位良师益友，比如某个教练或者课程导师。根据法律规定，如果她的确存在心理缺陷，学校有义务为孩子提供个性化教育计划或"504"计划，如补考、调整培养方案和延长考试时间。

是否有情绪问题影响她的学习？

你的孩子在考试时会不会感到抑郁、焦虑、昏昏欲睡、无法集中注意力或惊慌失措？完美主义有没有拖慢她的节奏，甚至让她停滞不前？她会不会因为被同学排挤，孤立而不想上学？学校的老师和心理医生可以在校内观察她的状态。如果你发现她在家里有情绪不稳定的迹象，你也可以参考专业心理医生的健康评估，进一步明确孩子的教育和治疗方案。

是因为她不够努力或投入吗？

你的孩子是不是学习时认真努力，但写作业时困难重重？她在考试和测验中的表现是不是比做项目时要好？她是不是邋里邋遢、杂乱无章、头脑混乱、总丢东西？她能否大致估计自己完成作业的时间？总是迟到吗？在开始写作业之前经常磨蹭吗？能否在完成一个项目后迅速调整状态，进入下一个项目？她经常挂科吗？在面对复杂或困难的作业时，她是否会感到挫败和不知所措？她是否会遗漏重要内容？

如果你的女儿符合上述情况，那她很可能存在执行功能缺陷。执行功能缺陷是指缺少一项或多项技能，比如计划力、控制力、记忆力、时间管理、情绪调节、认知灵活性或自控力。目前，这已经成为困扰学生、家长、老师的一大难题。

根据我的经验，家长尤其喜欢干涉那些聪明却有执行能力缺陷的孩子。为了让女孩跟上学习进度，家长会安排大量的课程训练，却忽视了培养女孩的自主学习能力。虽然执行能力缺陷问题会在20岁左右有所改善（此时大脑额叶完全发育），但青少年还是应当积极寻求专业人士的帮助，以期提前掌握这些技能。家长也不能一直插手孩子的生活。孩子每取得一点成就，家长就要相应地放手，鼓励孩子自己练习。这种教育方式有利于提高孩子的学习和工作效率。

如前所述，女儿的学习成绩也会受到社交状态的影响。被孤立、排挤或拒绝的女孩不仅不愿意上学，在课堂上也毫无存在感。下一章将深入探讨这个对母亲和女儿都至关重要的话题——青少年的社交生活。

第十一章　培养健康的友谊
线下线上交友的 20 个实用建议

初中简直是社交地狱。初一同学欺负我；初二男朋友发短信甩了我，还对我出言不逊；初三我和最好的朋友大吵一架，彻底断绝了关系。

——杰琳（17 岁）

我的女儿最近遇到了社交困境，她有一个从幼儿园就认识的好朋友。虽然她们两个从小就打闹着长大，但这次好像是真的闹掰了。起因是这个女生的另一个好朋友（和我女儿不熟）为她举办了一场 16 岁生日惊喜派对，她们还邀请了另外 4 个孩子，偏偏没有我女儿。孩子们的学校很小，同学们现在都在看薇洛的笑话。

——桑妮，薇洛（16 岁）的妈妈

我的中学生活简直是一场噩梦，那是我人生中最糟糕的三年。在学校里，不同的学生被划分成三六九等，越受欢迎的人地位越高，而我只是一个平平无奇的书呆子。我不喜欢这样，也找不到志同道合的朋友。我只能看着别人在校园里呼朋唤友，自己一个人生闷气。

——安吉丽娜（16岁）

我的女儿人缘很好，她愿意和所有人交朋友。在六年级的时候，她不想搞小团体，因此和每个人关系都很好。但是后来，情况变了，她觉得没有任何团体愿意接纳自己，找不到归属感。七年级时，她开始和一群八卦的女生混在一起。海莉有时会陷入挣扎，因为她觉得自己始终没有融入。这件事第一次动摇了她的信心，她没有以前那么活泼开朗了，就连老师都注意到了这一点。我非常想念之前自信开朗的她。

——费丝，海莉（14岁）的母亲

如何让女儿拥有一段真挚的友谊一直是困扰母亲的一大难题。你当然希望女儿能找到一个贴心的好朋友。在青少年时期，朋友的支持和鼓励可以帮女孩找到自我价值。丰富的社交经验可以提高她的观察能力和理解能力，让她妥善处理朋友之间的矛盾。她也应当学会解决人际冲突，处理不健康的人际关系，争取正当利益，不断提自己的社交能力、适应能力和自信心。

在此之前，只需要把孩子扔出家门，她们就能和同龄的玩伴在楼下花园里玩一整天。可是现在，这种随性交友的日子已经一去不复返。一位受访老师开玩笑说："在我们小时候，父母根本不管我们和谁玩，顶多随便塞给我们一根木棍。现在居然有专门的'交友日'。"现在女儿已经长大了，你既不能干涉她的社交生活，也不能替她选择合适的朋友。

如果你的女儿主要依赖线上社交，你该怎么帮她找到适合自己的圈子？你怎样才能让她从被孤立、羞辱和轻视的阴影中走出来？如果你看到女儿在社交媒体上发表一些痛苦挣扎的言论，你该怎么办？如果你发现她有早恋的迹象，你会怎么处理？

之前的章节已经具体介绍了许多有效育儿方法，接下来的内容将会指导你如何把这些理论正确运用于实践当中——你该什么时候参与她的生活，如何与她高效地沟通，怎样事半功倍地教养女儿，如何帮助她从错误中汲取经验，怎样培养孩子的个人能力、成长经历，以及整体的人际交往能力。

♣ 初中生活会是什么样的？

初中阶段，你和女儿的生活会迎来全新的转变。青春期本就是一个认识自己、了解他人、结交新朋友、探索交友方式的特殊时期，而社交媒体的出现更是给青少年社交带来了新的挑战。

步入青春期后，女孩的社交生活会突然发生转变。加州大学洛杉矶分校的心理学家发现，在 26 所受访中学中，几乎三分之二的学生在初一疏远老朋友，结交新朋友。看到女儿和幼儿园（或小学）的好朋友渐行渐远，你肯定会感到非常心痛。当女儿开始结交不同类型的新朋友时，你又会感到困惑，想不明白为什么女儿对这类朋友感兴趣。

尽管这些转变是正常现象，但你也不能忽视它带来的问题。青春期女孩的思想、身体和情感尚不成熟，在受到伤害后很容易钻牛角尖。中学时期的友谊会极不稳定——也许今天她还和朋友谈笑风生，形影不离，明天两个人就势不两立，水火不容，再过两天可能又和好如初。这都是很常见的事情。

以下是初中女生在意的一些社交问题：

- 没有人主动邀请我，都是我主动邀请别人
- 担心朋友趁我不在时偷偷说我坏话
- 一个熟人一直想加入我们的社交圈
- 朋友总是取笑我
- 最好的朋友对我说了一些很过分的话
- 没有人给我的朋友圈点赞
- 她们不欺负我，但也从来不叫我出去玩
- 我的朋友经常和别人出去玩
- 不知道该一起干什么
- 吵架后试图和好
- 成为别人的备胎
- 朋友向我发泄压力
- 担心朋友会生我的气
- 不得不讨好、迎合朋友
- 试着和所有朋友待在一起

- 在社交媒体上被无视
- 夹在两个彼此看不惯的人中间
- 闺蜜泄露了我的隐私
- 试图修复一段破裂的友谊
- 别人在四处散播关于我的谣言

当看到女儿因为社交碰壁而失魂落魄的时候，你心里肯定也很不好受。但她现在可能不太愿意告诉你具体发生了什么。之前爱说爱笑的女儿会变得沉默寡言，只用几个简单的"嗯""啊"来敷衍你的问题，还拒绝接受你的任何建议。

或者你会像萝拉的母亲一样，发现自己在处理这些事情上根本无能为力。七年级的时候，萝拉最好的朋友莎拉和另一个女孩贾斯汀（萝拉不太熟）走得越来越近。萝拉告诉莎拉，自己很难过和她变得越来越陌生，并且询问莎拉是否有空一起出去玩。紧接着，萝拉发现莎拉在贾斯汀面前编造出了另一个版本的对话。在莎拉口中，萝拉不仅嫉妒贾丝汀和莎拉的友谊，还说贾丝汀的坏话。现在，莎拉和贾斯汀都不再理萝拉。

🍀 高中生活会是什么样的？

好消息是，女孩在高中期间仍然会结交新朋友，那时她们的情绪状态已经较为稳定。正如席琳所说："我 17 岁的女儿已经很少会遇到诽谤、八卦和绝交之类的事情。她变得越来越成熟，能够很好地接纳自己。"

年龄较大的青少年更容易接受同龄人的缺点，愿意接纳一段真诚、信任、相互尊重的关系。她们有勇气站出来反抗不公正的对待。阿莉娅（17岁）说："莱拉没有朋友，她只在乎钱和她自己。虽然其他朋友看不惯她这样，但毕竟我和莱拉从七年级开始就是朋友了。我们一起经历了那么多，所以当其他人说她坏话时，我会说，'不，那是我最好的朋友，你们不了解真正的她。'"

等上高中之后，女孩已经不那么害怕惹事，所以她们会更坦率地和朋友沟通。卡门（16岁）解释说："当我的朋友问'我们和好了吗？'现在我会直接说，'其实还没有。我疏远你主要是因为……'"

以下是高中女生遇到的社交问题：
- 看到朋友都玩得很开心，觉得自己被冷落了
- 没有受邀参加聚会
- 因为成绩和上大学相互竞争
- 同学聚会时被大家忽视
- 学会接受朋友的界限
- 朋友对自我的接纳度不同
- 感觉不被理解和支持
- 朋友正在经历一段艰难时期或遇到了令人担忧的问题
- 遇到价值观或兴趣爱好不同的朋友
- 性取向或性别认同问题
- 不知道为什么被朋友或社交团体孤立

- 人们对她的负面评论或对她照片的批评

♣ 当她被孤立、欺负或拒绝时

在和朋友吵架或绝交后，女孩们会有各种各样的反应。十几岁的孩子常常会下意识埋怨那些伤害她们的人。但是，要想更好地融入社会，她们必须学会自我反省。在初、高中阶段遇到友谊危机不要害怕，这恰恰是成长历程中非常重要的一课。她要学会如何与朋友相处，反思自己之前的错误。

突然被同龄人孤立和拒绝，女孩会感到震惊和不解。为了弄清楚自己究竟做错了什么，她们会一遍遍回想自己和朋友的对话，心想，是不是哪句话不小心得罪了朋友。大部分情况下，她们都找不到原因，就算找到了，也只会感到更难过，不会得出令人满意的结论。这些被朋友抛弃的女孩会生活在恐惧与不确定性当中。

有时青少年明白，一些别有用心的人不算真的朋友。她不仅会对朋友的背叛感到失望，还会埋怨自己，埋怨自己怎么这么"蠢"，为什么看不穿别人的伪装？下一次交朋友，她到底该信任谁？这种想法就像一个扩音器，成倍地放大了女孩心中的自卑感。当女孩变得越来越没自信，你可能会听到她自嘲是一个"注定孤独"的失败者，或者更糟。

为了不再孤独，有些女孩会把赌注全都押在一个最好的朋友身上，试图找到一个永远支持她，随时陪伴她的坚定盟友。虽然这个方案在短期内没什么问题，但长期来看，这段两人关系中任何微小的变化都会给女孩带来沉重的打击。正常情况下，此时女孩应当不断拓展自己的社交圈子，结交新朋友，探寻新爱好。这才是健康的社交方式。培养社交能力需要不断地练习，如果把希望都寄托在一个人上，女孩很可能会失望。

还有的青少年会试图融入不属于自己的圈子。正如蒂亚（14岁）所说："没有人愿意主动接纳我。"在这种扭曲的圈子文化中，青少年越是渴望融入，就越容易成为被霸凌、中伤和遗弃的对象。母亲怎么忍心看到女儿被别人轻视和欺负呢？

如果女儿想要重新回到之前的小团体，你该怎么办？为了迎合其他人，女儿会不会做一些之前曾经不屑的事情，比如在社交媒体上八卦、抱团，或欺凌别人？或者她为了维护自己的社交地位，会不会采取一些出格的手段？这些行为都会让你非常困惑。

神经生物学指出，人是社会性动物，在被拒绝或排挤时会表现出激烈的反应。脑部扫描也显示，情感打击和身体伤害会刺激大脑的同一块区域。这代青少年把个人的幸福感都依托在社交生活上。可想而知，社交碰壁会给她们带来多么严重的打击。这样你就能明白为什么孩子受了那么多委屈，还要努力维持这段痛苦、扭曲、不堪一击的关系。

在她最没有安全感的时候，你的女儿宁愿一个人待着也不想结交新朋友。杰德（17岁）就有过这样的体会——她在青春期时被所有的同学孤立，以至于"我开始在网上和瘾君子聊天，很快我们打成一片。虽然从来没有真正接触过他们，但是我会说一些他们爱听的话。最后他们约我在某个地方见面，我在那里等着时，他们却又害怕是陷阱失约了……那一整年我都是这么过来的。"

你要时刻提醒自己，风雨之后才能见彩虹。只有当女孩彻底走出阴影，回首过往时才会发现，原来自己经历的那些痛苦与挣扎都是新的机遇。母亲也知道这一点。所以我经常听到母亲说自己的女儿"认识了一群新朋友。现在她比以前快乐多了，既狠狠地回击了那些伤害她的人，也找到了属于自己的友谊。"还有许多例子都证明：当一扇门关上后，总有另一扇门为你打开。

♣ 当她需要安慰时

有时候，女孩只知道自己不想要什么，却不知道自己想从妈妈那里得到什么。大多数情况下，她们只需要母亲的安慰。在遇到社交问题时，她需要另一个人告诉她："你有这种感受和想法很正常。"当女儿觉得自己格格不入时，她需要你证明：不论她在学校里发生了什么，你都会永远爱她，关心她。以下是你可以安慰她的方法。

🌱 肢体语言

除非女儿明确表示拒绝，否则肢体语言往往比口头安慰更有效。在开口说话前，你可以抚摸她的背，给她一个拥抱或者握住她的手。一个五年级的学生告诉她妈妈："我不开心的时候，你只要给我一个大大的拥抱，然后说，'我知道，这件事真的很糟。'"在孩子做好沟通的准备之前，不要急着问她发生了什么。

告诉她有冲突很正常

你可以告诉孩子，所有的友谊都会经历波折。在一段长期关系里，朋友难免会让你生气、失望或把事情搞砸。人无完人。你可以试着给她讲述，你，还有她的姐姐（或者表姐）在这个年龄段经历过的事情。这些故事能证明她不需要为此感到羞耻。既然你们都遇到过相同的问题，那她也会像你们一样，战胜这些艰难的时刻。

朋友的质量比数量更重要

青少年经常以朋友的数量来衡量自我价值，但其实朋友的质量更为重要。研究表明，那些朋友多而不精的青少年在成年后会变得更加焦虑。另外，人缘好的女生也会感到孤独。这颠覆了许多女孩的认知，因为通过牺牲他人利益来获取的社会地位本身就不稳固，无法长时间存续。那些受欢迎的女孩看起来神采奕奕，其实内心同样缺乏（甚至更缺乏）安全感。

所以你要让女儿明白，无论是在社交媒体上还是在现实生活中，她都不需要成百上千的朋友，只要有几个交心、真诚、值得信任的朋友就足够了。研究表明，一段稳固、健康的友谊甚至会提高孩子的学习成绩和心理健康水平（比如增强自信、减少焦虑等）。

关注积极的一面

十几岁的女孩经常因为一点社交挫折就萎靡不振。那时,她会只顾着沉浸在痛苦中,却忽视了其他一切美好的事物。你在心疼的同时,要帮她把注意力转移到更重要(或更开心)的事情上——比如最近结交了新的好友,遇到了令人开心的事情。

赋予她希望

你要告诉女儿,虽然现在很痛苦,但这些日子终将过去,一切都会好起来的。这不是在敷衍她,因为青少年会变化,社交环境也会变化,她只需要耐心等待她和同龄人都成熟起来。如果她想修复友谊,那你必须提醒她改变需要时间。现在,她所能掌控的只有自己的行为。

一项针对高中生的研究指出了社会期待的价值。研究人员要求一组九年级学生定期做一个压力主题任务:先阅读一篇关于性格转变的脑科学文章,之后再读一些关于人际关系和同学矛盾的小故事,最后再给学弟学妹提一些鼓励性的建议。

在完成任务后,实验组的皮质醇水平比未参与实验的对照组低10%,这表明受到鼓舞的学生可以更好地缓解压力。在学年结束时,这一组九年级学生抑郁的可能性降低了40%,并且比对照组学生的成绩略好。

♣ 培养人际交往能力和适应能力：你能做些什么

除了提供安慰，你还可以采取以下方式。

❦ 不要过度保护

也许你想保护女儿不受任何孤立、排挤和霸凌，但是只有亲身经历这些问题时，她才能学会处理类似的情况。一项涉及 20 万名儿童及 70 项研究的综合分析显示：父母的过度保护反而会增加女儿被霸凌的概率。

几年前我接触过一个 11 岁的女孩奥尔加，她的父母非常担心同龄人对她产生负面影响。他们甚至要求奥尔加放学后必须立刻回家，不让她听流行音乐，不让她单独参加社会实践项目。现在奥尔加只能独来独往，这的确缓解了父母的焦虑感，但也带来了诸多社交问题，她甚至因为特立独行而沦为同学嘲笑的对象。

正因为母亲总是关心则乱，老师反而能提出一些实用的社交建议。露辛达解释说："当看到两个女孩吵架时，我不关心她们因为什么吵架，只关心她们能否在上课之前把问题解决掉，所以我会把她们带到走廊上让她们自己解决。"她给自己的女儿提出了如下要求："你可以说某些话，做某些事来拉近你和朋友的关系，但同时你要对自己的行为负责。人无完人。你不需要找到做每件事情的原因，只要无愧于心就可以了。"

共情，不要批评

当女儿受到伤害时，她需要父母的安慰与共情。如果你看不惯她的行为方式，或者觉得她是咎由自取，你可能会忍不住批评她。但批评不仅帮不上忙，还会把女儿从你身边推开。你可以回想一下自己鲁莽天真的青春岁月，然后就能理解女儿的感受。

同样，你不要觉得女儿在小题大做。想一想，当你的同龄人在你身后翻白眼、使眼色、眼神闪躲不定时，你会有什么样的感觉？再想象一下如果在公众场合、社交媒体上遇到这种情况，你是不是会和女儿一样抓狂？

询问，不要说教

当女儿正在煎熬时，千万不要给她提供所谓的"解决方案"，你要让她自己考虑当前的处境。你可以和她一起开动脑筋或者给她提供参考意见，帮助她了解自己的内心，了解朋友的价值，了解自己何时反应过激，何时该站出来维护自己的利益，何时该原谅朋友，何时该断绝关系。

当女儿说

女儿：我明天要告诉帕姆和特蕾西我的感受。

不要说

妈妈：不，别理那些女孩！明天吃午饭的时候你不要和她们坐在一起。你先冷落她们，她们就会想你，然后回来找你的。

女儿：可是，妈妈，我不想忽视她们，我想和她们和好。

妈妈：如果你先做出退让，她们会觉得你离不开她们，之后事情会变得更糟。你要态度强硬一点！

相反，你可以试着说

妈妈：你想和她们说什么？

女儿：我不知道，我只知道事情还没结束。我不想没头没尾的，也不想成为受害者。

妈妈：可是如果她们对你不好呢？

女儿：我还是觉得需要阐明自己的立场，无论她们愿不愿意接受。你能教教我，明天我该怎么说吗？

妈妈：当然可以，我们可以讨论各种情况，如果你愿意，我还可以扮演你朋友。

🌿 尊重她的自主权

当女儿主动寻求你的帮助时，她有没有采纳你的建议？答案应该是"偶尔"。虽然你觉得自己的建议很明智，但女儿可能会毫不犹豫地拒绝你的所有提议。再过一两天，也许她会再次考虑你的建议。不要觉得女儿轻视你，要让她知道她可以随时找你帮忙。

你可以试着说

妈妈：好吧，我给你提供三种方案，你觉得哪个合适可以告诉我。

或者

妈妈：好吧，既然你已经知道自己不想做什么，我相信你能想出更好的办法。

玛卡拉的朋友娜奥米在社交媒体上屏蔽了她。当玛卡拉把这件事告诉妈妈时，丽莎选择尊重女儿的自我意识。娜奥米之所以这么生气，是因为朋友邀请了玛卡拉参加派对，但没邀请她。玛卡拉和妈妈一致认为娜奥米在无理取闹，最后玛卡拉给娜奥米发短信说："我知道你很生气，但这件事情与我无关。我相信你能想明白这件事，我们会和好的。等你消气之后记得给我发短信。"大概一天之后，娜奥米就主动和玛卡拉聊天了。事后，丽莎意识到玛卡拉更了解自己和娜奥米的友谊，所以让玛卡拉自己解决这件事是一个非常明智的选择。

在母亲的支持下，女孩往往会作出正确的决定。一个14岁的女孩告诉她妈妈："有一个女生每天单独坐在食堂里，所以我邀请她和我们坐在一起。"一个12岁的孩子说："我不想再夹在两个朋友中间了。我告诉她们，我想和她们两个都做好朋友，但她们最好自己解决彼此的矛盾。"在小团体吵架解散后，一个15岁的女孩对其中一个朋友说："丹尼斯，我现在很难过。我明天可以和你一起吃午餐吗？"

你可能也遇到过这种情况：前一秒女儿还在求你帮忙，下一秒就翻脸不认人，否定你的所有提议。之所以会产生这种看似矛盾的行为，是因为女孩一边渴望独立，一边又希望依赖父母。

另外，当你深思熟虑、长篇大论，或者长时间抓不住重点时，是在消耗女儿的耐心。这也是大多数父母都面临的问题。你可能会听到女儿说："够了！我只想要一个简单的答案，你怎么唠叨得没完没了？"或者"你说的一点用都没有！别说了！"而且如果你的建议没有带来理想的结果，猜猜她会怪谁？

在面对女儿的埋怨和责怪时，你要知道她不是针对你，只是被这些琐事弄得心烦意乱。即使没有说出来，她也会暗中感激你的帮助，并且从中受益。你可以像往常一样，尽量只给她想要的和真正需要的帮助，这样她就能自己解决困境。

推动大局

要想更好地分析情况和解决问题，女孩需要获取准确的信息，但情绪会影响人的感知能力。在女儿心烦意乱时，她可能会戴着有色眼镜来看待这个世界，从而歪曲事情的真相。比如，玛格丽特（13岁）的父母认为她"能够敏锐地察觉别人的情绪，但她不会解读，所以常常误解别人的意图和动机。"

你的孩子可能会对同龄人的善意评论和行为过于敏感，要帮她保持开放的心态，推测别人的真正想法，避免庸人自扰。不要为她的朋友找借口（她会觉得你站在她的对立面），可以询问女儿是否有什么疏忽的地方。她的消息来源真的可靠吗？她有没有和那个女生沟通过？如果你听到她大喊："你不懂！你不知道发生了什么！"，也不要气馁，应当实事求是地告诉她，正因为不懂，你才想和她谈论这个话题。

支持她争取自己的权益

女儿从小被教导要做一个善良、体贴、无私的人。可是这样的女生往往会忽略自己的需求，以至于错过必要的权益。所以，她们在争求利益时离不开母亲的支持。当约兰达被两个好朋友排挤时，她和妈妈说："你总要我关心别人，不要冷落任何人。有时虽然我自己也想玩，但还是会想着照顾所有人的心情和感受。可是你看，根本没人在乎我。"

你要告诉女儿，争取自己的利益是满足个人需求和维系人际关系的正常方式。正如不能读懂别人的心思一样，她也不能指望朋友完全理解她的想法和感受。如果心情不好，她可能想和朋友沟通，并且希望朋友也能及时和她沟通。

采取正确的方式

你要教女儿在维护自己权利的同时，还要尊重他人的权利。你可以运用第七章中提到的策略，提醒她说话的方式会影响沟通的质量。你要指导她保持适当的眼神交流，友好自信的姿态，中立的语气，同时传达明确、直接的信息。她只需要直接和朋友说："为什么你周六不邀请我？我做错了什么？"如果你的孩子也认可这种方案，那可以让她提前和你练习。

提前预测后果

在女儿想办法解决当前的社交困境时，你可以让她仔细考虑每个方案的后果。这种因果思维可以让她想清楚行为的后果。不要给她直接提供解决方案，你可以问她："如果这么说，你希望朋友有什么反应？""如果她没有那么做呢？""如果她不愿意听你说话，该怎么办？"或者"如果她们不相信你的话，又该怎么办？如果她们还在生气，不愿意原谅你呢？"

🌱 鼓起勇气

在心理治疗和研讨会中，有些女生提到：自己会假装什么事情都没有发生（"这样至少事情不会变得更糟"），主动道歉（"也许我的朋友也会道歉"），无视矛盾，背后报复。但这些方法既不能解决问题，也不会让女儿心里好受一点。

只要女儿能鼓起勇气和朋友沟通，那朋友说了什么并不重要，重要的是能迈出这一步。可能她已经做好了失望的准备，或者担心再次引发矛盾。但是，尽管如此，她还是下定决心表达自己的想法。不论结果如何，你的孩子都应当为自己感到骄傲。此外，这些尝试的经验会对她以后的生活有很大帮助。

🌱 让她犯错

即便是成年人都没法坦然面对社交上的挫折（比如判断失误或言语失态），更别提十几岁的青春期少女。即便如此，母亲还是不忍心看到女儿因为挫折伤心的样子。克里斯汀娜告诉我："我劝女儿不要和她闺蜜的前男友约会，但她就是不听，一直说没关系。我可以给她提建议，但不能强迫她做我认为正确的事情。"克里斯汀娜让女儿自己做出选择，"我只能屏住呼吸，安静等待意料之中的事情。"

果然不出克里斯汀娜所料，女儿和闺蜜大吵一架，克里斯汀娜只能安慰这个伤心欲绝的小姑娘。她告诉我:"我的女儿本来不愿意采纳我的建议。没想到几个月后,她突然对我说,'妈妈,你说得太对了。我当时怎么没听你的呢。'"这正是一个母亲的职责。如果你足够幸运,你也会像克里斯汀娜一样,听到女儿懊悔地道歉。

让她承担责任

在遇到社交困境时,有的女孩会选择逃避,假装什么事情都没有发生过。但紧接着,她们会一边掩盖自己的敌意,一边伺机而动、暗中报复。比如,当青少年被一个优秀的女生欺负时,她可能会利用同学的嫉妒心理,让大家一起谴责那个女生。这种兴师动众的热闹场面的确可以带来一时快感,但并不会从根本上解决问题。

有一次,南负责接送女儿和她的队友参加一场冰球比赛。在车上,兴奋的小女生们一直在嘲笑守门员的表现和她的服装。南告诉我:"我不会当着莉安朋友的面说什么,但一回到家,我就立刻和她讨论这个话题。我提醒她,'如果一群朋友在背后批评你的球技或者取笑你的衣服,你会怎么想?'我必须告诉女儿这种行为非常不礼貌。"

在女儿犯错时,不要替她找借口或者不当回事,要让她主动承担责任。如果她欺负或排挤同学,那她必须认识到自己的错误并且和同学道歉。如果同学发现她编造借口逃避聚会,那最好让她实话实说,不要再用谎言弥补谎言。哪怕只是无心之失,她也要为自己的错误承担责任,对自己和他人负责。

🌱 帮她走出困境

摆脱痛苦，胸襟开阔是女儿健康成长的关键。如果她一直怀恨在心，不肯原谅朋友，那怨恨、愤怒与不甘会一直侵蚀她的情绪。长时间处在高水平压力荷尔蒙的状态不利于女儿的身心健康。虽然她可能会遭到同龄人的欺凌，但是她不能自暴自弃，最终沦为一个绝望或冷漠的人。为了抵抗外界的恶意，她应当强化自身，而不是自甘堕落。

♣ 什么不该做

🌱 过度干预

很少有母亲能成功干涉女儿的社交生活。你越是悉心安排，她就会越叛逆。特别是当你主动为女儿介绍朋友，大概率会收获一个尴尬的局面。当然，这也不是完全不可能，只是比较困难。而且人与人之间的相处总有细微的差别，你也看不出来女孩是否真心喜欢这个朋友。此外，女儿通常会对你的干涉表示不满。因为你忙前忙后的样子仿佛在说：你什么都不懂，我才知道你需要什么朋友。

等女儿上中学后，父母就很难再过度干涉她的生活。一位在学校工作的心理学家告诉我："我和六年级女生的父母说，'六年级是你能干涉女生的社交生活的最后一次机会。等到了明年，她们就不会再听你的了。'"

对抗其他家长

当女儿被同学欺负时,你可能会直接找他们的父母告状。但是,这种行为往往会带来负面的结果。通常情况下,其他父母听到你的指控,会下意识维护自己的孩子。举个例子,莫的女儿一直被她朋友的孩子欺负,当莫告诉朋友这件事时,朋友冷淡的反应却让她大失所望。

她告诉我:"我整个人都懵了。我说她的女儿给我女儿发霸凌短信,她不仅拒不承认,还阴阳怪气地说,'你不愧是好妈妈,还在意这种事情。像我,我就根本没时间看孩子的短信。'"

如果所有的妈妈都通情达理,愿意彼此分享这些信息,那当然是一件好事。但如果另一个妈妈决定偏袒自己的孩子,那无论你多么用心良苦,言辞恳切,都无济于事。所以我建议你不要轻易去和其他父母告状,这种方法的失败率很高。

平衡生活

看到女儿这么痛苦,你肯定恨不得惩罚那个始作俑者。你可以这样想,但肯定不能这么做。更重要的是,你的关注点不应该放在这些十几岁的小孩身上,你应该想办法提高女儿的社交能力,教她妥善处理人际关系。这样无论是现在还是将来她都能自己化解矛盾。

🍀 什么时候该放弃？

十几岁的女孩需要知道什么样的友谊值得挽救，什么时候该选择放弃。这不是一个容易的选择。什么时候可以忽视朋友的怠慢和冷落？什么时候该与无礼的女孩保持距离？什么时候该反抗那些欺负她的女孩？什么时候该原谅她们，继续好好生活？她应该在什么时候结束一段关系？女儿很可能不愿意和你讨论这些话题，所以要注意沟通的技巧。

不要就某件事盘问她，也不要做出草率的结论，你可以询问她喜欢什么样的朋友。她可能会说：包容、温和、支持、真诚、体贴、尊重、大度、信任、理解和鼓励。你也要了解女儿的底线，在友谊中，她所能容忍的底线是什么？什么情况下她会选择结束一段友情？如果她的朋友遇到类似的情况，你的孩子会建议她怎么做？她要先明确自己的原则，这样在遇到特殊情况时才能沉着应对。

母女两代人之间很容易产生分歧。对此，你要做好心理准备。你可能理解不了她的选择，但你要记住这是她的友谊，只有她才知道自己和朋友之间的矛盾有多严重，问题是否值得解决，冲突是否有可能平息，关系是否足够稳固，能否承受这一次此波折。最重要的是，只有她知道断绝关系会有什么代价。

有些女孩选择让友谊在沉默中慢慢消亡——与其闹得沸沸扬扬，众人围观，让共同的朋友左右为难，还不如冷处理这段关系。你要告诉女儿，她不用立刻作出"是"或"否"的决定，可以暂时把这件事情放在一边。

在冷静期内,她可以专注于自己的爱好,或者和其他朋友待在一起。等过一段时间后,她再重新考虑自己的位置。

如果你的女儿选择结束一段扭曲的友谊,她先会感到如释重负,之后又会悲伤难过。毕竟她失去了一段友谊,也失去了这段友谊背后的机会与安全感。也有可能她表现出一副满不在乎的样子,好像什么事都没有发生,很快把注意力转移到其他朋友或团体上。无论什么样的反应,这些经历都有利于她今后的社交生活。

约会

除了友情,妈妈还要担心女儿的爱情。你可能和玛丽莲一样,完全不知道该怎么处理这些事情——她告诉我:"我的女儿要出去约会了,我完全不知道该怎么办。什么是接受范围之内的,什么是接受范围之外的?我的女儿今年15岁,她暗恋一个18岁的学长。我甚至不知道该从何下手。"

不要一提到"谈恋爱"就如临大敌。其实,谈恋爱也是一个必要的学习过程。从她情窦初开,再到与恋人认真长期地交往,这期间的每一次经历都在教她怎么选择合适的伴侣,如何发展健康的关系,以及她该怎样从一段不顺心的关系中抽身出来。在寻找真命天子的道路上,女儿难免会遇到几个不合适的人。

无论她在哪里,跟谁约会,你都希望她能作出明智的决定。现在正是让她相信自己,认清自我价值的时候。当她和恋人在一起时,你希望她能运用合理的沟通技巧，比如解决冲突，运用共情能力，表达她的感受，提出她的需求。你可能会想，这些我早就知道了，还能做些什么呢？

其实，谈恋爱只是成长过程中的一部分，并没有什么硬性规定。如果你既想保证她的安全，又想让她积累经验，那一定要深思熟虑。与其简单地答应或拒绝她的请求，不如仔细和女儿解释背后的原因。

你最好在她谈恋爱（或者即将谈恋爱）之前和她聊这些内容。青少年更愿意和你聊一些假设性的话题，因为她当时没有特定的恋爱对象，不会产生防备心理，或者更抽象地说，你们不会因此发生争执。她怎么看待她最好的朋友或姐妹的约会对象？她认为恋爱中什么最重要？在她看来，什么是合格的恋爱关系？那什么是不合格的恋爱关系？她准备好谈恋爱了吗？以我过去的经验来看，女孩一般会真诚地回答这些问题。

在考虑这个问题时，你的价值观和女儿的准备心理应该是首要考虑的因素。到目前为止，她有没有为下一步发展做好准备？在这段恋爱关系里，她扮演了什么样的角色？她能接受和别人谈情说爱或约会吗？还是只愿意在社交媒体上聊天？在情绪激动的情况下，她能保持冷静的头脑吗？她知道自己的底线在哪里吗？能清楚地表达出来吗？

如果你的女儿决定要谈恋爱，那就一步一步来。要让她展现出自信大方的一面。首先你可以提议邀请她的恋爱对象来家里做客。你要告诉她可以在何时何地招待客人，比如客厅、书房；是否需要开门；父母或兄弟姐妹是否必须在家。

你可以观察孩子在谈恋爱时的状态。她能控制好自己吗？她的行为与平常有区别吗？她的恋爱对象在你面前表现怎么样？他们紧张吗，还是你开始紧张了？他对你的女儿好吗？

作为家长，你要尊重孩子的意愿，不能随便拿她开玩笑。不要说"我只是逗一下你"，也不要用幼稚的小名称呼她。

有时，父母需要明确基本的原则。梅格告诉我，她女儿（16岁）的"男朋友"会把车停在门口，发短信让女儿出门。她告诉我："我立刻拦住女儿，和她说'开玩笑吗？这缺乏基本的礼貌。不论是谁，只要他约你，都必须亲自走到咱家门口，之后留下他的电话号码再约你出去。你永远不知道会发生什么，所以必须做好万全的准备。'"

相信直觉。比如，如果你觉得女儿不应该和年龄比她大的人约会，那就坚持这一点。哪怕仅仅相差一岁，也可能产生潜在的权力失衡问题。调查显示，青少年的恋爱对象年龄越大，她们经历暴力或发生危险性行为的可能性就越高。

从她还是个小女孩时起，你可能就在想象她会和什么样的人谈恋爱。如果她的心动对象不符合你理想中的标准，也不要惊慌。毕竟这是一个发展的过程。她还需要时间来确定自己的内心，比如她不喜欢伴侣的哪些性格和习惯，她是不是总是被错误的表象所吸引。她肯定会遇到一个看起来非常完美（可爱、聪明、有趣、爱运动、喜欢音乐或有创意），但其实不适合她的心动对象。

在相处的过程中，你的女儿可能会遇到诸多问题。比如她会发现自己在这段关系里没有决定权和话语权；会意识到对方不够喜欢自己；或者另一半总是开一些过分的玩笑。谈恋爱和交朋友一样，一旦察觉到有被操纵、被胁迫或被贬低的危险，就要及时敲响警钟。你要从旁观者的角度提醒孩子，她的恋爱对象正在摧毁她的自信，贬低她的价值。

你必须让女儿知道在恋爱关系中什么是可接受的，什么是不可接受的。2011年全美青少年健康纵向研究显示，12~21岁的青少年，在过去的18个月里，有30%的人在异性恋关系中遭受过精神虐待，20%的人在同性恋关系中遭受过精神虐待。

如果有必要的话，留心观察周围的青少年，你就知道精神虐待是多么常见的事情。托里（16岁）告诉我，她在社交软件上认识的男朋友在接她时，要求她缩在车里不能冒头——'这样就没人看到我们在一起了'。他还要求我低头，不能直视他的眼睛。我觉得这太反常了，但从来没有男生喜欢过我，我想得到别人的认可。"

现在，科技的发展让这种精神虐待更加普遍。三分之一的青少年报告称，他们的现任或前任每天会多次"查岗"，通过互联网或手机询问他们在哪里，和谁在一起，在做什么。青少年还会用手机来监视伴侣的行踪和聊天记录。一个15岁的孩子说："我的男朋友要求我打开手机的'已阅回执'功能。这样他就知道我是没有看到他的消息，还是看到了不想回复。"

除了精神暴力，恋爱对象还可能会恐吓或强迫女孩发一些色情的暴露照片，这简直是家长的噩梦。青少年危险行为调查显示，有26%的女性在未成年时曾遭受过身体暴力、接触性暴力以及有被伴侣跟踪尾随的经历。你一定要和女儿反复强调"同意"的重要性。要记住，遭受性侵的年轻女性可能会回避这些问题。大多数情况下，她们会下意识地大事化小，小事化了，或者不想让父母发现这件事。

更常见的情形是，女孩可能在伴侣的劝说下进行性行为（"我本来不想答应他，可是他一直苦苦哀求，我只好妥协了"）；或者女孩的拒绝没有得到任何回应（"我说，'喂，你别动了'，他反而会变本加厉。所以我干脆什么都不说。"）。

正如女儿宁愿被欺负也要留在朋友身边一样，当被心动对象欺负时，她也舍不得离开他。有的人是因为渴望获得别人的关注，有的人是认为事情还有转机，有的人则是不愿意承受分手的痛苦以及后果。但是，还有一大批女孩不敢维护自己的权利，是因为我们的文化从小教导她们要温柔恭顺。你要支持她自尊自强，勇敢地拒绝一切亲密暴力。她必须能够站出来说："你不能侮辱我或辱骂我，这样太伤人了""我希望你能好好对我"或者"我的身体由我做主"。

如果这些小姑娘还是不敢维护自己的权利，或者甘愿在一段扭曲的关系中沦为受害者，那你必须帮她找到问题的根源，并且做出改变。拿托里举例，面对男友的精神暴力，她不仅没有生气，反而温顺听话地坐进男友的车里。可她最终发现："我就像一只听话乖巧，摇尾乞怜的小狗。男友让我做什么我就做什么，我不敢大声说话，不会提出自己的要求，更不能做我自己。"面对这个事实，她最终选择接受心理治疗，以一种自尊、自爱、自强的姿态出现在恋爱关系中。

当你决定放手，让女儿自己处理恋爱生活时，你要时刻反省自己。你有没有忽略什么？你是不是在小题大做？你有没有和女儿保持适当的界限？当女儿正处于热恋阶段时，这种兴奋的氛围也会传染。特别是当她的男朋友符合你的标准，你可能会展现出过分的热情。正如奥利弗所说，"我逼得太紧了。我会准备她男朋友爱吃的食物，把他留下来吃晚餐，甚至在没有和女儿商量的情况下，邀请他的家人共进晚餐。"

在女儿分手后，你要克制自己的反应，给予女儿充分的情感关怀。你可能会欣喜若狂或者和女儿一样悲伤，但无论你怎么想，都应该给女儿留出单独的空间，让她处理自己的情绪。就算他们两个只谈了一天恋爱，分手也可能让她崩溃。她失去的不仅是爱情，还有对未来的一系列美好幻想。如果她被甩了，那尴尬的氛围更会加剧分手的痛苦。最重要的是，她会对恋爱失去信心，丧失情侣关系中的安全感。

♣ 如果她不受欢迎怎么办？

在大部分美国父母眼中，青春期代表着聚会、派对和通宵玩耍。当女儿经常待在家里或者不愿意和同龄人交往时，父母往往会担心她们的社交生活和精神状态。然而，这种想法其实是杞人忧天。有时对青少年来说，"孤僻"可能是一件好事。也许她讨厌那种混乱吵闹的同学聚会或者不愿像其他人一样追求刺激。如果是这样的话，那你应该为她的成熟与谨慎感到高兴。比起外出与同学聚会，你的女儿可能更愿意和一两个好朋友待在家里。如果她只喜欢一个人独处，那她肯定是个创造力非凡的孩子。另一方面，如果你的孩子的确感到孤独，或者希望有更多的朋友，以下建议可以拉近她和同龄人的关系：

·家庭聚会。你可以邀请有同龄孩子的朋友来家里做客。当作为主人招待客人的时候，她的压力也会小一点。而且和不同学校的孩子交往，有助于她摆脱过往的刻板印象，重新开始。

- 夏令营。对于十几岁的青少年来说，夏令营就是一个备受期待的乌托邦。在营中结识的朋友是最特别和最亲密的伙伴。无论在学校里发生了什么，她都可以寻求她们的帮助。
- 运动训练。参加体育训练项目不仅可以提高她的运动能力水平，还可以扩大她的社交圈子，让她结识一些有相同兴趣爱好的朋友。和普通朋友相比，她会和这些队友的关系更好。
- 社区服务。参加社区服务的青少年可以结识不同年龄段的新朋友。小组合作也可以快速稳定地拉近朋友之间的关系，而且这种社交成就感也能培养女孩的自信。
- 志愿活动。志愿活动与社区服务相似。有的青少年喜欢在幼儿园、夏令营照顾小孩或在收容所、动物园和公园救助动物。
- 科技。在现实生活中被孤立的女孩可以在社交媒体上找到属于自己的圈子。不论是打游戏还是玩手机，她都可以围绕相同兴趣爱好（艺术、政治、新闻等）找到志同道合的朋友。乔安妮（17岁）一直独来独往，但她从不感到孤独，因为"我有一个关系非常好的网友，我们已经认识三年了。"虽然她们素未谋面，但乔安妮非常依赖这个女生。乔安妮说："学校里的人都太傲慢了，我和她们相处不来。"

在外过夜与科技发展

女孩什么时候可以在外过夜？家长应当有什么要求、限制和原则？在这个充斥着电子产品的数字时代，家长们需要注意什么？

如果女儿相当成熟和自律，那你可以先让她邀请朋友到家里过夜。这样，你就可以充分掌握她的活动。比如她们有没有出格的行为、有没有通宵熬夜、有没有无节制地玩手机？等她再长大一点，不会过分恋家的时候，你也可以允许她在你熟悉的朋友家里过夜。

然而，留宿人数也是一个值得考虑的问题。一旦超过两个人（哪怕只有三个人）也会引发一系列的问题。随着夜幕降临，孩子们的精神疲惫，自我调节能力也随之下降。女孩会变得脾气暴躁，没有白天那么善解人意。因此，在女儿和她的朋友成熟稳定之前，你最好把留宿人数控制在两个人以内。

另外，科技发展还带来了额外的挑战。第一，女孩会把注意力都放在手机上，忽略身边的朋友；第二，在人多的情况下，女孩往往会比平常更冲动。由于青少年的大脑仍然处于发育阶段，她们会在朋友的起哄声中迷失自我。这也是为什么当女孩在外过夜的时候更容易受到群氓心理的影响，可能会聚在一起利用科技来欺负甚至霸凌那些不在场的人。

所以，当其他女孩来家里过夜，最明智的做法就是没收所有手机，等姑娘们离开时再把手机还给她们。此外，你还要时刻保持警惕，监督事态的发展。大脑研究表明，当女孩和同龄人待在一起时，她们会失去独处时的判断力，变得忘乎所以。所以，家长必须正确引导孩子。

霸凌

霸凌是指持续、单方面地欺凌那些处于相对弱势地位（缺乏保护自己的力量）的人。现在，校园霸凌问题受到社会各界的广泛关注。根据美国国家教育中心的统计数据显示，2017 年，12~18 岁的女孩中有近四分之一的人遭到校园霸凌。其中，超过一半的青少年会被所谓的"校园老大"欺负，62% 的人被那些具备一定影响力的人欺负。

调查清楚。单凭女儿受到伤害或嘲笑，不能断定她就是校园霸凌的受害者。你要弄清楚：之前发生过类似的事情吗？这是否属于同学之间的调皮捉弄和正常矛盾，你的女儿会不会有什么误解？你还要问清楚这种事发生的频率，其他学生发现了吗？学校工作人员知道吗？以及女儿的回应方式。如果你仍然不确定她的经历是否达到了被霸凌的程度，那就找一个受过系统训练的专家，比如学校辅导员、心理医生、社会工作者或有经验的学长。你可以在女儿不知情的情况下，暗中收集校园霸凌的相关信息和解决方案。但如果打算寻求其他成年人的帮助，你最好提前与女儿沟通。

合理的应对方法。同时，你要教女儿正确应对校园霸凌事件。比如，她最好主动避开那些可能骚扰她的学生；平常最好和朋友结伴而行，因为落单的人更容易被欺负，人越多越安全。

及时寻求帮助。如果发现女儿有被霸凌的迹象，那你要立刻站出来，向她保证你会尽力保护她的安全。首先，你需要学校的协助。但是，和其他青少年一样，你的女儿可能担心这个举动会进一步激怒霸凌者，导致自己遭到更猛烈的报复。你可以安抚她的情绪，告诉她法律规定学校有义务保护所有学生。接下来你要和校内的行政人员沟通，找出有关校园霸凌的条款，了解下一步该采取哪些措施。（需要注意的是，青少年隐私保护条例同样会保护霸凌者的隐私，学校可能会拒绝透露相关学生的信息。）最后，你要感谢学校工作人员的努力，在合理的时间内持续跟进（不要指望这件事能立刻解决），记录学校的反馈，在问题彻底解决前和学校保持密切的联系。

目睹霸凌事件。研究表明，霸凌事件的旁观者和受害者承受相同的压力。你要告诉女儿，在这个时候要听从本心，勇敢地做她认为正确的事情。她的行为会反映她的价值观：是想默许甚至鼓励这种欺凌行为，还是率先站出来表示拒绝？她可以直接离开现场，用行动表达自己的态度。当她看到同学取笑或捉弄别人时，最好不要发出笑声，否则会让人觉得她赞成或鼓励这种行为。通过勇敢地帮助弱势群体，她可以潜移默化地改变学校氛围。

好消息是，霸凌行为会随着女孩的年龄增长而逐渐消失。统计结果显示，在初中三年，25%~30% 的女生有被霸凌的经历；但在九年级时，这一比例下降到 19%，到高中后，进一步下降到 12%。

别以为只有十几岁的小姑娘会遇到情感问题，你可能也会面临婚姻危机。对青春期的女孩来说，父母离异会引发一系列的问题。根据我的经验，父母千万不能冲动行事。要想维护健康的家庭关系，夫妻双方必须深思熟虑，分析利弊，始终保持清醒的头脑。那么，父母婚姻关系的变化（离婚、再婚）究竟会对青少年产生怎样的影响？下一章将重点介绍这个问题。

第十二章　离婚后的育儿

目前，几乎一半以上（50%~60%）的女性的第一次婚姻都可能以离婚收场。随着社会风气越来越开放，宗教也不再严格禁止离婚，离婚几乎成了一件非常普遍的事情。在美国，每36秒就会有一对夫妻宣告婚姻破裂。在得知父母离婚后，女孩的反应各不相同。有的女孩伤心欲绝，对未来感到迷茫，或者担心离婚对父母一方或双方的影响。但是，有的女生却如释重负，甚至能迅速列举出父母离婚的诸多好处。

在父母宣布离婚之前，年仅12岁的伊芙告诉我："我希望爸爸妈妈离婚。他们根本就不适合在一起。我和哥哥早就知道他俩不合适，不明白他们为什么就是不离婚。"在父母离婚后，伊芙说："对我来说，他们离婚没什么不好的。不，其实反而更好。因为我再也不用在晚上听他们打架和吵架了。"

卡米尔（16岁）也提到父母离婚后的意外收获："正因为爸爸妈妈离婚，我们兄弟姐妹的关系都很好。毕竟从十几岁开始，我们就一起相依为命，彼此依靠。"20多岁的德洛丽丝说："我从小就知道怎么察言观色，怎么从不同的角度看待问题，怎么讨人喜欢。虽然小时候吃了很多苦，但长大后我特别擅长处理人际关系。"

我可以负责任地告诉所有打算离婚的父母：放心吧，青少年的适应能力远比你想象中要强。但还要补充非常重要的一点：父母处理离婚的方式会很大程度上影响女儿未来的成长。在作决定前，父母有没有站在女儿的角度考虑问题？离婚后，他们能否及时满足女儿的情感需求？什么样的行为会伤害女儿？父母该怎样避免那些自私或恶劣的行为？这一章将指导你在离婚后如何积极主动、认真负责地养育女儿，以及如何和女儿保持密切沟通，帮助女儿调整状态。

保持健康的界限

当父母深陷情感危机的泥潭，他们可能自顾不暇，根本没空考虑孩子的利益。而在父母感情不和、争吵不休时，孩子常常还要面对"选爸爸还是选妈妈"的难题。雪上加霜的是，孩子有时还要帮父母保守秘密。达科塔（13岁）说："爸妈离婚以后，爸爸还是和我们住在一起。现在没人知道他们离婚，我也不能找别人倾诉。"

为了不让女儿在父母离婚期间和离婚后有落差感，你必须拿出成年人的责任心，让她了解接下来会发生什么，让她相信父母会像之前一样爱她，照顾她，对她负责。以下是一些指导策略。

良好的沟通和健康的家庭界限

- 尽可能果断作出决定。如果父母迟迟不作决定或者反复犹豫要不要离婚，什么时候离婚，那青少年的心情也会来回转换。
- 如果可以的话，尽量在女儿在场的情况下公开讨论婚姻状况。这样既可以避免她一个人胡思乱想，也可以为她将来抚养子女树立良好的榜样。
- 你可以让她了解一些必要的信息（根据她的年龄与心理承受能力而定）。既不能超出她的接受范围，又要尽量解答疑问。如果还是不清楚，那你可以主动问女儿有什么疑惑的地方。
- 为了不让女儿感到自责或内疚，你要向她保证，爸爸妈妈离婚是因为成年人之间的矛盾，和她没关系。
- 如果需要搬家或转学，请提前通知女儿，让她做好心理准备。
- 不要在她面前说前夫（前妻）的坏话。
- 永远不要要求或期望女儿成为你们两个人之间的传话者。
- 永远不要要求或期望她替你们保守秘密。
- 永远不要把经济来源作为惩罚、怨恨、胁迫或羞辱前任的武器。
- 要确保女儿可以从其他成年人那里得到情感支持，比如学校辅导员或心理健康医生。
- 如果你们共同享有法定监护权，请合理承担各自的监护责任。
- 向女儿保证，你们永远是她的爸爸妈妈，并且要信守承诺。
- 如果在离婚过程中出现纠纷或者你们之间的矛盾进一步激化（或持续），可以寻求专业人士的帮助，以缓解矛盾、理智沟通，并且和前任一起摸索共同抚养女儿的方式。

如果父母能把孩子的需求放在第一位，那每个人都会从中获益。史黛西有四个孩子，她向我介绍了她和丈夫的安排："我们两个打算离婚后仍然住在同一片街区，这样孩子在成长的过程中也可以得到父母双方的陪伴。如果我们离得很远，那很难协调彼此之间的责任。现在孩子放学后，如果我没空，孩子的爸爸可以去学校接孩子。我和前夫在这一点上达成了共识，他没有把照顾孩子的责任都丢给我一个人，相反，他帮了我很多。"

就算是一对恩爱的夫妻，在孩子的培养方式和教育原则上都会产生诸多矛盾，更别提离婚后的夫妻了。离婚后，父母对于家务分配、作息时间和手机使用的分歧也会越来越大。虽然孩子完全可以适应两种不同的相处模式（而且在某些方面会带来潜在的好处），但如果离异的父母们能尊重另一个家庭的文化氛围，那女儿会轻松很多。

相反，如果父母一方利用这种差异来讨好女儿，甚至试图破坏女儿与另一位父母的关系，那将得不偿失。虽然这种行为短期内可以实现自己泄愤的目的，但从长远的角度来看，生活在仇怨中的女儿会变得愤怒、敏感和怨愤，还会失去对成年人的信任。不幸的是，有时女孩会学会像这样采取不正当手段来得到她们想要的东西，这会让父母感到头疼。

当父母开始约会

在离婚或丧偶后，52%的女性会再婚。在向女儿介绍自己的新伴侣之前，你要考虑以下几个问题。首先，你的目的是什么。这段关系是否已经发展到需要让这个人融入家庭的阶段？他的融入对女儿来说是一件好事吗？你的女儿可以接受这个想法吗？或者你只是想和这个人多相处一段时间？

许多面临这个困境的女性表示："根本找不到合适的时机向女儿介绍我的新伴侣。"的确，在女儿不同年龄有不同的烦恼，但最好的解决方法就是等待，直到你们两个的关系彻底稳定下来。虽然不能确保万无一失，但你最好避免在女儿面前分手。否则，接连的打击和失望会让女儿排斥你的恋爱关系。

阿曼达认为前夫的爱情观会对孩子产生不好的影响。对此，她感到心烦意乱："我前夫经常当着女儿的面，带不同的女朋友回家，好像他们家是酒店似的。我的女儿并不在意这些事情，她知道那只是玩玩而已。"

所以，在向女儿介绍自己的新伴侣时，你必须慎之又慎。哪怕时机成熟，也不能小看这件事的重要性。首先，青春期女生正处于情窦初开、心智发展的阶段，她很难接受爸爸或妈妈和另一个人约会。对大多数人来说，仅仅是想到父母有性行为就令人反感，更不用说发现这方面的蛛丝马迹。换个角度想，你愿意了解你父母的性生活吗？

所以，在青少年刚刚对性有初步的了解时，看到父母和别人约会可能会激发青少年的攀比心理。女儿可能会和爸爸的女朋友争奇斗艳，试图夺回父亲的注意力；当你外出时，女儿会模仿你的行为和姿态。由于母女两个人都处于恋爱阶段,有些母亲想借此机会拉近和女儿的关系,但可能会弄巧成拙。虽然此时你能更好地理解女儿的处境,但千万不要模糊母亲和女儿之间应有的界限感。有些话题并不不适合告诉十几岁的小女生,你可以和朋友倾诉,或者等女儿长大以后再和她聊这些内容。

在带伴侣回家之前,你要先和女儿坦诚地沟通。你可以直接说出自己的期待与担忧,同时也要了解女儿的感受。十几岁的孩子心思敏感,常常担心如果自己对妈妈的新伴侣示好,是不是对爸爸的背叛?你要让她放心,没有人会强迫她在爸爸和继父,或者妈妈和继母之间做出选择,她的爸爸妈妈永远只有她的亲生父母。你要告诉她,爱永远都不会枯竭。相反,她可以爱很多人,也可以收到很多人的爱。

你可以试着说
最近我遇到了一个喜欢的人,想介绍你们认识一下,这样你们可以相互了解。
不要说
我很喜欢这个人,相信你也会喜欢他!
或者
你可以试着说 爸爸好像真的很喜欢他的新女友,而且她看起来人很好。你不要那么排斥她。
不要说
你为什么要和她出去玩?这个女人毁了我们的家!
或者
你可以试着说 我最近一直在和这个叔叔约会。如果我邀请他来咱们家吃晚饭，你会不舒服吗？

不要说

我希望你能把这个叔叔的孩子当成自己的亲兄弟姐妹，对他们友好一点。

如何成为合格的继母

可能你也会成为其他小孩的继母。从经典童话故事和电视剧中塑造的形象来看，继母简直是恶毒与卑鄙的代名词。在这种刻板印象的影响下，你可能从一开始就想着摆脱继母的恶名。但真正的挑战是与继女相处，特别是青春期的女孩。有过类似经历的人坦言："如果再给我一次机会，我应该不会当别人的继母。"和教养自己亲生或收养的女孩相比，当一个青春期女生的继母要麻烦得多。

高风险，零容错

和十几岁的继女相处不仅困难重重，而且不能犯一点错误。你就像一条伶仃飘摇的小船，只能小心翼翼地在浅滩密布的水湾中航行，甚至没有一张像样的船帆。缺乏威信会让各位继母有一种深深的无力感。乔治娜（19岁）的继母塔利亚说："作为一个继母，必须事事小心。我觉得自己尽量做到完美无缺，结果人家对我的努力不屑一顾。当继母的压力太大了，每天都要提心吊胆，不知道什么时候继女的炮火就会落在我身上。"谢莉和她的继女（14岁）每隔一个周末见一面，她说："如果一个孩子对她的父亲说，'我讨厌妈妈，'父亲并不会把它当回事。可如果一个孩子说'我讨厌我的继母'，那他会立刻上纲上线。你瞧，他会有两种完全不一样的反应。"

同样，在女孩的青春期阶段，继母会更加怀疑自我。谢莉补充道："在做很多事情之前，我都会犹豫不决。要不要教她涂睫毛膏？如果她哭了怎么办？我的丈夫会不会埋怨我？我总担心事情的发展和想象中不一样。"

你扮演了什么样的角色？

既然亲生母亲的地位不可撼动，那你在继女这里扮演了什么角色？你会把自己看作闺蜜、导师、姐姐、知己还是很酷的阿姨？在成长的过程中，她需要父母之外的人告诉她一些完全客观，不加修饰的真相，你愿意当这个"坏人"吗？如果她向你倾诉了一些小秘密，那你应当为她保守秘密，还是把那件事告诉她的生父母？

作为一个继母，你可以站在旁观者的角度观察他们家之前的相处模式，你会怎样利用自己的优势？你会把自己观察到的内容分享给你的伴侣，还是偷偷藏在心里？他们会认真听取你的建议，还是嫌你多管闲事？雪莱说："我发现我的两个继子都特别擅长操纵父母，我老公的前妻也很会操控他。我夹在他们中间特别不爽，但是也没办法和我老公说。"

你们会喜欢彼此吗？

爱自己的伴侣并不意味着你一定会爱他的孩子。就算你希望能和继女发展一种亲密无间的关系，但这件事还受到其他因素的影响，比如她的性格、年龄、原生家庭状况等一系列问题。

有的女性表示，从见到继女的第一面起，她就能感受到紧张的氛围和强烈的敌意。试问，如果继女一直用轻蔑、冷漠、粗鲁的态度对待你，那你怎么可能喜欢她，爱她？雪莱描述道："我的继女对我有潜在的敌意。每次我一走进房间，她就会立刻停止说话，起身离开。就算我站在她面前，她都不会多看我一眼。她只和她爸爸说笑，还总当着我的面聊过去的事情。我不知道怎么解决这些问题，因为只有我清楚到底发生了什么。"

通常情况下，继女总会觉得自己受到了亏待。卡罗尔告诉我："我的继女向她亲妈抱怨我们对她不好。当我的丈夫告诉我这件事时，我整个人都呆住了。她14岁时和我们搬到一起住，我做的第一件事就是带她去买东西，让她装饰新房间，挑选自己喜欢的家具和床上用品。"

如果发生这种情况，你也不要过于失望。因为你的继女其实不是针对你本人，而是针对"继母"这个身份背后的含义。在她看来：

· 继母是一个情绪垃圾桶，可以随意对她发泄自己的不满和愤怒

· 总有人要对她的家庭破裂负责，她不想责怪自己的亲生父母，所以只能把继母当成替罪羊

· 继母不仅抢占了爸爸心中的地位，甚至还想取代她的妈妈

· 找到一个共同的"敌人"后，她可以拉近和母亲的关系

· 为了迎合或者讨好妈妈，她会不断在妈妈面前说你的坏话，抱怨你

· 继母的存在会时刻提醒女儿：她再也得不到来自亲生母亲的关爱、照顾、包容和理解了。

· 她离不开爸爸，所以只能把对爸爸的不满都发泄在继母身上

· 为了暂时忘却亲生母亲带给她的伤害和痛苦，她只能逃避现实，通过贬低继母来美化她和母亲的关系

因此，你可能担心永远无法和继女搞好关系。塔利亚有一个正在上大学的继女，她向我吐槽了自己的艰难经历："有一次我的继女给了我一个真诚的拥抱，我立刻就崩溃了，因为这是我一直想要但从来没想过会发生的事情。当继母太难了。我一直告诉自己，'再坚持一下，再努力一点，一切都会变好的。'可是事情没有任何好转的迹象。"

孤立和缺乏理解

许多人告诉我，继母的特殊地位决定"在你遇到问题时，你不能指望任何人帮助你，帮你解决问题。"做继母是一件孤独的事。塔利亚说："我找不到可以倾诉的对象。我的女性朋友没有类似经历，所以她们不能理解或帮助我。其他人则会从别的角度看问题。"举个例子：虽然塔利亚的姐姐也是她最好的朋友，但塔利亚不敢和她分享自己做后妈的感受。

她说："我姐姐的前夫再婚了。每当她的亲生孩子在她面前夸赞后妈时，我姐姐都会感到愧疚、难受、没有安全感。虽然我需要她的安慰，但我知道她没办法理解我的感受，而且她的内心也很挣扎。毕竟我们站在生母和继母这两个对立面上。当我聊她的女儿和继母的关系时，她会问：'我说这些会不会让你不开心？'。而当我向她倾诉我遇到的问题时，又不能在她面前议论生母的过失，虽然我丈夫的前妻确实一直在利用孩子满足自己的需求。"

永不言弃

最开始，继女的行为肯定会让你感到失望或难过，这是很正常的事情。你要保持心胸开阔，不要急于求成，这样才能慢慢地拉近和继女之间的关系。只要她愿意主动接纳你，那接下来的一切都会按部就班地进行。随着时间的推移，她会认识到你的好处，并且感激你的关心、照顾、接纳，以及为她做出的牺牲。时间会证明一切。

金（17岁）告诉我，自从四年前来找我接受心理治疗后，她和继母德莱尼的关系就变得"非常亲密"。这个过程非常漫长。当德莱尼加入这个家庭时，法院刚刚作出宣判，禁止金的生母（吸毒成瘾、疏于照顾）和金有任何接触。所以，德莱尼只能独自直面金的困惑和痛苦。

德莱尼花了好几年的时间才得到金的认可。接受心理治疗后，金终于能够走出亲生母亲留下的阴影，对德莱尼敞开心扉并且感谢她一直以来的关心。"现在，"金说，"德莱尼是我生命中最重要的一部分。"

不久之后，你就要开始考虑女儿上大学的问题。铺天盖地的信息和报道会让你头疼不已，恨不得时光倒流，她永远都不要长大。而且你也会紧张，会焦虑，会担心女儿能不能取得优异的成绩，考入理想的院校，万一不幸落榜该怎么办。

不要害怕。虽然家长不能过分干涉这个过程，但你还是可以运用合理的方式，参与女儿的生活。是的，你没看错。下一章将具体介绍有关内容。

第十三章　享受考大学的过程

> 朋友全都上大学了，我的压力好大。但我非常了解自己，如果现在去读四年大学，那大学期间我肯定只顾着玩，完全不学习。更何况学校里也没有家长管我，我没法控制自己。等年龄大一点，我可能就不会这么幼稚了。
>
> ——玛丽亚（17岁）

对于本章的标题，很多人都感到自相矛盾。在她们看来，考大学的过程充斥着痛苦与折磨，和"享受"完全沾不上边。的确是这样，在准备升学的过程中，女孩要参加竞争残酷的高考，要认真谨慎地填报志愿，家长还要督促孩子在截止日期前完成报名，准备自荐信，带孩子参观校园，等待录取决定，等等。但根据我的经验，当孩子变得自立、自律、认真、成熟的时候，这个过程不仅会更加顺利，她甚至会享受这个过程。

十年磨一剑，高考正是见证努力的时刻。当你看到即将步入大学生活的女孩可以自己订计划、设目标、作决定，还有最重要的——勇敢展现自己时，你会发现一切努力都没有白费。当然，如果女儿能考入名牌大学，在大学期间茁壮成长，那就更好了。你可以带女儿参观大学校园，这也是和女儿独处的好机会。

如果你还是把它当成一种折磨，那不如来看看这些困扰你的问题。在内心深处，你到底在担心什么？——女儿会不会高考发挥失常？她会不会错过上名牌大学或其他理想大学的机会？如果没有被录取，她会崩溃吗？如果你正是担心以上这些问题，那接下来的内容可以帮你放松心情。

最好的大学不一定最适合你的女儿。很多女生因为不适合名牌大学的氛围，在大一结束后选择退学或转学。所以无论那所学校是否出名，只要符合你的女儿的兴趣、性格、价值观和个人习惯，她就能在那里茁壮成长。

最适合她的学校很有可能就是保底学校。无数青少年在大一结束后来找我，告诉我她们有多么庆幸当时没被其他学校录取，最终被保底院校"收留"，原来"保底学校才是最完美的地方"。

被学校拒绝也没关系。长大之后，难免会遇到掌控范围之外的事情，所以她越早经历挫折反而是一件好事。由于她现在还非常依赖家庭，妈妈必须给予她坚定的支持。

最后一点，也是最重要的一点，当长大以后回忆往昔时，她会发现原来好大学和个人成功之间没有必然联系，真正重要的是她在学校里做了哪些努力。努力一定会有收获，她在大学期间的付出最后都会获得回报。

正如本章所述，在高三阶段，父母的帮助和照顾对孩子的个人发展尤为重要。因此，你要克制自己的情绪，悉心照顾女儿，和孩子平等沟通，培养孩子的自主性与真实性，带她参观各地校园，鼓励她选择最适合自己的院校并且成熟应对失望的情绪。除此之外，你还要时刻留心她的考试准备情况。在时间充裕的情况下，你也可以和她一起了解更多相关信息。

♣ 鼓励真实

从心理学的角度来看，青少年会在高三迅速成熟起来。那些率先研究学校、了解课程、明确个人需求、规划日程安排的女孩，会强化自己的身份认同感。真实性与洞察力可以帮助女孩作出更好的决定，成功考入理想的大学。

毫无疑问，家长应当合理适度，有技巧性地参与孩子的高三生活。对于孩子应当报考哪些院校，提前批和自主招生的风险，哪些活动可以加分以及如何写一篇能从众人中脱颖而出的自荐信，很多家长都有自己的看法。然而，很遗憾，权威的辅导老师和教育顾问一致认为这些建议很可能已经过时或者会误导孩子。尽管家长都是出于好心，但最好不要随意干涉孩子的学习。

现在的高等教育和几十年前大不相同，家长们已经没办法再帮孩子出谋献策。所以你最好邀请一些了解大学专业、方针、政策和招生策略的专业人士来指导女儿。通常来说，这些具备专业经验，了解内部信息的专业人士更清楚什么样的学校适合你的女儿。你可以选择性地听取他们的建议或者再去寻求其他人的帮助。

考大学阶段需要时刻自我反省。在准备升学的过程中,你的女儿有没有出现反常的行为或过分的需求?她真的需要为升学做一些非常夸张的准备吗(比如参加社区服务项目或开设自己的网站来出售自制烘焙食品)?如果她理想的音乐学院或艺术学院只要求她提供演唱视频或作品集,那其他的各种课外活动和项目有什么意义?

如果你的女儿和她的大学顾问(或指导顾问)花了几周,甚至几个月的时间精心准备了一篇论文,千万不要直接否定她的成果。也许你更倾向于另一种风格的论文,但要知道,一篇优秀的文章离不开真实与真诚。无论她最后写出了一篇怎样的文章(可能是严肃的、稚嫩的、认真的、异想天开的、玩世不恭的、讽刺的、自嘲的),只要它能反映出她的真实想法,能够自由表达心中的信念,那它就是一篇成功的文章。

告诉女儿,写作时不要刻意迎合他人的想法,要听从本心。在她允许的情况下,你可以通读她的文章,并且试图把握这篇文章的中心思想。如果她愿意,你也可以帮她修改语法和遣词造句,但千万不能直接替她重写。某些话只能由她自己说。

很多家长可能会忍不住帮女儿找到上大学的"捷径"。但你要知道,利用自己的资源帮女儿获取信息是一回事(比如请一位校友和她谈谈这所学校的情况);而动用人脉关系、捐款,或者走后门来让女儿通过非正常渠道进入名牌大学就是另外一回事了。

相信我,如果你的女儿不能凭借自己的本事考入名牌大学,那把她硬塞进去也不会有什么好结果。她会觉得自己和周围的环境格格不入,而且自信心备受打击。你最好让她去一所与能力相匹配的大学,这样她在学校里会得到应有的重视，也能证明她一直以来的努力和自我价值。

🌳 带她参观校园

校园官网通常会展示该所大学的基本信息（比如学校规模、生源、专业目录、学费、娱乐设施）。你可以带她实地参观向往的大学，感受大学校园里的学习氛围，以激励她学习。

对青少年来说，参观大学校园是一件大事，会给她留下大学生活的第一印象。如果喜欢那所校园，那她可能更迫切地希望自己被录取，而且为这件事情感到焦虑；如果不喜欢那个校园，那么她还要重新挑选别的学校。然而对各位母亲来说，参观大学校园就意味着孩子马上要离开家庭，振翅翱翔。基于以上这些原因，参观大学校园会带给母亲和女儿不一样的感受，可能会兴奋、坚定，也可能会伤感、恐惧。

在参观校园之前，你可以要她列出一系列对大学的期待，让她带着问题去参观校园或参加宣讲会，把注意力放在自己关注的事情上。

在这个过程中，女儿可能越来越紧张，你要做好应对突发情况的准备。有的女孩会在学校门口反悔，而且给出一些千奇百怪的理由，比如："这些楼怎么这么丑？""这里面的学生看起来很奇怪！"和"我不喜欢这里"，还有的人会抱怨校园导游"无聊""没意思""衣着可笑""一句话重复说很多遍"和"介绍一些无聊的事情"，甚至连天气不好都可以作为临阵脱逃的借口。

对于女孩反复纠结，出尔反尔的行为，很多家长都感到不耐烦。但你一定要保持冷静和耐心，不要催促女儿作出决定。毕竟这是一个慎重的行为，你要等待女儿斟酌、考虑清楚，最后一切尘埃落定，再和女孩进行细致地讨论。

在参观结束后，你和女儿可能会取得不同的收获。你当然可以保留自己的看法，但我建议你在女儿理清思绪之前，不要发表自己的意见。这样，女儿可以在不受外界干扰的情况下慢慢思考。趁着对一切印象深刻，你们两个都可以写下各自的想法，以便日后讨论。

为了充分利用这一趟校园之旅，你可以把这段时光变成你和女儿之间的独特回忆。比如可以把它当成一个小假期，将所有的烦恼和责任都留在家里，尽情享受愉快的旅途。在参观校园时，你们可以暂时忘却一切有关升学的事情，取而代之的是冒险、美食和娱乐。这样在接下来的几年里，你和女儿都有一段美好的回忆。

志愿填报

在准备升学的过程中，青少年还要面临另一个重要事项：脱离家庭，走向独立。在这个时候，你可以试着鼓励孩子自己作决定和承担责任。在今后的生活中，她会面临许多选择——是否要读研究生以及去哪里读，如何选择妇科医生，是买公寓还是楼房，以及第一辆车选什么牌子。所以，你必须从现在开始就培养她的决策能力。

有些青少年会经过深思熟虑、权衡利弊后才会作出决定，而有的则完全听从自己的直觉。有时，她们自己也不明白为什么偏偏对这所学校情有独钟，对那所学校望而却步。但在我看来，青少年参观大学校园的时候，她们会本能地感受到这所学校的风气、氛围、学生类型以及校园生活，这些第一印象决定了她想不想在这里度过大学四年。

此外，你的女儿可能想向在校生（或刚毕业的学生）了解关于学校的具体情况。然而众口难调，可能一个人对此赞不绝口，另一个则深恶痛绝；有些人会把同学视为竞争对手，有的人则看成合作对象。在双方缺乏共识的情况下，她该怎样调和不同意见？

青少年要学会甄别不同的信息。如果一个常年混迹酒吧的女生抱怨学校生活无聊，那很可能是因为学校的学风严谨，杜绝违纪行为。而如果一个很喜欢自己专业课老师的学生听到别人指责这位老师，那这位学生会把原因归结为这个人的自身学术能力，或者和老师之间产生过矛盾。

这就是为什么在接收外部信息的同时，你的女儿必须培养自己的观察能力和辨别能力。当徜徉在大学校园里时，她的第一印象其实就是思想、身体和心灵的下意识反应。她能适应大学生活吗？她愿意和其他学生一样，坐在操场上闲聊，或者坐在食堂里吃饭吗？

其实，最佳决策既要理性思考，也要尊重直觉。心理学家指出，完全依赖直觉或者对未来的期望而作出的决定通常是不准确的。更何况，青少年对大学校园的第一印象还会受到诸多因素的干扰，比如她在参观校园那天刚好狂风大作，天气严寒或者碰巧遇到一个讨厌的同学。只有等她被大学录取，在宿舍里度过第一个夜晚，和同学一起参与社团活动，她才能真正感受这所学校的文化氛围。

当然，作为她的父母，你要替她考虑一些实际的问题，比如经济因素，离家距离等。大学生活是否轻松愉快，也取决于她是否得到学业上和情感上的支持。除了上述因素，你的女儿也有可能作出和你完全不同的选择。她无法接受你的建议，你也不能理解她的想法，你们陷入僵持之中。事实上，她只是在用自己的方式抵制你的干预，并且在这个过程中建立自己的人格。

和大多数父母一样，你可能会想，是应该尊重女儿的决定，还是不顾她的想法，坚持让她上你看中的大学。此时，你要和女儿发生争执。你可以试着做一个倾听者，询问女儿的想法，而不是把自己的意愿强加给她。既然没有一所学校是完美的，那么对她来说什么事情最重要？她的信息准确吗？为什么这么坚定地选择这所学校？

除非你有什么特定、必要的原因，否则我建议你最好还是尊重孩子的想法。如果被迫去了一所不喜欢的大学，那她会把未来遇到的一切问题都归咎于你身上，哪怕校园里的花不好看都是你的错。

而如果是自己作出的决定，她就必须接受未来的一切后果。最坏的结果无非是她选择了一所糟糕的大学，最终认识到自己的错误并且在必要的时候转入合适的学校。当然，这属于极端情况。大部分情况下，青少年都能逐渐适应学校，享受愉悦的校园生活。

♣ 没有被心仪的大学录取怎么办？

过去，教育工作者认为申请大学就像买彩票一样。如果青少年没有收到任何一封拒绝邮件，那说明她成绩优异、出类拔萃、运气绝佳，也有可能是她申请的大学档次偏低或者对大学的选择非常到位。被拒绝不仅是母亲的噩梦，还会让青少年陷入自我怀疑之中。别担心，这只是一次试炼，在将来，她们还有可能遇到更多拒绝，比如恋爱对象、研究生院和招聘人员。

从备考大学的那一刻起，就要做好失败的准备。你要明确告诉女孩，现在社会竞争越来越激烈，名牌大学更是有成千上万的候选者。现在，她已经努力完成了能力范围之内的所有事情，接下来能否被录取就不是她能决定的了。志愿填报本身就是一场博弈。

申请结束后，被录取的学生会兴奋地填写个人信息（比如籍贯、就读高中、性别、意向专业，或其他随机内容），而被拒绝的孩子只会收到一份冷冰冰的未录取通知。换句话说，你的女儿可能永远不会知道她被拒绝的原因，但她仍然需要接受现实，继续前进。

被拒绝后，你要给孩子提供表达感受和情绪的空间。要让她明白，虽然被拒绝会带来痛苦，但它并不是生活的全部。她可能会情绪失控、脾气暴躁，你要容忍和接纳她的情绪。

母女之间合理的界限感可以让你保持相对独立，不和她一起沉浸在绝望的情绪中。这样在女儿垂头丧气的时候，你可以在一旁冷静地思考问题，给她提供必要的指导。而且，你平静的态度也可以安抚女儿的情绪，不会让她感到更加自责和内疚。

你应当在女儿面前流露出惋惜，而不是失望的情绪。当你试着说："这是他们的损失""反正那所学校也不适合你"或"能录取你是他们的荣幸"时，你会极大地鼓舞女儿的士气。你要始终牢记这一点：女儿上大学不是为了你。此外，虽然你的女儿可能还没有意识到，但这只是她前进道路上的一个微小挫折。

♣ 她真的准备好了吗？

现在，许多高中生虽然成绩很好，但是缺乏基本的学习和自理能力。一直以来，她们的成功得益于父母、导师和同龄人的帮助。一旦她们来到大学校园，没有人再检查她们的作业，询问她们的成绩，修改她们的论文，督促她们写作业，考试前帮她们复习。

要想让女儿取得成功，那你的首要任务不是保证她上大学，而是确保她可以在大学校园里茁壮成长。因此，在她上大学之前，最关键的一步是考察她是否具备离开家庭，独立生活的能力。无论被什么样的大学录取，只有具备基本知识，她才能自信坚定地迎接大学生活。你可以具体参考以下几方面的内容。

🌱 管理她的生活

为了不让她陷入消极的情绪状态，你是不是一直事无巨细地照顾她？你不在她身边，会不会担心她的饮食、睡眠和学习习惯？她在完成任务之前，是否需要别人不断地提醒？她喜欢赖床吗？她是不是经常迟到？她是不是经常丢三落四，需要你把她的作业、乐器或运动器材送到学校？

🌱 照顾好自己

你的女儿能否平衡工作、娱乐、社交和休息之间的关系？她能否正确缓解压力？她会不会作息混乱，晚上熬夜，白天补觉，周末睡到日上三竿？她的日常情绪是能保持相对稳定，还是经常大幅波动？她会不会通过暴饮暴食来自我麻痹，或者只吃垃圾食品，拒绝健康的食物？她经常生病吗？如果有精神或身体健康问题，她能否遵从医生的要求，按时服药？

🌱 自律

你的女儿是否存在注意力缺陷或拖延症等问题？她会不会无节制地玩手机？她是否经常埋怨自己在社交场合的行为没达到自己的期望？她是否存在违规违纪、滥用药物，甚至触犯法律规定的行为？这些事情发生后，你认为这只是一时失误，还是重大问题的前兆？

🌿 人际交往

你的女儿是否擅长处理人际关系？她有没有贴心的闺蜜？当她遇到困难时，她会不会下意识退缩或封闭自我？她能否妥善处理与同龄人之间的矛盾？在亲密关系中，能否勇敢表达自己的需求和不满？当朋友们遇到困难时，她能否在帮助朋友的同时，兼顾自己的需求和责任？她是否经常需要你的帮助来处理与同龄人或成年人的冲突？

🌿 争取利益

试问，在以下这些情形中，你的女儿能否站出来争取自己的利益？如果她的室友未经允许就拿她的衣服，在宿舍里私藏违禁品，或者凌晨 3 点把她吵醒；如果教授严厉地斥责了她，她能接受正面的批评吗？她愿意听从建议吗？她能意识到自己什么时候需要帮助吗？她知道该向谁寻求帮助吗？

🌿 保持学术

你是否一直担心女儿对学习不感兴趣，或者学习态度不积极？在写作文、写论文、准备考试这些方面，她是否需要大人的帮助？在学习高中课程时，她是否依赖老师的指导？她是否存在注意力缺陷、精神分散、理解障碍等问题？在规划、计算、高阶推理和解决问题方面，她是否存在问题？她有没有厌恶学校，或者认为自己是一个差等生？

🌱 保持心理健康

高三阶段，由于家长把大部分注意力都放在升学问题上，常常会忽略女儿的心理健康问题。你的女儿有过自残行为吗？有过自杀的念头吗？她是否住过院，或者接受过治疗？如果有这样的情况，你可以咨询心理医生，以她目前的心理承受能力能否适应紧张的大学生活？大学校园里有没有专业的心理医生？她能否适应离开家后的生活？

♣ 如果你仍然不确定

也许你还是没想好该怎么办，别太担心。临近开学，你的女儿可能会突然发生改变（变好或变坏都可能），你的问题也会迎刃而解。她可能因为拿不到高中毕业证（不交作业，挂科太多）而被迫推迟入学计划，或者因为压力过大而引发焦虑、抑郁或饮食失调等问题，需要接受专业的心理治疗。

对大部分家庭来说，让孩子推迟入学都是一个艰难的决定。作为一个慈爱的母亲，你想给孩子最好的东西，但是并不具备专业的心理知识和客观评估能力。所以你最好向专业的心理学家、精神病学家、教育家、顾问或老师寻求建议，他们可以进行充分的评估，为你答疑解惑。

心理教育测试可以展现孩子当前的状态，包括她的优势、缺点和需求。她是否已经做好准备迎接严格的大学生活？她是否具备良好的心理承受能力，情绪调节能力和抗压能力？如果没有，那她需要什么样的支持与帮助？当你权衡这些问题时，应当把女儿的健康放在第一位，毕竟健康远比什么时候上大学要重要。

如果仍然不确定她是否适合现在离开家，那最好谨慎行事。因为退学要付出情感和经济上的双重代价。一次失败的尝试会动摇女孩的信念，让她们排斥以后的大学生活。所以你最好在万无一失的情况下再鼓励女儿离家上学。在存在问题的情况下，你可以建议女儿推迟一两个学期入学。

间隔年

间隔年是指高中毕业后，上大学前所休的一年假期，青少年可以利用这段时间来认识自己，休养身心，走遍大好河山，丰富人生经历。对于开窍比较晚的人来说，晚一年上学可以让她们更成熟。而那些上学比同龄人早的小孩也可以借此机会推迟入学，重新和同龄人在学业、社交或情感上保持一致。出于同样的原因，大学也可能要求一些被录取的学生等到1月份或来年秋天再入学。

间隔年可以弥补过去的不足。那些之前专心于学业（或体育、艺术方面）的青少年可以在这段时间里提高自己的社交技能；而那些之前疏于学业，心理承受能力较弱的青少年可以利用这个机会提高自己的学术水平。

然而，许多青少年都不愿意推迟入学。事实上，在英国和澳大利亚，推迟入学是很常见的事情,在以色列,年满18岁的青少年必须从军服役三年再继续求学。但是在美国,大部分青少年都会正常升学,所以你的女儿很可能排斥复读学校。你可能会听到她说:"朋友都去上大学了,我也想去""别担心,只要选到喜欢的课程,我一定会好好学习的"或者"上大学以后,我会更有动力。"

其实这也不难理解。毕竟从上高中开始,你的女儿就热切期盼着大学生活。在过去的几个月里,所有人都兴奋地讨论有关大学的话题。她身边的朋友已经开始穿着印有大学名称的T恤,顶着印有大学校徽的帽子四处招摇,她怎么甘心推迟一年?

在这种氛围里,推迟入学仿佛是失败的象征。面对亲戚和朋友的追问,你的女儿不知道该如何回复。她可能急于"迎接全新的大学生活",不愿意再多等一年。你也会担心推迟入学会不会带给孩子负面的影响。万一她在社会上闯荡一年后,不愿意再回归校园了怎么办?如果比同届学生年龄大,会不会难以融入新集体,结交新朋友?

科学研究和临床经验已经证明这些想法是杞人忧天。间隔年通常会带来积极的转变。经过一段时间的休息,那些丧失学习兴趣、疲惫不堪的青少年可以从另一个角度看待世界。她们可以在这段时间尝试不同的活动,增强自信,保持好奇,重新树立目标并且为目标不断努力。

况且,校园生活并不能帮女孩培养必要的技能。尽管大学生活可以激励女孩上进,但幼稚的青少年不可能在一夜之间适应大学校园。所以,与其在不成熟的时机把女儿送进大学校园里,还不如等她学会照顾自己,能够独立解决问题的时候再考虑上大学的问题。

所以适当的时候，你可以把间隔年当作一份礼物给女儿，这样有利于激发她的兴趣。她不会把注意力全都放在失去了什么，相反，她会更多地关注可以得到什么，以及在间隔年中可以进行哪些有意义的活动。而且随着间隔年越来越受欢迎，女孩和家长也可以选择种类丰富的项目。

对于对学习不感兴趣的青少年来说，一些社会实践项目可以激发她们的动机和兴趣。她可以实际参与到社会活动（比如环保）当中，切身感受在书本上体会不到的乐趣与激情。而且在这段时间里，青少年也可以探索自己的兴趣爱好，找到未来学习的方向。莉迪亚是一个有阅读障碍的高中生，在学校里一直表现不佳。然而，她用休学的时间取得了野外急救员资格证，从而坚定了她成为一名医生的决心。几年后，她给我发电子邮件说自己已经成功成为了一名急救医学的住院医师。

在间隔年里，学生还可以工作、旅行、学习、进行社区服务或发展课外技能。女孩可以利用这个难得的机会了解自己，健康成长。在从事心理治疗的这些年里，我遇到的所有推迟入学的女孩都没有后悔。反而是那些在推迟入学与直接上学之间犹豫，最后选择了直接入学的女生后悔的更多。

在这个时候，你最好坚持自己的决定。如果她不好意思告诉同龄人，你可以教她这样说："我想在上大学之前去旅行"或"我想腾出时间做一些自己喜欢的事情。"当你回答朋友和亲戚的问题时，也可以采用同一套说辞。你可以告诉女儿，上大学不是攀比，她的幸福最重要。

🏛 社区大学

　　出于各种各样的原因，社区大学越来越受到人们的青睐。一些高中毕业生会选择社区大学来培养自己的自信心和学习能力。最开始，也许她们进度迟缓，只能跟上一两节课。可是随着自身努力，再加上导师和指导老师的帮助，女孩会提高自己的学习能力，逐渐跟上学习进度，不会再感到迷茫。同时，社区大学允许女儿在上学期间仍然住在家里，让她们专注自己的学业，不用过早地离开家庭。

　　塔玛拉（17岁）是一名面临升学问题的高三生。她自己意识到了这一点："我还没有做好独立生活的准备，还需要更多时间来认清自己，因此选择上社区大学。我打算先在家里住两年，与此同时，要继续了解自己，充实自己。我认为十八岁还没到独立生活的年纪。毕竟上不上大学，上什么大学都是自己的选择，不是为了取悦别人。"

　　有了这样的想法和决心，我相信经过一段时间的锻炼后，塔玛拉会变得越来越强大。她会知道该怎样规划自己的人生，作出正确的选择。等转入四年制大学后，成熟的洞察力和决策力也可以帮她迅速适应大学生活。她在社区大学中培养的情绪调节能力和心理承受能力是一笔宝贵的财富，未来的任何经历都无法与之媲美。

结论　一个光明的未来

当女儿第一次离开家时,你会感到思绪万千、百感交集——骄傲、担忧、悲伤、放松、高兴、难过和好奇等情绪会填满你的内心。和其他母亲一样,你可能会阴晴不定——一会儿怅然若失,一会儿如释重负。等发现这段时光再也回不去的时候,你顿时感到心痛不已(哪怕家里还有别的孩子)。

你永远猜不到你和女儿的关系会变成什么样。你的女儿愿意和你分享自己的大学生活吗?你觉得女儿有没有疏远你?你们两个还像之前一样亲密吗?她的"置顶联系人"还是你吗?

别担心,母女关系永远处于不可撼动的地位。不论女儿将来住在哪里,也不论她未来会拥有怎样的生活,母女之间都有永恒的爱与尊重。你要相信付出就一定会有回报。在她敏感不安的青春期里,母亲的关怀与照顾就是一剂苦口的良药。随着时间的推移,她会明白你的良苦用心。等她离开家庭,了解到其他室友和同事的家庭背景后,她会更加感激你的存在。

一直以来,你含辛茹苦,无微不至地照顾女儿,抚育女儿,把她视作掌上明珠,为她操持大大小小的琐事,始终把她的利益摆在第一位。作为一个普通人，你也曾说过让自己后悔的话，做过让自己后悔的事，但是为了弥补过错，你一直在鼓励她，包容她，不让她感到过分内疚、羞耻和自责。你让她觉得自己值得被倾听、被理解、被珍视——这正是一份无与伦比的礼物，为她今后的人生搭桥铺路。

当然，女儿也会带给你烦恼。你可能会在凌晨两点接到她的电话，带着困意听她抱怨自己被锁在宿舍门外，或者和初恋男友分手的经历。当她的钱包被偷、舍友自残，或者没办法登录选课网站时，她也会第一时间和你倾诉。你还会发现她其实并没有想象中那么乖，可能因为违纪而受到学校处分，或者马虎大意，经常错过和导师约好的会议。但不管怎么样，她都是你的女儿。

当她和你抱怨这些事情时，你不要帮她急着解决问题，要培养她独立解决问题的能力。事实上，她也并不希望你帮她把事情都做了，而只是想和你倾诉自己的烦恼，等发泄过后，她就会深吸一口气，继续做自己该做的事情。你可以和她一起头脑风暴，共同寻找解决问题的办法。

你只需要像往常一样完成自己的分内之事，其余事情交给她自己解决。对她来说，你的信任与支持比任何事情都重要，而且她可以在这个过程中提高自信心，培养新技能。你会看到她一步一步走到舒适圈外，在陌生的领域发挥自己的优势。随着时间的推移，你会发现女儿已经出落得成熟稳重，取得一系列成绩。

你可以告诉她：做得很棒！没有谁的青春期会一帆风顺。她和这个年龄段的其他女孩一样，勇敢地面对并克服了生活的挑战。在成长的过程中，一场百年难遇的流行病打乱了人们的生活节奏，给这代人造成了难以弥补的损失。而她不仅战胜了疾病，还收获了独特的经历，比如在家人生病或失业时给予他们情感关怀，帮他们跑腿或打工，辅助年幼的弟妹上网课。想想她做出了这么多宝贵的贡献，她和你都会感到骄傲。

这个时代是女性的时代。她们可以告别刻板印象，勇敢地追逐自己的爱好，拥抱丰富多彩的人生。不用再拘束于"女孩应该做什么""女孩必须要怎么样"，相反，她们的未来充满了无限可能。

各个年龄段的女性都在打破性别的壁垒。在政治上，截至2021年1月，共有12名女性被提名担任内阁职位，打破了有史以来的记录，其中有8位有色人种女性。此外，在美国第117届国会中，女性占总人数的四分之一，比十年前增加了50%，如果再加上参议院的100名成员以及众议院的435名有投票权和6名无投票权的成员，这541人中有144位女性成员，占到总人数的26.6%。

在美国体育项目上，女性也取得了突破。在2021年职业橄榄球大赛上，萨拉·福托马斯成为了首位橄榄球女性裁判。迄今共有两位女性裁判，她们都赢得过大赛的冠军戒指。

此外，一些同龄人也可以为女儿树立良好的榜样。马拉拉·优素福扎伊和格里塔·福滕贝格一直致力于教育事业和全球气候变化问题。作为一名本科生，阿曼达·戈尔曼（19岁）是美国的首位国家青年桂冠诗人。2021年，她分别在总统就职典礼和职业橄榄球大赛上朗诵了自己的诗歌。她身上的沉稳与真实正是这代年轻女孩的希望。

现在，女孩无须再压抑自己，她们可以勇敢站起来表达自我，说想说的话，做想做的事，世界都会倾听她们的声音。

在女孩走向世界的过程中，愿你欣赏她的自立、活泼、优雅和内在美；愿你钦佩她的原则、力量和果敢；愿她的生活中充满爱和尊重；最重要的是，愿你和女儿在一起的每一刻都幸福愉悦。

愿你珍惜、享受、热爱和女儿共度的时光。

如果有需要的话，请通过以下联系方式与我沟通。我非常欢迎各位母亲和女儿的来信：

AnythingButMyPhoneMom.com

RoniCohenSandler.com

Twitter: @DrRoniCS

Facebook: Dr. Roni Cohen-Sandler

Instagram: @DrRoniCS